À Madame Weil.

Affectueux souvenir

Jane Dieulafoy

A SUSE

JOURNAL DES FOUILLES

1884-1886

A SUSE

JOURNAL DES FOUILLES

1884-1886

PAR

Mᵐᵉ JANE DIEULAFOY

CHEVALIER DE LA LÉGION D'HONNEUR, LAURÉAT DE L'ACADÉMIE FRANÇAISE

OUVRAGE

CONTENANT 121 GRAVURES SUR BOIS ET 1 CARTE

PARIS

LIBRAIRIE HACHETTE ET Cⁱᵉ

79, BOULEVARD SAINT-GERMAIN, 79

1888

A L'OMBRE

DE

DARIUS GRAND ROI

'Αλλ' ἐπεὶ κάτωθεν ἦλθον σοῖς γόοις πεπεισμένος

ESCHYLE, *Perses*

TYPES D'OBOCK. (Voyez p. 16.)

A SUSE

JOURNAL DES FOUILLES

1884—1886

« Je ne m'inquiète pas si les oiseaux volent à ma droite
du côté de l'aurore et du soleil, ou à ma gauche vers
les ténèbres immenses; le meilleur des augures est le
combat pour la patrie. »

(HOMÈRE, *Iliade*.)

I

Préparatifs de départ. — A bord du *Tonkin*. — Philippeville. — Canal de Suez. — Obock.
Le roi Ménélik et sa cour.

Je venais de traverser la Perse, du Caucase au golfe Persique, de la Gédrosie à
la Susiane, lorsque je pris, à Bouchyr, le bateau qui devait me rapatrier. Les
hautes montagnes du Fars s'évanouissaient à l'horizon; je leur dis un adieu que
je croyais éternel. Fatigués, malades, anémiés par la fièvre, M. Dieulafoy et moi
revînmes en France avec le ferme dessein de ne plus nous désaltérer à des

sources étrangères. Peut-être devions-nous cette torpeur morale à un état de santé
fort précaire

Six mois plus tard, je songeais aux naïades de l'Iran le souvenir de Suse hantait
les nuits de mon mari Il reconstruisait par la pensée ces palais des Achéménides,
où la Grèce, l'Égypte et l'Asie occidentale avaient apporté leurs hommages et
leurs trésors, devant lui s'assemblait cette innombrable armée de Xerxès, partant
de Suse pour les rivages d'Ionie, il entendait les lamentations d'Atossa au
récit du désastre de Salamine et le péan glorieux entonné par les Grecs sur
les décombres fumants de Persépolis

Marcel s'ouvrit à M de Ronchaud, l'éminent directeur des Musées nationaux,
il lui parla de nos impressions en face du Memnonium, de l'incontestable antiquité
des tumulus susiens, de l'intérêt des fouilles à pratiquer dans cet Élam si lointain
De ces entretiens naquit le projet le plus révolutionnaire que l'on pût diriger contre
notre désir de vivre les pieds sur les chenets mon mari acceptait une somme
de trente et un mille francs provenant d'un reliquat de crédit affecté aux musées,
et s'engageait à commencer les fouilles de Suse avec ce modeste viatique

La sagesse des nations triomphait fontaines de Perse, j'allais encore boire
de vos eaux[1]

Sur la demande de M Charmes, le ministère de l'Instruction publique ajouta un
supplément de dix mille francs à ces premiers fonds, la Guerre prêta tentes, armes
et harnachements, la Marine offrit de transporter le personnel à Aden, deux jeunes
gens, sortis, l'un de l'École des Ponts et Chaussées, l'autre de l'École Normale, furent
choisis par leurs directeurs respectifs et placés sous les ordres de mon mari

M. de Ronchaud se préoccupa ensuite de l'obtention des firmans la mission eût
couru à un insuccès certain, si elle n'eût été nantie d'un ordre royal.

L'autorisation, sollicitée par voie diplomatique, fut refusée en termes nets et concis
Le télégraphe nous apporta cette mauvaise nouvelle, un mois ne s'était pas écoulé
depuis qu'on avait demandé les firmans Et l'on se plaint des atermoiements et
des tergiversations de la diplomatie orientale!

Une pareille réponse était trop prompte pour paraître définitive. Il s'agissait de
mieux orienter nos voiles

Marcel était demeuré dans des termes affectueux avec le docteur Tholozan,
médecin et ami de Nasr ed-Din chah Pendant la durée de notre premier voyage,
nous avions dû à ses recommandations de pénétrer dans les mosquées les mieux
closes, souvent même notre sécurité avait dépendu de ses soins. Ce fut à lui que
nous eûmes recours.

Pendant que notre ministre engageait de nouvelles négociations avec le gouvernement persan, le docteur Tholozan s'adressait directement au chah Il intéressa le roi

a des travaux qui devaient mettre en lumière l'histoire glorieuse de ses antiques prédécesseurs, il lui parla de l'admiration de l'Europe pour le caractère d'un prince jaloux de favoriser les efforts du monde savant Si Nasr ed-Din chah ne tolère pas volontiers la contradiction, il est accessible néanmoins à des considérations d'un ordre élevé On ne fait jamais un vain appel a ses sentiments généreux Nous en eûmes bientôt la preuve

Le gouvernement persan présenta quelques observations relatives aux tribus pillardes de l'Arabistan, formula des craintes au sujet du fanatisme local, fit des réserves concernant le tombeau de Daniel, exigea le partage des objets découverts, réclama l'entière propriété des métaux précieux, et nous accorda l'autorisation de fouiller les tumulus élamites

Une dépêche parvenue dans les derniers jours de novembre 1884 faisait pressentir cette heureuse solution Le général Nazare-Aga, qui s'était entremis avec bienveillance dans cette négociation, confirma bientôt ce premier télégramme

Le temps pressait Comme les firmans ne pouvaient être reçus avant deux mois, il fut convenu que ces pièces seraient expédiées sur le port de Bouchyr, où nous devions stationner quelques jours La durée de notre voyage laissait aux scribes royaux le loisir de méditer les termes du contrat.

Autant j'avais affronté avec calme les hasards d'une première expédition en Perse, alors que nous engagions santé et fortune personnelle, autant j'étais inquiète je ne redoutais ni les fatigues ni les dangers, mais je tremblais à la pensée d'un échec

En quittant Paris, j'étais dans un tel état de surexcitation nerveuse, que j'accumulai maladresses sur sottises Je m'empressai d'égarer mon billet, puis les clefs de nos malles A Toulon, je dus charger un serrurier d'ouvrir le sac qui contenait les ordres de départ Je laisse a penser quelle impression cette première partie du voyage fit sur nos jeunes camarades

Deux jours furent consacrés a recueillir la poudre, les munitions, les armes de guerre et une paire de *chaouchs* expédiés d'Alger a notre adresse. Faute de spahis, refusés au dernier moment par l'autorité militaire, mon mari s'était enquis de serviteurs honnêtes, dont la religion ne fût pas un sujet de trouble en pays musulman Pour répondre aux intentions de Marcel, le gouverneur de l'Algérie avait enrôlé, à un prix excessif — la moitié du traitement de nos jeunes collaborateurs — une sorte de scribe et un agent de police révoqué, tous deux anciens turcos

Le 17 décembre, la mission montait a bord d'un grand transport bondé de matériel et de munitions destinés a l'escadre de l'amiral Courbet Trois bataillons d'infanterie de marine, une trentaine de médecins ou pharmaciens, un lot de sages-femmes compo-

saient un personnel de cinq cents passagers. Le commandement était confié au
capitaine de frégate Nabona.

Au large le *Tonkin* trouva une houle si dangereuse, qu'il dut s'abriter au sud
de la Sardaigne.

Dès que le temps devint maniable, nous mîmes le cap sur Philippeville, où nous
allions prendre un convoi de mulets. La mer s'apaisa le lendemain, le navire
livrait ses larges flancs aux baisers de son inconstante maîtresse, les toiles pendaient
molles le long de la mâture, pour la première fois le sourire s'épanouissait sur les
lèvres des voyageurs. C'était la veille de Noël; les officiers de troupe complotèrent
d'organiser un réveillon. Le *Tonkin* contenait cinq cent mille kilogrammes de poudre,
de la dynamite et du fulmicoton en telle abondance, qu'on avait dû remplir de
matières explosibles l'hôpital et les cabines inoccupées. Il était dangereux de satisfaire
au désir des passagers. Chacun se le tint pour dit : a neuf heures, le calme le plus
parfait régnait dans les batteries.

Minuit sonnait. Quelle ne fut pas ma surprise en entendant crier : « Au feu! »
Un vieux médecin avait reconnu la sonnerie au poste d'incendie. Nous fûmes vite
sur pied. Le feu envahissait la chambre des machines, il avait pris naissance dans un
tas de chiffons huileux oubliés auprès de la chaudière et gagnait les boiseries. L'un
des chauffeurs, les vêtements enflammés, secouant des étincelles sur son passage,
s'était jeté dans les batteries occupées par la troupe, provoquant une panique d'autant plus grande que, dès la première alerte, les portes de communication avaient été
sagement fermées. Je laisse à penser quel était le diapason des hurlements poussés
par les prisonniers.

« Si l'incendie est grave, me dit un officier de marine, passager à bord du *Tonkin*,
le navire sautera avant dix minutes. »

Le fâcheux encombrement du pont paralysait la manœuvre des chaloupes,
quatre d'entre elles allaient être mises à la mer : quarante personnes, sur six cents,
pouvaient à peine y prendre place. Aucun de nous ne s'émut plus que de raison :
la mission de Susiane avait à remplir une tâche trop intéressante pour s'envoler dans
la région des étoiles sous l'impulsion d'un paquet de poudre.

Les ordres, donnés avec sang-froid, furent exécutés avec précision, vers une
heure tout danger avait disparu, le commandant regagnant son appartement, après
avoir engagé les passagers à reprendre leur sommeil interrompu.

Le lendemain le *Tonkin* entrait dans le port de Philippeville. Nous ne manquâmes
pas une si bonne occasion d'aller à terre et de dérober des oranges vertes dans un
jardin mal gardé. Rien ne vaut les fruits volés! Je déteste les oranges, même quand
elles sont mûres : celles-ci me parurent divines.

Nous voici à *Port-Saïd*, comme dit, sans malice, la femme d'un pharmacien. Le second est ému : le canal de Suez est le point du monde où les bâtiments de guerre sont le mieux à même de s'examiner de très près et de se dénigrer en frères ennemis. J'ignore l'effet produit par le *Tonkin* ; mais, à bord, quelles terribles critiques j'entends formuler ! Celui-ci n'a pas embraqué ses palans, le pavillon de celui-là n'est pas *à bloc*, les manœuvres courantes d'un troisième sont molles, et les sabords du quatrième dansent une sarabande désordonnée. Le pont est briqué à la diable, l'équipage mal tenu, la peinture d'une fraîcheur douteuse.

VUE D'OBOCK. (Voyez p. 6.)

En arrivant à Suez, j'avais acquis la conviction que toutes les flottes de l'univers étaient montées par des « tas de marsouins ».

3 janvier. — Pour la seconde fois j'ai respiré les brûlants effluves de la mer Rouge, si redoutés et pourtant si doux aux malheureux qui ont souvenir des chaleurs humides du golfe Persique. Nous laissons à bâbord la petite île de Périm, piton dénudé qui commande en souverain le détroit de Bab-el-Mandeb, et nous cinglons vers la côte d'Afrique. Le commandant Nabona doit faire du charbon et des vivres frais à Obock.

Bientôt les timoniers signalent le cap Ras-Bir. A l'horizon courent des montagnes qui s'étendent du nord-est au sud-ouest et s'infléchissent vers le sud entre Obock et Tadjoura. Cette chaîne, prolongement volcanique des côtes de la mer Rouge, s'appuie sur un plateau madréporique que soutiennent des falaises élevées. Le plateau constitue le territoire d'Obock Il fut acquis des chefs indigenes en 1862, par le commandant Fleuriot de Langle, et paye dix mille thalaris (cinquante mille francs). Sa superficie est de vingt-cinq lieues carrees

En promenant ma lorgnette sur la côte, je distingue la tour Soleillet, quelques arbres noueux, une depression verdie par de chetifs paletuviers, le lit d un torrent desseche, la maison de la Compagnie concessionnaire des depôts de charbon, un hôpital inachevé et, a quelques milles de là, un amoncellement de houille exposé au grand air

Le port est compris entre une double ligne de recifs, partant, l'une du cap Ras-Bir, l'autre du cap Obock Un banc de corail placé au sud-est de la baie le divise en deux bassins, reunis par un canal qui s'etend entre les recifs et la tête du banc. Les mouillages, bien abrites, sauf des grosses mers du nord-est, seraient excellents, n'etait le chenal sinueux et encombre d'écueils

Le *Tonkin* s'avance prudemment dans la direction des bouées, auprès desquelles est mouillé le *Brandon*, stationnaire de la colonie — heureux stationnaire, — et jette l'ancre à plus d un mille de terre A part un minuscule vapeur de l État, le *Pingouin*, un chaland chargé de charbon et deux ou trois barques indigenes qui ne jaugent pas quatre tonnes chacune, je ne vois navire qui vive dans cet étrange port de mer

Cependant le *Tonkin* fait des signaux, le sémaphore de la tour Soleillet lui repond avec une sage lenteur Quelques indigenes, dont la peau noire paraît être le plus elegant vêtement, courent vers la plage, entrent dans la mer et accostent le chaland de charbon A la suite des nôtres, arrivent, plus solennels, trois hommes blancs, tout de blanc habilles Les Europeens se dechaussent, retroussent leurs pantalons et barbotent pendant vingt minutes avant d'atteindre de petites embarcations calant deux pieds, mais encore trop creuses pour se rapprocher du rivage

Avec les chalands de charbon et les autorites constituees d'Obock viennent des pêcheurs L'un d'eux consent à nous transporter aussi près de terre que possible La plupart des passagers du *Tonkin* veulent abandonner la cartouche qui, depuis le depart de Toulon, nous sert de domicile Un bain n'epouvante personne Enfin on s'organise par séries Marcel et moi prenons la tête du convoi. Ya Allah! il s'en faut de cinq centimetres que l'eau n'atteigne le niveau des bordages, aussi l'embarcation echoue-t-elle fort loin de la plage. L'ombrelle ouverte, les chaussures sur l'épaule, mes compagnons sautent gaiement à l'eau Au moment de suivre leur exemple, j'hésite ; j'ai dû vivre jadis dans la peau de Rammagrobis. Peut-être même ai-je été parente de Sekhet, la déesse égyptienne à tête de chat, car elle a pitié de ma détresse et me depêche un noir triton Grimpons sur les epaules de la providence ; c'est le seul moyen d'atteindre la côte à pied sec Je m'accroche

à la crinière crêpue de ma monture, et me voilà partie. Les piétons pataugent, s'enfoncent dans la vase, ramassent des poulpes et des holothuries et se plaignent d'avoir les jambes rôties par l'eau de mer. Ils sont dans leur droit : en quittant le *Tonkin*, j'ai regardé le thermomètre de la cursive de tribord ; il marquait 30 degrés centigrades. Cette température hivernale donne une vague idée du plaisir que

FEMMES D'OBOCK. (Voyez p. 10.

doivent ressentir les baigneurs lorsque au mois d'août ils viennent respirer l'air d'Obock-les-Bains.

Une cahute indigène, peut-être même un poste de douaniers, signale le débarcadère. Le long d'un chemin de fer Decauville réservé au transport de la *poudre d'or* et des *dents d'éléphant*, blanchit un sentier tracé dans le sable. C'est la grand'route de la factorerie. Nous laissons sur la gauche les palétuviers aperçus au bout de la lorgnette, et atteignons la falaise. A ses pieds s'élèvent des tamaris arborescents, des mimosas noueux au feuillage fin et clairsemé. Ils abritent une trentaine de huttes couvertes d'étoffes de poil de chèvre ou formées de nattes en feuilles de palmier accrochées aux maîtresses branches. Autour de ces habitations primitives sont couchés des vaches petites, maigres, et de superbes moutons blancs à tête noire, qui sem-

bleraient parents des chevres leurs voisines, s'ils n'avaient le poil ras et la queue
developpee

La population du village se precipite vers nous J'avais medit des indigenes Les
hommes entourent d'un pagne le bas des reins, quelques élégants ajoutent a cette
draperie élémentaire une toge de calicot blanc Les femmes, plus couvertes que leurs
maris, s'enroulent dans des étoffes de laine qui laissent epaules et bras nus La
tête, protegee par une toison que les coquettes s'efforcent de natter, est surmontee
d'un paquet de cotonnade plié en forme de chaperon plus ou moins fantaisiste Des
bracelets d'argent, des colliers de verroterie complètent la toilette Je n'insisterai
pas sur le costume des enfants · il se reduit à une amulette attachee autour
du cou.

Les Danakils sont noirs de peau, bien constitués, mais grêles de formes. Chasseurs
adroits, pêcheurs habiles, coureurs rapides, ils joignent a ces qualités une cruaute
et une fourberie dont ils se vantent tout les premiers Frapper un ennemi par derrière
est digne d'eloge, le massacrer, un titre de gloire La mort d'un adversaire vulgaire
donne le droit de porter une annee durant la plume noire plantée dans la chevelure,
une plume blanche, valable dix ans, est octroyee au vainqueur d'un lion ou d'un
Européen Il est flatteur pour l'Européen d'être traite avec autant de consideration
que le roi des animaux La manchette de métal, le bouton d'ivoire au lobe de
l'oreille signalent à l'admiration generale les meurtriers les plus éminents

Ces mœurs sanguinaires s'harmonisent si bien avec le caractere de la race,
qu'un homme ne saurait trouver femme s'il n'a prouve sa valeur par l assassinat de
l'un de ses semblables Les familles prevoyantes achètent même de vieux negres
affaiblis et les livrent a leurs enfants en bas age, les chers bébés peuvent ainsi con-
querir la plume noire et satisfaire sans danger a la loi cruelle de la tribu.

Leur assimilation avec les lions rend les trois Européens d'Obock fort circonspects. L'année dernière ils n'osaient parcourir la distance de quarante metres
qui separe leurs maisons Un des plus vieux colons, M Arnous, dont les Danakils
pretendaient avoir à se plaindre, n'avait-il pas été frappé sur le seuil même de la
factorerie? Aujourd'hui encore, Obock offre si peu de securité, que le gouverneur
va coucher tous les soirs a bord du *Pingouin*, tandis que le corps de garde lève
le pont-levis dès la tombee de la nuit et se barricade de son mieux

Gravissons la falaise formee de dépôts madréporiques, penetrons dans la factorerie

Deux corps de logis sont adossés aux murs d enceinte · l'un reserve a l'habitation du gouverneur, l'autre au casernement de vingt hommes, commandes par un
sergent.

Poussons plus avant Près de la concession Menier, on me fait admirer l'empla-

cement d'un potager ou je vois trois choux et une douzaine de laitues Et l'on compte rafraîchir les six cents bouches du *Tonkin* avec les salades venues dans les jardins de la colonie !

Encore un espace rocheux, puis apparaît un grand hôpital, construit avec les matériaux arrachés a la falaise A droite poussent des buissons, plus bas et plus touffus que les tamaris venus sous l'œil protecteur du gouverneur La plus haute branche de chacun d'eux est couronnée d'un vieux vase Cette potiche ainsi placée indique que l'arbre est habité Sous les rameaux de l'une de ces maisons primitives, j'aperçois deux jeunes filles sommairement vêtues . la plus jeune écrase du blé en promenant sur une pierre dure un cylindre de porphyre aminci à ses extrémités, l'autre regarde travailler son aînée

Comme nous les considérons, un Dankali, armé d'une lance, les traits bouleversés, sort d'un épais buisson et se précipite vers nous La vue de nos revolvers lui inspire de salutaires réflexions, il s'arrête dans l'attitude d'un fauve prêt à bondir. Voilà comment on salue des amis à dix minutes du drapeau tricolore.

Au point de vue militaire, Obock peut devenir une colonie précieuse. C'est un dépôt de charbon, ou nos navires trouveraient, a défaut d'Aden, du combustible et de l'eau distillée Il ne faudrait pas toutefois que l'Angleterre fût partie intéressée dans la guerre qui nous éloignerait de ses ports, car il lui suffirait de fermer le détroit de Bab-el-Mandeb, en supposant même que le canal de Suez fût libre, pour obliger la marine française à reprendre le chemin du cap de Bonne-Espérance Quelques détails géographiques faciliteront l'intelligence de cette situation.

Le détroit de Bab-el-Mandeb, qui met en communication la mer Rouge avec l'océan Indien, a quatorze milles de large, l'île anglaise de Perim le partage en deux parties La passe du sud, ou grande passe, dont les fonds se relèvent près de la côte africaine, est navigable sur une largeur de sept milles La petite passe, comprise entre Perim et la côte Arabique, n'excède pas un mille et demi; elle est la plus sûre et la seule utilisée en toute saison

La mer Rouge est donc fermée à son extrémité méridionale aussi bien que du côte de Suez A qui profitera l'ouverture permanente de l'une de ses portes, si ce n'est à la nation maîtresse de la seconde, c'est-à-dire à l'Angleterre ?

Mieux vaut rester en dehors d'une souricière que d'y entrer si l'on n'en peut sortir

Le corollaire indispensable de la neutralisation du canal de Suez est l'évacuation du rocher de Perim. Encore notre flotte devrait-elle, pour se rendre au Tonkin, affronter le voisinage d'Aden, immense arsenal ou, depuis des années, l'Angleterre accumule des défenses formidables

Mais on n'est pas toujours en guerre Grâce à Obock, on espère s'affranchir des charbons anglais, de l'eau distillée anglaise, des transports anglais, et de tous les produits de la Grande-Bretagne L'argument est topique   pour l'avenir Aujourd'hui Obock coûte chaque année plus de quatre cent mille francs et reçoit, en fait de marchandises françaises, du charbon de Cardif, apporté par des bateaux construits sur la Tamise, chargés a Swansea et qui n'ont de français que le pavillon, l'équipage et un port d'attache où ils relâchent de temps a autre afin de toucher la prime a la navigation Observateur impartial, je dois ajouter qu'il existe pourtant une grande différence entre les charbons anglais d'Aden et les charbons, non moins anglais, d'Obock A Aden la tonne coûte vingt francs de moins et arrive a bord des navires cinq fois plus vite qu'à Obock

Les colonies ne se nourrissent pas seulement de charbon   l'agriculture, l'industrie nationale, le commerce vivent de nos conquêtes lointaines Si nous causions de l'agriculture ? Elle ne saurait être bien prospère dans un pays pourvu de torrents sans eau, de rochers sans terre végétale, d'une atmosphère sans nuages, d'un soleil sans pitié ni merci

Restent le commerce avec le Choa et l'Abyssinie, les caravanes, la poudre d'or, les dents d'éléphant, les blés, les orges !
                                                                                              /
Je touche ici aux plus graves questions

Malheureusement l'avenir commercial de notre colonie est aussi précaire que ses destinées agricoles Une chaîne de montagnes difficile a franchir sépare Obock des routes de caravanes conduisant en Abyssinie, barre le passage a l'Aouach, grande rivière qui seule eût permis d'effectuer des transports économiques, et ferme l'accès de cette partie du littoral au profit de Tadjoura, situé plus au sud

Nous sommes, assure-t-on, dans les meilleurs termes avec le roi du Choa, Menelik, vassal de Sa Majesté le roi Jean d'Abyssinie *Ce prince cherche même a nouer d'amicales relations avec la France*

Encore faut-il attendre Kafla, la capitale de bambous et de roseaux de notre futur allié Ce n'est point petite affaire Une caravane emploie six grands mois à s'organiser, et, dès qu'elle est partie de Tadjoura — non d'Obock, — elle est aux prises avec des difficultés sans cesse renaissantes Si la paix règne parmi les tribus somalis campées entre nos possessions et la frontière du Choa, quatre-vingt-dix jours seront insuffisants pour parcourir les quatre cent cinquante kilomètres qui séparent Kafla de la côte Dans le cas contraire, les belligérants rançonneront à tour de rôle les voyageurs et ne laisseront aux plus fortunés que des yeux pour pleurer sur leur imprudente aventure

Que peut-on importer au Choa ?

L'Abyssinie, pays très montagneux, coupé de fertiles vallées, produit en abondance fruits, céréales, fourrages, plantes textiles Seul le sel fait défaut S'il arrive sous forme de blocs réguliers, durs et bien taillés, il est considéré comme une monnaie d'aussi bon aloi que les thalaris d'argent frappés à l'effigie de Marie-Thérèse,

s'il se brise en chemin, sa valeur devient infime, car il ne sert plus qu'à saler la nourriture des animaux, aussi friands que l'homme de cet indispensable condiment. A part le sel, les caravanes transportent à Kaffa des armes de guerre — instruments de civilisation par excellence, — de l'eau de Lubin et des images d'Épinal fort prisées de la reine.

Je ne doute point qu'il ne soit nécessaire de soumettre les noires beautés du Choa à de nombreuses ablutions parfumées, mais le chargement d'une caravane annuelle doit suffire au décapage de toute la nation. Pour ma part, ce ne seraient pas des troupes et un gouverneur que j'enverrais à Obock, mais une compagnie de parfumeurs.

La conquête de l'Abyssinie par la pommade et les eaux de toilette, voilà l'avenir.

Au retour, les caravanes sont libres d'acquérir et d'emporter le miel, le café, le musc et la poudre d'or recueillie en très petite quantité dans les rivières. On ne traite pas ces divers achats avec de nombreux intermédiaires. Sa Majesté seule règne, brocante, accapare le produit des terres ou de l'industrie privée, et confond si bien ses intérêts avec ceux de ses sujets, qu'elle oublie le plus souvent d'établir une distinction entre les siens et les leurs.

Il est très chagrin depuis quelques années, l'excellent Ménélik. L'éléphant disparaît, les défenses d'Abyssinie, si recherchées des Indiens, deviennent aussi rares dans les magasins royaux que le sourire sur les lèvres de madame Ménélik, à la veille de renoncer à l'eau de Lubin, faute d'ivoire pour la payer. En vain le couple souverain fait-il rechercher les cimetières où ces pachydermes vont mourir loin de tous les yeux. les ossuaires sont si bien cachés, que les plus habiles chasseurs sont revenus bredouilles. Le noir monarque a promis une couronne d'or à celui qui le mettrait sur une bonne piste, il est à craindre que cette parure démodée ne soit pas fondue de sitôt.

De ses aptitudes commerciales ne jugez pas que le nouvel ami de la France soit un homme mal né. Fi donc ! Ménélik descend en ligne directe de la reine de Saba. Se targuant de cette illustre origine, il revendiqua jadis le droit de coiffer la couronne de plumes placée sur la tête du roi Jean. Défunt Salomon, un ancien ami de la famille, mit les deux princes d'accord en leur suggérant l'ingénieuse pensée de sacrifier Mars sur l'autel de l'hymenée — beau sujet de tableau — et d'assurer, par le mariage des héritiers présomptifs du Choa et de l'Abyssinie, la réunion des deux pays.

Si toutes les compétitions et les guerres se terminaient par l'holocauste peu coûteux de quelque divinité hors d'usage !

Un roi d'aussi noble souche que Ménélik ne peut se dispenser de rendre de fréquents hommages au Créateur ; à son exemple, les habitants du Choa, catholiques fervents, chôment le vendredi, le samedi, même le dimanche, et honorent si souvent

3

la Vierge, saint Michel et les bienheureux les plus renommés du paradis, que l'on célèbre à Kaffa trois cents fêtes annuelles Soixante jours de travail assurent l'existence des familles condamnées à gagner leur pain à la sueur de leur front Le reste du temps il est loisible aux gens des classes laborieuses de conserver la peau sèche, et nul d'entre eux ne se prive de ce plaisir.

Dans l Éden abyssin, les fils de Bellone et les artisans sont également favorisés Le héros assez fortuné pour compter à son actif les meurtres authentiques de dix Gallas a le droit de porter, outre le plumet fantastique emprunté aux Somalis et aux Danakils, une longue manchette d'argent qui couvre l'avant-bras Faveur bien autrement précieuse, il peut se nourrir, sa vie durant, aux dépens des marchands de comestibles Pareilles récompenses sont bien de nature à surexciter l'ardeur des guerriers du Choa Dieu me garde d'ailleurs de contester leur courage, ils sont braves jusqu'à la folie l'armée égyptienne l'apprit à ses dépens.

Hélas ! tout n'est-il pas heur et malheur dans ce bas monde ! Si la vie est douce aux vainqueurs, si après la bataille ils boivent dans une délicieuse oisiveté l'hydromel versé à pleine coupe et se gorgent, sans désemparer, de galettes de dourah, il est interdit aux troupes royales d'être battues Les chairs des fuyards sont déchirées avec des lanières de peau d'hippopotame , les capitaines malheureux sont assommés à coups de coude dans le dos par des praticiens experts Ce traitement permet aux clients du bourreau de rentrer au foyer domestique, mais leur assure l'éternité dans un délai qui ne dépasse pas quatre jours.

L'intendance de l'armée du Choa me paraît aussi devoir être prônée. Une troupe, forte de cinq à six cents soldats, vient-elle à s'ébranler, elle se fait précéder de milliers de femmes qui charrient les vivres, les munitions et les bagages des combattants. Ceux-ci s'avancent graves et nobles, fièrement campés sur leur cheval de bataille, et ne s'embarrassent même pas de la lance et du bouclier, que des esclaves tiennent à leur disposition.

Quand nous ferons assommer nos généraux vaincus, quand la plus belle moitié du genre humain qui effleure de ses talons Louis XV l'asphalte des Champs-Élysées portera sur ses blanches épaules les bagages des troupes, la régénération sociale ne sera plus un vain mot et notre patrie sera mûre pour de hautes destinées !

Concluons Obock n'est pas une station de caravanes, l'Abyssinie se suffit à elle-même et n'achètera pas de longtemps des produits français, l'accès du Choa est difficile et le deviendra d'autant plus que l'on pensionne les chefs somalis Il n'est petit sire capable de résister au plaisir de piller une caravane, si pareil fait d'armes constitue un titre à une rente annuelle de sept ou huit mille francs en échange d'une apparente soumission.

Partout où nous plantons le drapeau tricolore, il faut qu'il s'enracine Mais pourquoi doter une tour, un hôpital et vingt huttes de paille d'un gouverneur et bureaucrates? Cinquante hommes placés sous les ordres d'un officier vigoureu un comptable de la marine, des dépôts de charbon bien organisés, un appontem quelques balises et des bouées suffiraient à faire respecter notre pavillon assureraient, en cas de nécessité, l'approvisionnement de notre flotte ou des navi qui ne voudraient pas toucher à Aden.

FEMME D'OBOCK.

CAFÉ AU BAZAR DE STEAMER-POINT. (Voyez p. 22.)

II

4 janvier. — Dix-huit heures de traversée séparent Obock de Steamer-Point. Longtemps avant d'atteindre le port, on aperçoit les crêtes déchirées de montagnes aux lignes superbes, qui se découpent sur un ciel aussi bleu que les eaux où se mirent leurs flancs dressés à pic. Bientôt apparaît, entre deux sommets placés vis-à-vis l'un de l'autre, comme Gibraltar et Algésiras, une baie assez vaste, assez sûre pour abriter les flottes de guerre et de commerce de l'Angleterre. Sur les hauteurs s'élèvent des tours d'observation ou de défense, des remparts, tout un système de fortification compliqué.

Steamer-Point, ville de création récente, doit la vie aux nombreux bateaux qui circulent entre l'océan Indien et la Méditerranée; Aden, vieille cité arabe, située dans un repli de la montagne, à dix kilomètres du nouveau port, communique directement avec l'Arabie.

Au pied de rochers dénudés, tachés de blanc et de gris par les résidences des hauts fonctionnaires et les *bungalows* des sous-officiers indiens, s'étend une place demi-circulaire. Les maisons, bâties à l'italienne, ornées d'arcades et de verandas, ont vue sur la rade. Les consulats, les boutiques des négociants européens ou parsis et deux hôtels d'apparence honnête occupent les plus belles. Derrière cet écran, la ville arabe et ses cafés, où grouillent pêle-mêle marins étrangers, nègres et Somalis. On parle au bazar les langues des cinq parties du monde, et l'on paraît s'entendre : c'est la seule différence à signaler entre les gens qui le fréquentent et les constructeurs de la tour de Babel.

Nous prenons gîte à l'hôtel de l'Univers, longue caserne appuyée sur un rocher brûlant. Entre les murs et le roc vivote un jardin qui fait, non sans raison, l'orgueil de M. Suel, son propriétaire. Steamer-Point, où il ne pleut guère, s'alimente d'eau vaseuse conservée dans les citernes et d'eau de mer distillée à chers deniers. Afin de décharger M. Suel de toute accusation de prodigalité, j'ajouterai que les trois ou quatre arbrisseaux, objets de sa sollicitude, sont placés au centre d'un massif bordé par des culots de bouteilles. L'*architecte paysagiste* s'est d'ailleurs mis en frais d'inspiration : les culots varient de forme et de couleur. Ici s'alignent les cruchons rougeâtres des curaçaos de Hollande, là les verres foncés des champagnes, plus loin les ventres pansus des pullhas. Sont-ils nombreux les mortels fortunés qui, après avoir eu l'heureuse chance de trouver à Steamer-Point la plus efficace des eaux de santé, peuvent contempler le grès qui la contint dans la situation réservée d'habitude aux géraniums ou aux pâquerettes !

Rien n'est vert dans ce paradis des bouteilles, pas même les quatre arbustes mieux pourvus de bois que de feuilles, si ce n'est un perroquet dont l'enthousiasme ne connaît pas de bornes lorsqu'il admire son image dans un globe métallique suspendu auprès de son perchoir.

5 janvier. — Les communications ne sont ni faciles ni fréquentes entre Aden et Bouchyr. Nous voici condamnés à sept jours d'hôtel de l'Univers, c'est un bateau anglais qui viendra nous délivrer. Chaque mois part de Glascow un navire de la Compagnie British India. Il prend les voyageurs de Steamer-Point pour le golfe Persique, les transporte à Kurachee, où il les passe à un collègue qui les promène pendant vingt jours avant d'atteindre l'embouchure du Chat-el-Arab. Le *Huzara* sort du canal de Suez, mais il emploiera une semaine à descendre la mer Rouge. Nous péririons d'ennui s'il ne nous restait le plaisir de tourmenter nos jeunes camarades en leur apprenant le persan.

6 janvier. — Marcel a hélé un carrosse campé sous un auvent de tôle construit au centre de la place. En route vers *Aden-Ville !* Équipage et automédon sont dignes de s'appareiller. Au-dessus d'un véhicule à quatre roues, des baguettes de fer supportent

une toiture et des rideaux de cuir qui interceptent les rayons du soleil; un cheval de petite taille et de faible apparence traîne cette patache. Le conducteur, coiffé de ses cheveux crépus, vêtu d'une ample chemise de coton blanc, fait claquer son fouet, et la machine roule avec la vitesse du vent. On ne verse jamais; c'est interdit par

NÈGRES D'ADEN.

la police. Mais, en dépit de cette sage ordonnance, les nouveaux venus ne peuvent se défendre de certaines appréhensions.

A part ces légitimes inquiétudes, la promenade est charmante. Le chemin longe les bords de la mer, puis il s'en écarte, laisse sur la droite le port réservé aux bateliers indigènes et pénètre dans un village, jadis important, dont les rares maisons menacent ruine. Il ne reste que ces habitations délabrées et un vaste

cimetière, de Malla, ville de quinze mille habitants, qui s'étendait au pied de la
montagne.

Il y a quelques années, une épidémie de choléra se déclara dans la presqu'île ;
bientôt elle gagna Malla et sévit si violemment, que la population noire fut décimée.
Avec l'insouciance caractéristique des musulmans, les corps étaient portés au cimetière
voisin, couverts d'une mince couche de poussière et bientôt déterrés par les chiens
ou les vautours. L'autorité anglaise s'émut, défendit d'inhumer les morts auprès des
vivants et désigna un emplacement écarté où les cadavres devaient être enfouis avec

BENGALOW EN CONSTRUCTION.

certaines précautions. Le lendemain une émeute éclatait sur le territoire d'Aden.
Quinze mille musulmans, s'exaspérant à la voix des plus fanatiques d'entre eux,
refusaient d'obéir aux *infidèles* et menaçaient de saccager Steamer-Point si on les
empêchait de suivre les rites funéraires de l'Islam. Le gouverneur dut céder ; mais,
dès que l'épidémie eut pris fin, il invita les habitants de Malla, qui logeaient dans
des bungalows de paille et de roseaux, à porter leurs pénates de l'autre côté de la
baie, non loin du village de Cheikh Otman.

Une année expirée, on livra aux flammes l'ancien village. Les maisons de
maçonnerie furent épargnées, sous la réserve que leurs propriétaires ne les répare-
raient jamais.

Depuis cette époque, le gouverneur ne dissimule pas son projet de purger la
presqu'île de Somalis et d'Arabes, engeance fanatique, insoumise le jour où elle
l'oserait, onéreuse à nourrir, et surtout à abreuver, si par extraordinaire Aden
était jamais bloqué.

Au delà de Malla la voiture escalade la montagne ; le panorama de la baie,

limite par les promontoires violatres qui s'avancent au milieu des eaux bleues, se deploie dans toute sa beaute On s'eleve encore, les regards franchissent les premiers plans, dominent les terres basses que blanchissent à l'horizon des dépôts de sel situes entre Aden et Cheikh Otman, distinguent les jardins de ce village semblables a une onsis, puis les mâtures des nombreux batiments à l'ancre dans le port, et se reportent enfin sur les deux sommets rocheux, jambages de la porte colossale qui met la mer en communication avec la baie

Et le petit cheval galope toujours, entraînant sans faiblir la voiture pleine Il croise des chameaux chargés de balles de moka; il regarde avec envie les beaux equipages qui portent les parsis à leurs comptoirs de Steamer-Point, et s'ecarte prudemment des officiers anglais descendant à fond de train les raides lacets : la bonne bête ne se soucie pas de trainer un supplement de poids et se demande à chaque tournant si chevaux et cavaliers ne vont pas se précipiter au milieu de ses voyageurs.

Enfin, nous atteignons le col Un ouvrage fortifie precédé d'un pont-levis en defend l'accès La porte est ouverte depuis l'aurore jusqu'à huit heures du soir Même en plein jour le corps de garde est encombre de *red coats*. Precaution illusoire · la clef de la place appartient, une fois l'an, à qui veut la prendre. Pendant la nuit de *Christmas* on chercherait vainement un bon Anglais, fût-il soldat ou general, en état de veiller sur ce poste.

Au delà de la fortification, la route passe entre deux murailles de rochers taillees par la nature et regularisées à la mine Dès la sortie du defile apparaissent les maisons blanches d'Aden, entourées de montagnes grises. Vis-a-vis de moi le rocher s'aplatit devant un horizon de mer. Sur les flots couleur d'acier se detachent un phare blanc et les casernes grises de la garnison anglaise

Comme autour de Mulla et de Steamer-Point, les hauteurs sont couronnees d'ouvrages relies par des chemins couverts Le piton isole qui se dresse à droite de la ville supporte une construction circulaire aux murs blanchis à la chaux Un vol d'oiseaux de proie monte la garde au-dessus de la *tour du Silence*, le *dakhma* des parsis, ou l'on a dernièrement depose le corps d'un adorateur d'Aouramazda [1]

Les maisons de la ville sont basses, percees d'ouvertures nombreuses et rappellent comme aspect les constructions italiennes Des cafés ventilés, des boutiques de comestibles ou s'etalent les beaux legumes venus de Cheikh Otman se succedent dans la rue qui conduit à la place du Marché. Là s'amoncellent, dans des parcs etroits, chèvres et moutons, charges de sorgho et de foin, ronces à brûler apportees par de longues caravanes de chameaux

---

1 Voir la *Perse, la Chaldée et la Susiane*, par Jane Dieulafoy, page 137 Librairie Hachette

Le cocher joint a ses fonctions habituelles celles de cicerone, il nous conduit d'abord chez un Français qui habite Aden depuis de longues années et monopolise le commerce des cafes. M Tian me propose de visiter ses magasins, ou une multitude de femmes trient les cales de Moka avant de les expédier en Europe Les grains les plus petits et les moins reguliers proviennent d'arbustes sauvages, leur arôme est d une extrême finesse On doit cependant les enlever, pour donner a la marchandise un aspect qui nuit a sa qualite, mais satisfait l'acheteur innocent

Comme il serait charmant d'écrire un traite des idees preconçues! Aux fraises des bois ne prefere-t-on pas les gros fraisards sans parfum, les roses monstrueuses venues en serre aux frais bouquets d'églantier ou de fleurs des champs, les joues fardées au duvet de la jeunesse, les raideurs et les déformations a l'épanouissement de la Venus de Milo!

Presque toutes les trieuses sont noires de peau, fanées par le travail, mais vêtues de robes sans couture, drapées avec un art inconscient

« Ne partez pas encore, nous dit notre hôte   voici un Arabe qui vient me proposer cent balles de café » Le marche se traite devant moi, et pourtant il me serait difficile d'en suivre les peripéties Les deux négociants réunissent leurs mains au-dessous d'un foulard épais, et, les yeux dans les yeux, entrent en communication Les pressions exercées sur la première phalange indiquent les unités, sur la seconde et la troisième les dizaines et les centaines Les gens d'Aden ont une telle habitude de ce langage muet, qu'une affaire importante, avec le marchandage qu'elle comporte, se conclut sans echange de paroles et a l'insu des curieux

Comme à Steamer-Point, presque tout le commerce est entre les mains des parsis Depuis de longues années deja, nombre de négociants etaient venus camper dans la ville arabe Mais, prives de prêtres et d'édifices religieux ou ils pussent celebrer les cérémonies du culte, ils n'amenaient pas leur famille et, fortune faite, regagnaient les Indes Le gouvernement anglais ne tarda pas a constater l'heureuse influence des guebres sur la prospérité de la colonie, et autorisa les sectateurs d'Aouramazda a batir un pyrée et un dakhma (tour funéraire) Le feu sacré, solennellement apporte de Bombay, au grand mécontentement des musulmans, précéda les familles des negociants les plus riches et les mieux posés d'Aden

Marcel veut donner a nos jeunes camarades le réjouissant spectacle du dakhma Un mur d'enceinte enclôt un emplacement rectangulaire, aux extrémités duquel s'élèvent deux maisons blanches L'une est le temple du feu, ou les *mobeds* (prêtres) entrent seuls, l'autre comprend un salon ajouré par des portes-fenêtres. On nous introduit dans cette pièce, reservée aux fidèles Elle est blanche a la chaux, meublée d'une grande table entourée de sièges, et ornée de chromolithographies de souverains morts ou détrônés

Le *destour* (chef des prêtres), un homme de haute taille, aux yeux nous très fendus, à la barbe coupée en pointe, se présente Comme ses ancêtres les mages, il est vêtu d'etoffes de lin Autour de ses cheveux frisés s'enroule un turban de mousseline, plus blanc, s'il est possible, que ses vêtements La conversation s'engage en persan et prend vite une tournure familiere Le mobed me montre les instruments du culte bassin d'argent servant a triturer les brindilles de grenadier employées dans les sacrifices, pinces de même metal destinées a toucher le feu sacré, voile blanc qu'on attache devant la bouche du prêtre pour preserver la flamme divine de toute souillure. On apporte également les textes sacrés des Zoroastriens imprimés aux Indes . le Vendidad, compilation religieuse, le Vispéred, collection de litanies pour le sacrifice, et le Yasna, recueil d'hymnes écrites dans une langue plus ancienne que les deux premieres parties de l'Avesta Voici encore le « Petit Avesta », composé de courtes prieres que les fideles doivent prononcer à certains moments du jour, du mois, de l'annee et en presence des différents éléments

Puis un guide nous conduit jusqu'au dakhma, situé sur un piton Un sentier très raide débouche auprès de la tour réservée a la sepulture des prêtres, a mesure qu'on s'élève, le panorama de la ville, blanche au milieu des rochers gris, apparaît plus saisissant Avant d'atteindre le sommet du pic, on abandonne le sentier pour gravir des degrés taillés dans la pierre et l'on arrive enfin devant la porte d'une enceinte circulaire Pas de clef à la serrure, un premier gamin fait la courte echelle, un second, s'aidant des aspérites du mur, franchit la clôture, pousse le verrou et nous introduit dans la place Un porche rustique où les morts font antichambre précède la *tour du Silence*, dont la porte, celle-ci inviolable, dissimule aux yeux des profanes les tristes debris qu'elle conserve

De nombreux corbeaux interrompent leur ronde macabre et s'eloignent en poussant des cris de colere Le dakhma possède depuis peu de jours un nouveau locataire a defaut des corbeaux, une odeur nauseabonde decelerait le cadavre

Les guebres ne sont pas arrivés sans difficulté à pratiquer leurs rites funeraires Les musulmans protestent, non sans raison, contre les émanations intolerables qui se degagent du dakhma et, plus encore, contre les souillures auxquelles les expose ce cimetiere en plein vent Rarement conviés a un régal de chair humaine, les oiseaux de proie se livrent de veritables combats sur les corps et parfois laissent tomber les lambeaux de chair ou les ossements emportés a tire-d'aile Un grillage recouvre la tour, mais, comme la precipitation avec laquelle un cadavre est devoré temoigne du bon accueil qu'Aouramadza fait à l'âme du défunt, les reglements de police doivent souvent être violes Laissons aux goules emplumées le soin de preserver de toute souillure la terre, l'eau ou le feu

En sortant du temple guebre, nous prenons la direction des citernes, *piece de résistance* offerte a la curiosité des voyageurs par les cochers de Steamer-Point

Les bassins, situés au fond d'une immense anfractuosité, non loin de la brisure ou passe la route, sont l'œuvre des Portugais Leurs ingénieurs mirent à profit les saillants des deux parois rocheuses, bâtirent des barrages et créèrent ainsi de vastes réservoirs destinés a emmagasiner l'eau de pluie que consomme la ville Après la conquête, les Anglais n'eurent garde de laisser dégrader ces ouvrages, les bassins furent multipliés, cimentés, et s'étagèrent les uns au-dessus des autres dans les moindres replis de la ravine

Les tons rougeâtres des rocs dénudés, l'aspect sauvage de la faille, rendent plus doux aux regards les figuiers, les banians aux larges feuilles, aux racines adventives et les arbrisseaux délicats venus dans les fentes de la montagne Près des bassins croît l'arbre a gousse, le *salas*, plus loin, fleurissent les gueules de l'*mqal* aux longues étamines jaunes, et les grappes violettes du *golm* et du *hendi* Nichés au milieu des rochers, entourés d'eau et de verdure, gazouillent des oiseaux, roucoulent des tourterelles et voltigent des papillons si nombreux, que la flore et la faune du pays semblent vivre tout entières au fond de cette gorge étroite Aimable fête qu'une promenade dans ce paradis Combien cette verdure repose les voyageurs dont les regards n'ont rencontré depuis près d'un mois que les ronces d'Obock et le jardin de l'hôtel de l'Univers !

Reprenons le chemin de Steamer-Point Un tunnel percé récemment débouche sur un cirque naturel L'esplanade, transformée en champ de manœuvres, est entourée de casernes a l'usage des artilleurs cipayes Comme dans celles d'Aden, le *panka*, agité par des nègres, se meut nuit et jour, éloigne les moustiques et entretient une température qui permet de dormir pendant les plus chaudes nuits d'été

9 janvier — Je m'acclimate Le matin et le soir amènent sous la véranda construite devant nos chambres des passants d'aspect bien divers Dès l'aurore, apparaissent les ménagères somalies, les pêcheurs de requins se pressant, courant et portant des poissons attachés par paquets de poids égaux aux extrémités d'une barre flexible, puis débouchent, graves et solennels, des chameaux chargés de broussailles; une heure plus tard, les charrettes à bœufs distribuent l'eau potable envoyée de la distillerie a chaque maison européenne ou celle des citernes destinée aux lavages. Ces groupes matineux sont suivis de rapides équipages qui amènent d'Aden a leurs comptoirs de Steamer-Point les négociants zoroastriens De la place, des barbiers banians en quête de cheveux a couper guettent les étrangers assis sous les vérandas des hôtels et s'efforcent d'attirer leur attention en projetant, à l'aide du miroir professionnel, un rayon de soleil sur la victime de leur choix, ces figaros sont si habiles, qu'ils trouvèrent moyen de raser ma propre barbe

A dix heures et demie sonne la cloche du déjeuner Puis le calme se fait, les fenêtres se ferment, et aucun bruit importun ne vient troubler la sieste. Chut!... la ville dort. Deux heures avant le coucher du soleil, un coup de canon retentit, suivi de bruyantes détonations. On met le feu aux mines que les officiers du Royal Engineer font journellement forer pour installer des batteries nouvelles. Steamer-Point se réveille. Arabes et Somalis descendent des chantiers; les uns prennent le chemin d'Aden ou de Mulla, les autres se dirigent vers le bazar des bouchers et des marchands de comestibles.

La chaleur tombe; le *high-life* se montre dans de beaux équipages et circule sur la route poudreuse qui longe la mer, passe devant le temple protestant, l'église catholique, le sémaphore et le bureau télégraphique situé à cinq kilomètres du port. Voici le moment où triomphent les mirobolants panaches des plus élégantes ladys et les chevaux des officiers les mieux montés. A six heures chacun rentre au logis et y demeure. Seuls les étrangers ou les militaires se rendent dans un café-concert dont les murs bleus, l'orchestre discordant et les demoiselles badigeonnées affoleraient les mélomanes les plus affamés de musique.

Une fois la semaine, le canon du sémaphore annonce, par trois ou deux coups, l'arrivée d'un bâtiment de la compagnie Péninsulaire

MESSAGÈRE SOMALIE.

Orientale ou des Messageries françaises. Fût-ce l'heure sacrée de la sieste, la ville s'émeut à ce bruit. Les cochers endormis dans leur voiture se dressent en sursaut et courent vers le débarcadère; les hôteliers gourmandent leur chef, préparent des glaces et des sorbets; les boutiquiers ouvrent leurs comptoirs. Bientôt arrivent des troupeaux de voyageurs, heureux de fouler un sol immobile. Les uns s'empilent dans des voitures et courent vers les citernes d'Aden; les autres envahissent les magasins des parsis; le plus grand nombre s'attablent devant les cafés et achètent, en buvant du champagne détestable, des plumes d'autruche offertes par des juifs, des casse-têtes ou des bracelets d'argent ayant plus ou moins appartenu au roi Ménélick. Quand s'est écoulé le délai accordé aux passagers, chacun retourne à bord, pliant sous le poids d'acquisitions hétéroclites.

11 janvier. — Le *Huzara* mouillait hier soir en rade de Steamer-Point. Nous avions une telle crainte de manquer le départ, qu'une heure après l'arrivée du paquebot la mission était embarquée.

Le commandant et les officiers sont Anglais; la barre passe des mains des Indiens dans celles de matelots américains, allemands ou suédois; le charpentier a vu le jour sur les rives du Peï-ho; des Portugais de Goa, fortement mâtinés d'asiatique, sont chargés du service.

On parle à bord toutes les langues, mais on les parle peu, car état-major et passagers ne cessent de manger :

7 heures, premier déjeuner : thé, café, chocolat; *pommes de terre*.

9 heures, second déjeuner : quatre plats; *pommes de terre*.

1 heure, lunch : hors-d'œuvre, trois plats chauds, deux plats froids, dessert; *pommes de terre*.

4 heures : thé, beurre et gâteaux; *pommes de terre*.

6 heures, dîner : cinq plats, dessert, *pommes de terre*.

8 heures : thé, café, limonade; *pommes de terre*.

Nos compagnons de table suffisent à de pareilles exigences et considèrent avec mépris des estomacs incapables de lutter avec des autruches faites hommes.

Si le cuisinier et ses acolytes sont toujours en travail, ils n'enfantent aucun chef-d'œuvre; puis le système qui consiste à présenter à chaque convive un menu composé de douze plats dans lequel il est autorisé à choisir ceux qu'il préfère, peut convenir à des fils d'Albion, mais nécessiterait de notre part une étude approfondie du *Manuel du parfait cuisinier anglais*, édité à Goa.

15 janvier. — Le *Huzara* est un féroce marcheur : sans se presser il file six nœuds à l'heure. Encore si l'on était en sécurité sur cette tortue marine! Hier j'ai entendu le second qui se félicitait d'avoir terminé le nouvel arrimage des caisses d'allumettes, arrimage fort compromis à la suite d'un coup de vent supporté par le *Huzara* la veille de son arrivée à Steamer-Point. Avoir abandonné une cartouche pour monter sur un bâton de phosphore!

Le bord, plus monotone encore que l'hôtel de l'Univers, offre comme unique distraction le spectacle d'une famille zanzibarienne. Hadji Mohammed, grand vizir du sultan de Zanzibar, se rend au célèbre pèlerinage de Kerbéla; mais avant d'atteindre

BOUCHERIE A STEAMER-POINT. (Voyez p. 31.)

les lieux saints il doit s'arrêter a Mascate, afin de presenter ses devoirs a l'imam, propre fière de son maître Les relations des deux princes n'etaient pas fort tendres dans ces derniers temps Aujourd'hui la paix est conclue et le vizir apporte sans doute quelques presents destines à la cimenter

Bien que Hadji Mohammed soit un homme pieux et demande cinq fois par jour la direction de la Mecque afin de s'orienter vers la Kaaba quand vient l'heure de la prière, il ne dédaigne pas la cuisine anglaise et prend à la table commune les repas officiels Il n'en est pas de même de sa femme, mignonne et jolie personne, dont la prunelle tres blanche se détache sur une peau presque aussi foncee que celle de ses negresses Vêtue d'une chemise de crêpe de Chine vermillon d'un pantalon de satin vert brode de perles autour des chevilles, drapée dans un voile de soie bleu foncé pointillé de rouge, elle sort de l'amore de sa cabine, signalant son passage par le tintement de cassolettes d'or suspendues a son cou et par les heurts d'enormes bracelets qui semblent à chaque pas abandonner ses petits pieds. Des esclaves ont déjà couvert le rouf d'un beau tapis persan, elle s'accroupit au centre, surveille la toilette et les jeux de ses enfants, puis, à l'heure du repas, leur donne la becquee du bout des doigts, becquée puisee dans un énorme plat de riz et de mouton. La noble dame passe la journée a lire le Koran ou des poésies gouzerates et, le soir venu, regagne sa cabine, pour reprendre le lendemain la même vie inactive.

A peine a-t-elle abandonne sa place favorite, qu'on apporte une chaise longue et des couvertures blanches Le vizir s'allonge, se couvre et abandonne ses pieds nus a deux esclaves Ceux-ci les prennent avec respect et, doucement, exercent des frictions savantes, peu a peu les caresses s'amollissent, les mains noires effleurent l'épiderme du maître. Une heure de massage suffit habituellement pour amener le sommeil, hier l'operation s'est prolongee jusqu'au milieu de la nuit. Le temps paraissat bien long aux deux negres, ils se consolaient en saisissant leurs propres pattes et en les pétrissant d'un air attentif et convaincu.

16 janvier — Rien de nouveau. Les voyageurs mangent et flirtent, le temps est admirablement beau La mer seule m'occupe et me distrait Hier le navire avait déja rencontre de nombreuses meduses, aujourd'hui nous avons traversé un véritable banc d'invertebres L'ombrelle est brun-jaunâtre comme un champignon des bois, les tentacules, longues de quinze centimètres, sont mauve rose Il semble que les meduses montent a la surface des eaux lorsque la mer a ete rechauflee par les rayons du soleil, et qu'elles disparaissent le soir, ou plus tôt si les flots viennent a s'agiter Ce sont des personnes recueillies, qui n'aiment ni l'écume ni le bruit des vagues

Depuis deux jours le soleil, à son coucher, offre un admirable spectacle La lune nouvelle lui dispute l'horizon Entre les deux astres qui brillent au ciel pour le repos

et la sécurité des voyageurs, l'atmosphère se colore de teintes d'une adorable délicatesse, se dégradant depuis le jaune orange jusqu'au gris ardoise, avec des transitions
vertes, roses, mauves et bleues d'une exquise délicatesse. Le globe de feu disparaît
rayonnant, l'arc lunaire triomphe et prend tout son éclat au milieu d'une lumière
cendrée très intense. Des lambeaux du firmament, pavés de planètes et d'étoiles,
tombent dans l'Océan, bientôt le ciel et la mer semblent confondus. La nuit est
complète et les flancs du navire reflètent les phosphorescences des eaux coupées
par l'éperon de l'avant ou les remous blancs laissés comme un chemin neigeux
derrière l'hélice.

   La France est bien loin!

PÊCHEUR DE BPOLIAS. (Voyez p. 30.)

MIMOSA A BENDER-ABBAS. (Voyez p. 39.

III

23 janvier. — J'ai vu la terre des Indes, mais, hélas! de trop loin pour présenter mes respects aux célèbres alligators qui sont, paraît-il, le plus bel ornement de Kurachee. Comme nous approchions d'une côte fort basse, les timoniers signalèrent un steamer appartenant à la flotte du golfe Persique. Il attendait, sous pression, un passager du *Huzara*, le nouveau directeur du service sanitaire de la Compagnie.

Arrivée au port vers trois heures, la mission était transportée sans délai à bord de l'*Assyria*. Puisse ce nom être d'heureux augure!

Nous sommes seuls à l'arrière. L'avant est encombré de pèlerins arabes, persans et indiens. Allah me préserve de mettre en doute la piété des musulmans; mais, sans médire de leur ferveur, il est bien permis d'attribuer leurs incessantes pérégrinations au plaisir de quitter de trop nombreuses épouses, de voir des pays nouveaux et de se décharger du souci des affaires sous un prétexte

38   A SUSE.

honnête ou même louable. Quel que soit leur but, les habitants du littoral de la
mer des Indes et du golfe Persique envahissent, semblables à des troupeaux humains,
les paquebots de la *British India*. Troupeaux, c'est le mot, car, parqués au-
dessus de leurs bagages, abrités de la pluie ou du soleil par une simple toile, ils
demeurent immobiles durant toute la traversée et n'abandonnent leur place que pour
assister matin et soir aux distributions d'eau ou préparer à tour de rôle, dans des
cuisines larges de deux pieds, le pilau quotidien.

27 janvier. — L'*Assyria* vient de ranger Ormuzd et de faire sa première escale

BAZAR DE BENDER-ABBAS.

à Bender-Abbas, dans une rade
immense, où pourraient manœuvrer
les flottes de l'Europe.

A droite, à gauche, le long de la
côte jaune se montrent des jardins et
un grand nombre de villages; au
centre s'étend la cité persane, que
domine un rideau de montagnes
neigeuses.

On jette l'ancre à trois milles de
terre, auprès d'un navire démâté
mouillé sur la limite des bas-fonds.
Ce ponton sert de magasin et d'en-
trepôt aux bateaux de la Compagnie.
Une partie du chargement de l'*Assyria*
étant à destination de Bender-Abbas,
nous avons le temps de débarquer.
Le *belem* qui vient chercher la poste
se dirige vers un môle ruiné. Il ne
l'atteint pas. Comme à Obock, le
trajet s'achève à dos d'homme.

Bender-Abbas ne diffère guère
des villes persanes que j'ai visitées pendant mon premier voyage. Les maisons
neuves se mêlent aux constructions ruinées, la boue et les détritus couvrent le sol
mal nivelé des rues; les bazars, mi-partie en terre et feuilles de palmier, montrent
des boutiques dont la propreté contraste avec l'état d'abandon des voies qui les
desservent.

Sous des auvents délabrés, les épiceries avec leurs pains de sucre alignés, sus-
pendus par la tête et vêtus d'une robe collante de papier argenté, les drogues vertes
ou bleues mêlées à des plateaux chargés de pâtisseries polychromes, les pots à

gingembre éclairant de leur émail turquoise les vieux cuivres où s'amoncellent le
safran, les dattes et les piments secs aux chaudes couleurs. Un peu plus loin s'ouvre
une raffinerie sommairement installée : quelques cuves de terre cuite et des caisses de
rebut composent une usine et un séchoir rudimentaires.

Derviches, soldats déguenillés, singes tenus en laisse roulent deci, delà. A ma
vue les quadrumanes hurlent d'effroi et oublient les tours les plus faciles aux gens
de leur espèce.

La nouvelle du débarquement des Faranguis s'est propagée dans Bender-Abbas,
la foule grossit, s'écrase, et s'injurie à dire d'expert. Un marchand de cachemire,

RAFFINERIE A BENDER-ABBAS.

cicerone bénévole, prend pitié de la mission, et, se dirigeant vers une des portes de
la ville, la conduit en rase campagne.

Sur le fond stérile de la plaine se détache un mimosa géant. Des femmes vêtues
de rouge remplissent leurs vases de forme antique ou causent avec des laveuses
Derrière ce bouquet de verdure, bien doux à des yeux endoloris par les reflets
aveuglants du soleil, s'élèvent des constructions en moellons. L'une d'elles, à peu
près effondrée, ressemble à une ancienne église chrétienne ; les autres, en forme de
pyramide, recouvrent des sépultures européennes. Elles sont connues des indigènes
sous le nom très exact de « tombeaux des Anglais ».

La rade de Bender-Abbas et l'île d'Ormuzd, que l'on aperçoit sur la gauche
ont joué un rôle important dans l'histoire des relations commerciales de la Perse e
de l'Occident. Ormuzd, rocher dénudé, sans eau, sans végétation, couvert de dépôts
salins, mais pourvu d'un port admirable, fut habité d'abord par les Arabes, lorsqu'il

abandonnèrent la Perse aux conquérants tartares. L'île reçut de ces premiers occupants le nom d'Ormuzd, suprême souvenir du pays perdu. Au quinzième siècle elle tomba aux mains d'Albuquerque et, dès cette époque, devint, malgré sa proverbiale insalubrité, une des colonies portugaises les plus prospères, un de ces caravansérails francs où se concentrait le commerce du monde oriental.

DERVICHE. (Voyez p. 39.)

Vers le commencement du dix-septième siècle, sous le règne de Chah Abbas, les Européens établis aux Indes formèrent le projet de nouer des relations avec l'Iran. Anglais, Français et Hollandais installèrent à Gombroun (aujourd'hui Bender-Abbas) d'importantes factoreries. Le monarque persan se montra d'autant plus favorable à la création de ces comptoirs, qu'il considérait d'un œil envieux les colonies lusitaniennes, dont il méditait l'anéantissement. Le Portugal, dès cette époque, ne disposait plus d'une marine puissante; néanmoins Chah Abbas se rendait compte qu'il lui était impossible de prendre Ormuzd sans le concours d'une flotte européenne et d'un capitaine plus expérimenté que son général, Emir Kouly Khan.

Il exploita la jalousie qu'inspirait à l'Angleterre l'établissement portugais et conclut un traité d'alliance avec la Compagnie des Indes Orientales. La Compagnie, exemptée du payement de tous droits sur les marchandises importées à Gombroun, prélèverait même une part des taxes réclamées aux autres nations; en échange de ces faveurs, elle devait fournir les moyens de conquérir Ormuzd.

Une flotte fut assemblée et les confédérés mirent le siège devant la place.

Les Portugais se défendirent avec courage; mais, épuisés par la faim, la soif et la maladie, ils capitulèrent. La ville, abandonnée aux Persans, fut pillée et détruite.

Au terme du traité conclu entre Chah Abbas et la Compagnie, les prisonniers chrétiens appartenaient aux Anglais Les vaincus eurent-ils a se louer de cette clause spéciale? J'en doute Après s'être vanté de son humanité, Mormox, le chef de l'expédition, écrit naïvement « C'est du ciel qu il me faut désormais attendre ma récompense, car les Portugais ne sont guère reconnaissants » (1621)

En apprenant la reddition d'Ormuzd, Chah Abbas fut transporté de joie et n'eut plus qu'un souci manquer à ses engagements Il dénia aux Anglais le droit de s'installer dans l'île ou sur tout autre point du golfe et accabla de vexations ses anciens complices; depuis cette époque, l'histoire des factoreries de Gombroun se réduit au récit des dangers et des misères dont pâtissent les établissements commerciaux dans les pays ou le bon plaisir tient lieu de loi Chah Abbas ne profita pas de la ruine des comptoirs portugais, il crut avoir assez fait pour la prospérité de Gombroun en changeant son ancien nom contre celui de Bender-Abbas (Port d'Abbas).

Franchissons deux siècles. Bender-Abbas avait été cédé au sultan de Mascate contre une redevance annuelle, le locataire manqua bientôt à ses engagements Le chah demanda la restitution de la ville, qui n'avait jamais été vendue, mais affermée, l'imam de Mascate fit la sourde oreille, et la guerre fut déclarée

Un corps de troupes composé de cinq mille hommes, choisis parmi les toufangtchis des provinces de Chiraz et de Kirman, indisciplinés, mal vêtus, minés par la fièvre, prit la route de Bender-Abbas L'attaque fut fixée au 9 du Rabi oul awal (1854) Au moment d'agir, les chefs se trouvèrent en complet dissentiment. Depuis l'aurore jusqu'à trois heures du soir, ils discutèrent le plan d'attaque. Enfin les troupes s'ébranlèrent Elles arrivèrent jusqu'à trois cents pas de la ville sans perdre un homme, bien que les Arabes les eussent saluées de quatre décharges successives

Vous vous représentez les sapeurs ouvrant des parallèles, tressant des fascines, dressant des gabions farcis? Détrompez-vous : l'armée était munie de huit pioches, et les seuls fourneaux creusés avec ces outils furent les fourneaux destinés à cuire le pilau des régiments

Après avoir reçu sans dommage les bordées des Arabes, les *toupchis* (canonniers) royaux jugèrent qu'ils devaient riposter il y allait de leur dignité. Leurs quatre pièces firent beaucoup de bruit et peu de mal Les officiers avaient déjà déclaré qu'après une journée si bien remplie il était grand temps de se reposer, quand un maçon suédois, promu récemment médecin principal des armées persanes, réunit dix soldats et leur promit cinq tomans (cinquante francs), la première moitié payable d'avance, la deuxième après l'exécution de son projet, s'ils parvenaient à occuper une petite éminence voisine des murs Ces héros, à cinq francs pièce, s'élancent, et atteignent le but sans blessure L'impulsion est donnée. L'enthousiasme devient général. Craignant une attaque sérieuse et ne doutant pas que l ennemi, maître des hauteurs qui commandent la ville, n'y traînât ses canons, les Arabes désertent

6

les remparts Soldats et officiers persans, de paisibles agneaux se metamorphosant
en lions, deposent leurs armes, escaladent les murailles hautes de six mètres, les
franchissent et ouvrent les portes aux moins agiles

La guerre cependant ne devait pas se terminer sans effusion de sang

Les Arabes s'étaient refugiés partie dans la citadelle, partie sur les bateaux
demeures en rade Vers le soir, des soldats d'Hamadan vinrent innocemment sur la
plage respirer la brise de mer Terribles à leur aspect, les Arabes qui n'avaient pu
s'embarquer se jeterent à la nage et tenterent de rejoindre les *belems* Les Persans
retournèrent au camp, ramenèrent un canon de douze et le pointèrent sur les
fuyards Ils mettaient le feu à la pièce quand une salve à mitraille, tirée de la
citadelle, abattit un capitaine, un lieutenant, vingt-huit hommes et quatre chevaux Il
aurait poussé à nos héros des ailes de perdreaux ou des jambes de lièvres qu'ils ne
se seraient pas enfuis plus vite Cependant les troupes royales retablirent le combat
Trois jours durant, elles bombardèrent la citadelle et ajoutèrent une page nouvelle
à l'epopée nationale en emportant l'ouvrage veuf de ses defenseurs

Le coffre-fort du chah prit une part active et directe à ce succes, les genéraux,
au lieu de courtiser l'éloquence guerriere avaient suivi l'exemple du medecin en
chef, et promis un beau toman d'or à tout homme qui apporterait une tête d'Arabe
Je laisse à deviner le sort des prisonniers Tous furent passes au fil de l'epee, y compris
le commandant de la place, le Beloutchi Mollah Seid Les Iraniens laissèrent sur le
champ de bataille cent cinquante blesses et cinquante tués, leurs ennemis perdirent
huit cents hommes. Le fils de l'imam de Mascate, atteint grievement comme il regag-
nait un bateau sous une grêle de balles, put neanmoins rapporter à son pere la
nouvelle du desastre

Depuis cette facile victoire, Bender-Abbas a le bonheur de posseder un gouverneur
persan Elle n'en est pas plus fiere et se glorifie seulement de ses belles mandarines,
de son air humide et des chaleurs accablantes de ses étes

28 janvier — L'*Assyria* n'a pas rangé la côte et suivi le canal peu profond situe
entre le continent asiatique et l'île de Tavila Le navire se dirige vers le détroit
d'Ormuzd, qui met en communication la mer d'Oman et le golfe Persique La terre
apparaît violette et décharnée sous la lumiere crue d'un ciel orageux, les eclairs
déchirent l'horizon dans la direction du Ras-el-Djébel et de la côte arabique.

La mer bondit, l'ecume blanchit la crête des vagues, des embruns embarqués à
l'avant balayent le pont de l'une à l'autre de ses extremités Officiers et matelots
revêtent leur suroît de toile jaune et chaussent les grandes bottes étanches

29 janvier — Les claires-voies ont été fermées pour la premiere fois depuis
notre départ de Kurachee, la nuit nous a paru éternelle dans les étuves closes
qui servent de cabines. A la pointe du jour, une violente secousse ébranle le bateau

de l'avant à l'arrière et débarrasse de ma personne la dure banquette où je cherche le sommeil. Le mouvement régulier et ininterrompu de l'hélice, ses trépidations si énervantes, mais dont l'arrêt porte l'inquiétude et l'angoisse dans les cœurs les plus optimistes, cessent brusquement. Je cours sur le pont, on ne saurait s'y tenir debout, tant l'*Assyria*, échouée sur un banc de sable, donne de la bande à tribord.

Il est six heures du matin, les étoiles pâlissent; l'horizon, encore alourdi, s'illumine timidement : c'est l'aurore aux doigts gris perle, puis roses. Le globe d'or tient mal les promesses de sa belle avant-courrière à peine a-t-il embrasé l'atmosphère, qu'il se cache derrière les épais nuages accumulés par l'orage de la nuit. Avant de disparaître, le soleil éclaire une côte fort basse et des bouquets de palmiers isolés du sol par un nuage dense où leurs stipes restent plongés. La réalité joue le mirage.

Le vent souffle de terre, quelques manœuvres combinées des voiles et de l'hélice suffisent à dégager la proue. Vapeur arrière. L'*Assyria* reprend sa position normale. Encore un effort, et nous voici en pleine mer, puis en vue de Linga.

Les bas-fonds, si fréquents dans cette étrange mer dont la profondeur n'excède jamais cent mètres, et que l'on devrait nommer le marais persique, obligent à mouiller fort loin d'une ville bâtie le long de la côte. Ses maisons hautes, percées de nombreuses ouvertures, les terrasses grises, les bois de palmiers plantés derrière les habitations, les quilles de grosses felouques tirées sur le sable, apparaissent à travers un chantier de construction navale en pleine activité.

Il faut renoncer à débarquer : la mer est trop grosse. Le commandant se contente d'expédier le courrier. Dès que la chaloupe du bord et son équipage trempé jusqu'aux os sont de retour, il commande de lever l'ancre.

30 janvier. — Depuis Kurachee l'*Assyria* a toujours couru le long des côtes du Beloutchistan et de la Perse. En quittant le mouillage de Linga, le navire met le cap sur les îles Bahreïn, situées dans les eaux arabiques.

Ces îles, très fertiles et fort commerçantes, donnent leur nom à la baie qui les entoure, comme elles prirent autrefois celui de la côte voisine. Elles doivent leur richesse agricole à des conduits artésiens qui passent au-dessous de la mer, et leur importance commerciale à des bancs d'huîtres perlières déjà célèbres au temps d'Alexandre.

L'histoire de Bahreïn se résume en celle de ses pêcheries. C'est pourtant de Bahreïn que sortirent les bandes de pillards qui désolèrent la Mésopotamie et ravagèrent Ctésiphon sous les premiers rois sassanides, de ce port cingla vers la Perse une flotte célèbre elle portait la première armée arabe qui tenta d'envahir l'Iran.

L'expédition fut battue par le satrape Chehrek, demeuré fidèle à Yezdigird tandis qu'une tempête coulait ses navires.

Si le vent mollit, la pluie s'abat torrentueuse Le *belem* de la poste vient chercher les passagers ; comme a Bender-Abbas, il touche fort loin de la plage Mais les indigenes ont aperçu des casques blancs, ils lancent a l'eau des ânes vigoureux et, grimpes sur ces montures, accostent l'embarcation. Un quai naturel defend la ville contre les hautes marees. Au sud s'eleve l'hôtel de la poste, grand bâtiment surmonte du pavillon anglais, au nord trône une batterie de canons archaiques Ces pieces se prélassent devant la residence officielle du cheikh Aïssa Ben Ali, sultan de Bahreïn Malgre son palais et son artillerie, le cheikh Aïssa est un prince *decoratif*, car il est bien connu que les îles *riches* sont la propriete incommutable de l'Angleterre Bahreïn ne fait pas exception a la règle ses nombreux habitants pensent et vivent sous l'aile protectrice du colonel Ross, jaloux de leur faire digerer les marchandises anglaises clous, draps, sucres, cotonnades et riz des Indes, que la *British India* apporte tous les quinze jours

Actuellement les bazars, où s'empilent des myriades de poissons secs, paraissent calmes, presque déserts. Il n'en est pas toujours ainsi Au mois de mars la ville s eveille Le commerce des perles y amene les tribus de plongeurs et les marchands indiens exploites et exploiteurs Le cheikh, afin de ménager le repeuplement des bancs, designe lui-même l'emplacement ou chaque bateau doit pêcher, au signal convenu les embarcations sortent du port

Le plongeur adresse une courte invocation a Allah, aspire sa provision d'air passe l'orteil droit dans l anneau d'une galette de plomb, se munit d'un filet que maintient ouvert un cerceau d'osier, s'arme d'un long poignard dont il se servira contre les requins et, après avoir lie autour de ses reins la corde qui le met en communication avec la barque, se precipite dans le gouffre azure

Entraine par le lest suspendu a son pied, le pêcheur atteint le banc, ramasse les huîtres, les jette dans le filet et se fait hisser des qu'il se sent oppressé Les Arabes de Bahreïn restent de soixante a soixante-dix secondes sous l'eau, quelques-uns d'entre eux, devenus légendaires, demeuraient pendant six minutes au fond de la mer. De même, certains hommes sont fatigués après avoir plonge douze fois, d'autres soutiennent ce pemble travail durant plusieurs heures Un nouveau signal rappelle les bateaux Les huîtres, deposées sur une greve soigneusement close, sont jetées dans des chaudieres d'eau bouillante, ou abandonnées jusqu'a ce que la decomposition des matières animales permette de les ouvrir sans endommager la perle.

Patrons et acheteurs surveillent avec la même vigilance la separation de la coquille et du manteau Les ouvriers employés à ce travail sont trop peu vêtus pour qu'il soit nécessaire de visiter leurs poches chaque soir, on se contente, quand l'un d'eux porte la main à la bouche, de le purger avec énergie et de nettoyer ainsi les cachettes les plus discrètes. Le prix des objets dérobés fait pardonner cet abus de l'huile de ricin.

« Les plongeurs, dit Maçoudi, ne se nourrissent que de poissons, de dattes et d'aliments du même genre; *on leur fend le bas de l'oreille pour laisser passage à la respiration*, attendu qu'ils bouchent leurs narines avec un appareil taillé en fer de flèche, fait de *zebel*, qui est l'écaille de la tortue marine dont on fabrique les peignes, ou bien encore en corne, mais jamais de bois; ils portent dans les oreilles du coton imprégné d'huile, dont ils expriment une faible partie lorsqu'ils sont au fond de la mer,

BAZAR DE BAHREÏN.

ce qui les éclaire comme une lumière. Ils enduisent leurs pieds et leurs cuisses d'une matière noire, qui fait fuir au loin les monstres marins par lesquels ils craindraient d'être engloutis. Quand ils sont au fond de la mer, ils poussent des cris semblables aux aboiements des chiens et dont le bruit perçant leur sert à communiquer entre eux[1]. »

La perle est un bijou si seyant, que dès la plus haute antiquité elle acquit une grande valeur. La Chine comptait au nombre de ses taxes un tribut payé en perles,

1. Maçoudi, *les Prairies d'or*. Texte et traduction de M. Barbier de Meynard, t. I, p. 329.

et le *Rh'ya*, dictionnaire des compilations, écrit, dit-on, plus de mille ans avant Jésus-Christ, la signale comme originaire des provinces occidentales du Céleste-Empire Les Grecs la mirent au rang des objets précieux, la loi romaine la classait parmi les valeurs transmissibles aux descendants, un collier de perles était le symbole de l'union conjugale

Quelques auteurs anciens voyaient dans la perle l'œuf du mollusque

Pline faisait remonter les huîtres des profondeurs où la nature les a reléguées, et leur confiait le soin charmant de transformer en perles les gouttes de rosée recueillies, au mois de mai, entre la coquille et le manteau

La génération des huîtres mères, contée par les Indiens Paravas, ne le cède en gracieuse fantaisie a aucune légende · Vénus elle-même ne rougirait pas de pareille origine A l'époque des grandes pluies, l'eau des torrents s'écoule dans la mer sans se mêler avec les ondes amères, elle s'épaissit au soleil, forme une crème blanche qui se divise en légers fragments, chacun d'eux prend vie, devient un animal dont la peau s'épaissit et acquiert finalement une telle consistance, que son poids l'entraîne au fond de la mer, où il revêt la forme d'une huître Des esprits satisfaits d'une pareille version devaient expliquer sans peine la présence de la perle dans la coquille

Mais, de tous les poètes, qui fut plus poète que Saadi ?

« Une goutte de pluie tomba du sein des nuages, en voyant la mer immense, elle demeura toute confuse Que suis-je, dit-elle, a côté de l'Océan ? En vérité, je me perds et disparais dans son immensité !

« En récompense de cet aveu modeste, elle fut recueillie et nourrie dans la nacre d'une coquille, par les soins de la Providence, elle devint une perle de grand prix et orna le diadème des rois Elle fut grande parce qu'elle avait été humble, elle obtint l'existence parce qu'elle s'était assimilée au néant [1] »

La vérité fait toujours mauvaise figure auprès de la fiction oyez plutôt La perle, formée de couches concentriques, serait une concrétion calcaire mêlée a une substance organique Elle ressemblerait à la nacre de certains mollusques, et l'on provoquerait même son développement artificiel soit en pratiquant une piqûre dans les valves, soit en introduisant un corps étranger entre la coquille et le manteau Ce corps étranger deviendrait une source d'irritation et déterminerait autour de lui le dépôt de la précieuse nacre

Tous les mollusques ne sont pas des ouvriers également habiles Les artistes fabriquent des globules sphériques, d'autres façonnent des poires, les paresseux engendrent des perles attachées a la coquille nommées « boutons de perles » ; les incohérents composent les perles bossuées ou baroques si

---

1. Saadi, *le Boustan* Traduction de M Barbier de Meynard, p 181.

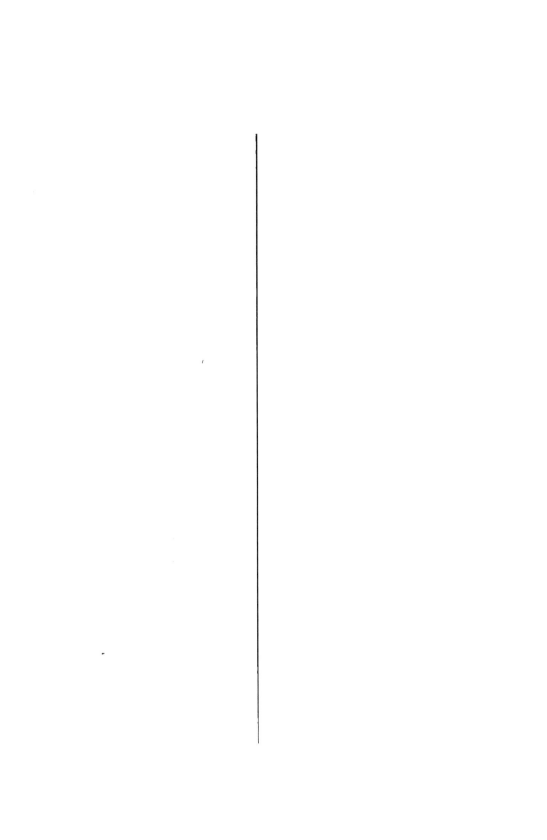

heureusement utilisés par les artistes de la Renaissance. La loupe employée e sertissages, et la semence, comprenant les plus petites perles, sont l'œuvre de apprentis.

Il ne faut pas considérer seulement la forme d'une perle, mais encore son eau e son orient. L'eau est la couleur ; les teintes varient du blanc azuré ou argenté, a blanc jaunâtre, au jaune d'or plus ou moins vif, au rose, au bleu, au lilas et a noir. Les perles de toute eau offrent des cercles de nuances différentes qui rende leur éclat moins parfait : elles sont dites « rubanées ». En Occident on estim surtout la couleur blanche et ses variétés azurées ou jaunes. Les Arabes préfère la teinte jaune, indice d'inaltérabilité. On entend par orient la pureté, le chatoiement l'éclat, qualités qui, réunies, triplent quelquefois la valeur de perles de grosseu égale.

Les anciens recevaient leurs perles des Indes et du golfe Persique : l mot grec *margaritis*, dérivé du persan *merrarid*, témoigne de cette origine On en a découvert de nouveaux bancs sur les côtes d'Australie, d'Amériqu et autour de quelques îles de l'océan Pacifique. Les pêcheries de Bahreïn n sont pas moins fort actives : au printemps elles occupent quinze cents bateaux donnent un revenu annuel de dix millions, dont la population indigène ne profit guère.

Pas une perle dans le bazar : toutes sont vendues et emportées dès la fin d la pêche.

Prenons la clef des champs. Holà, les âniers !

Le sol est boueux et les sentiers glissants : peu importe, nos montures ont de ailes et nous amènent, après une série de chutes variées, au pied d'une vieill mosquée que signalent deux minarets encore debout. Cet édifice, jadis très vaste a subi de nombreuses restaurations.

Procès-verbaux de réfections, élégants chapiteaux ornés d'épigraphes, nombreuse inscriptions à la louange d'Allah, dalles funéraires appliquées deci, delà, dirou l'histoire de l'édifice à qui aura le loisir d'interroger les textes.

Non loin des ruines jaillissent des sources chaudes d'une merveilleus transparence. Le cristal le plus pur paraîtrait trouble à côté d'elles. Autour d griffon, puis le long des canaux qui déversent dans des rigoles d'irrigation l'eau d'un puits artésien, s'étendent des champs de luzerne semés en planches comme no potagers, et si verts, et si beaux, que chaque tige de fourrage semble pousser e serre chaude. Ce sont des jardins, toujours des jardins, traversés au galop de baudets, sous les feuilles ruisselantes des magnolias et des dattiers, sous les fleur jaunes des mimosas vaporeux dont les troncs servent d'appui à des chèvrefeuille embaumés. Une multitude de huttes recouvertes de nattes en feuilles de palmier des cultivateurs habillés de blanc et des femmes vêtues de rouge jettent au milieu des bois une note vivante qui complète le charme du paysage.

Éloignez-vous de ma mémoire, rives du Nil et du Chat-el-Arab, roseraies parfumées d'Ispahan et de Chiraz ; auprès de Bahreïn vous êtes de tristes déserts !

CHAPITEAU DE LA MOSQUÉE DE BAHREÏN.

IMAM ZADÉ NEITAN. (Voyez p. 65.)

(Voyez p. 65.)

IV

Arrivée à Bouchyr. — Mohammereh, son origine, ses différents avatars. — Le Karoun. — Ahwaz. — Champs de bataille de Wais et de Bend-Akhil. — Chouster.

31 janvier. — Bouchyr. — Nous avons quitté l'*Assyria* par un temps épouvantable. La barque du pilote tira des bordées pendant plus de deux heures ; elle atteignit enfin la ville, qu'on n'apercevait pas à cent mètres de distance, tant la pluie tombait drue et serrée. Mouillés comme des marsouins, nous fûmes recueillis dans le poste des douaniers, puis remis aux mains de quelques soldats. Ces vaillants nous guidèrent jusqu'au logis préparé par les soins du gouverneur. Je connais cet immeuble pour l'avoir déjà habité. Elle est toujours charmante, ma maison, avec ses tentes de coutil drapées devant les grandes baies, ses boiseries découpées, ses bouquets de palmiers verts qui masquent les lézardes de la façade. Et je ne paye ni impôts ni réparations locatives.

Excepté le soleil, tout nous sourit depuis notre débarquement. Le gouverneur fit complimenter Marcel dès son arrivée; le *naïeb*, chargé de ce soin, s'empressa de nous apprendre que son maître tenait les firmans royaux à la disposition du chef de la mission. Il apportait, avec les salams officiels, une excellente lettre du docteur Tholozan. Les dernières difficultés sont résolues; que Dieu protège nos travaux !

J'ai revu l'aimable famille du colonel Ross, les frères Malcolm et les agents de la maison Hotz.

L'ancien gouverneur a disparu. Peu de temps après notre départ, la population de Bouchyr, lasse de lui payer des impôts exorbitants, se mutina et mit le siège devant le palais. Mirza Moustofi Nizam prit la fuite, déguisé en pêcheur — grandeur et décadence, — mais ses bagages furent saccagés et pillés. Depuis cette époque, le soin de faire le bonheur du peuple a ete dévolu au fils aîné de Çahabi Divan, gouverneur de Chiraz

Si notre ex-ami n'avait pas le temperament d'un lutteur, il possedait au plus haut degre les qualites d'un bon fonchonnaire oriental. Pendant son sejour à Bouchyr, il avait fait d'honorables économies Aussi bien, pour parler persan puisque nous sommes en Perse, son cœur ne demeura-t-il pas longtemps à l'étroit ou gêné dans les entournures Grace à de puissantes protections achetees à beaux deniers comptants, il administre aujourd'hui la province de Kirman, plus gras, mieux nourri que jamais et possesseur d'un titre sonore *l'Heureux du royaume* La prevoyance est mere du bonheur

4 fevrier — Cruelle deception ! M Babin s'est aperçu que le tacheometre etait brisé et, — perte bien autrement grave — que la pharmacie et nos fusils manquaient à l'appel Pourtant le nombre des caisses avait ete verifie Une paire de roues aura ete comptee pour un colis au chargement, et pour deux au dechargement Plus de quinine, plus d'expéditions cynégétiques autour des tumulus si giboyeux de Suse! Par bonheur, il nous reste les carabines et les cartouches du ministère de la guerre

Malcolm Khan, témoin de cette deconvenue, nous a conduits à sa campagne Il habite l'ete un joli site maritime entouré de jardins Des eaux douces, dues aux pluies hivernales, ont recouvert allées et massifs et c'est en s'aidant de la brasse et de la coupe que le jardinier alla cueillir un superbe bouquet, au milieu duquel se signalait, par son étrange couleur, une rose verte

Le precieux arbuste qui la porte est originaire de Maurice, il doit à une maladie speciale la couleur anomale de ses fleurs La sante est un present divin, la rose verte ressemble à une agglomeration de feuilles pliées et serrees les unes contre les autres; elle manque d'eclat, ne connut jamais la jeunesse et ne dégage aucun parfum cette duegne des fleurs semble fletrie avant de naître

Chemin faisant, M Malcolm m'apprit que le prince Zellè Sultan consentait à recevoir les fonds de la mission, et autorisait le gouverneur de l'Arabistan à rembourser mon mari sur les impôts de la province Nous pourrons traverser la Susiane sans crainte des voleurs La negociation de cette affaire et la nécessite de prendre les firmans et des lettres de recommandation avaient forcé Marcel d'interrompre son voyage; il lui est desormais loisible de reprendre la mer

6 fevrier. — A bord de l'*Arabia* Sur le Chat-et-Arab.

En 1852, la commission anglaise, chargée de délimiter les frontieres de la Turquie et de la Perse, profitait des immunités qui la couvraient pour penétrer en Susiane Elle était attirée par la réputation locale de la Kaleho Chouch (citadelle de Suse) et rêvait de donner une sœur à Ninive ou à Dour Saryoukin

Le massif de la citadelle fut attaqué tout d'abord, trois mois durant, le général Williams, puis Sir Kennet Loftus, sillonnèrent de tranchées les tumulus qui s'élèvent auprès du célèbre tombeau de Daniel

Le succès répondit mal à l'attente des Anglais Quelques bases de colonnes saillant au-dessus du sol, quelques fragments de sculptures amenèrent la découverte des substructions d'une grande salle hypostyle Ce fut tout

Des démarches maladroites pour s'emparer d'une inscription engagée dans le cénotaphe du prophète surexcitèrent à tel point le fanatisme religieux, que les nomades, affolés, tuèrent les serviteurs de la mission Sir Kennet Loftus dut battre en retraite

Il quittait Suse, que le choléra éclatait à Dizfoul. Cette épidémie, attribuée à la vengeance du prophète irrité de la présence des infidèles, mit le comble à l'horreur que le nom chrétien inspire aux musulmans de l'Arabistan.

Depuis cette époque nul européen, si ce n'est mon mari et moi, n'a séjourné auprès du tombeau de Daniel.

En 1882, nous parcourûmes la Susiane, seuls, sans argent, sans bagages Combien la situation est différente et plus délicate aujourd'hui !

La mission, gênée par un volumineux convoi, composée d'un personnel bien restreint, mais capable cependant de porter ombrage aux esprits soupçonneux, sera sans cesse aux prises avec les traverses de la vie sédentaire Pourra-t-elle les vaincre ? Nos amis de Bouchyr ne semblent pas l'espérer Les dangers que Loftus courut à Suse, les difficultés qu'il ne parvint pas à surmonter, malgré ses attaches diplomatiques, ne sont pas encore oubliés Chacun nous a dit adieu avec une mine contrite, de mauvais augure

7 février — Ce matin, le steamer stoppait devant Feleh Comme la mission s'apprêtait à débarquer, Cheikh M'sel montait à bord Il venait recevoir le consul d'Angleterre et sa femme, qui devaient chasser le lion en sa compagnie et apporter comme appât leur bébé, une mignonne fillette de six mois Le départ a été retardé de quelques jours l'enfant n'était pas assez gras

Le cheikh nous accueille avec amabilité et paraît avoir oublié les ennuis que nous valurent sa chaloupe détraquée et son personnel insoumis Prenant les devants, il nous introduit lui-même dans cette demeure de Feleh jadis tout imprégnée de l'âpre odeur des combats Les serviteurs présentent toujours le café, le fusil en bandoulière et le poignard à la ceinture, mais le cheikh et son entourage ont la figure heureuse et reposée

Je m'informe de Torkan Khanoum et de sa panthère

« Elles ne sont plus ici »

Insister serait malséant L'anderoun, auquel j'ai rendu visite dès le son même est actuellement soumis à l'autorité d'une autre femme de défunt Cheikh Djaber, qui vivait à Bassorah lors de mon premier voyage Golab Khanoum est Kurde, mais parle correctement l'arabe et le persan A l'inverse des femmes de Cheikh M'sel, de moins en moins élégantes, elle est mise avec recherche et porte les toilettes et les bijoux dus à la générosité de son vieil époux La tête serrée par un bandeau de soie noire à la mode de Bagdad est couverte d'une calotte ornée de sequins. La taille est prise dans une double tunique la première, de brocart violet à semis d'or, la seconde, de soie blanche chargée de dessins cachemire Ces deux vêtements, décolletés en cœur, découvrent une guimpe de gaze fermée par des boutons de rubis et descendent jusqu'à la cheville, perdue dans les bouffants d'un pantalon bleu pâle Sur ce brillant costume est jeté l'aba de laine noire brodé de fils colorés

Ceinture, pendeloques accrochées à la coiffure, bracelets et anneaux de jambes, bagues de pieds et de mains surchargées de pierreries, complètent la toilette

Je n'ai découvert qu'une jolie femme dans le troupeau réuni sous mes yeux Fathma Khanoum, sœur de Cheikh M'sel, grande fille à la taille élancée et aux traits élégants, mais à la physionomie trop placide Les cheveux noirs, taillés en frange sur le front, forment deux grosses nattes sur les tempes, une toque couverte de pièces d'or imbriquées disparaît en partie sous les plis légers d'une gaze noire qui vient s'enrouler autour du cou . La chemise de soie émeraude laisse apparaître un pantalon de brocart rouge lamé d'or Sur la poitrine tintent des breloques d'argent enrichies de turquoises, des reliquaires contenant des amulettes, des cassolettes à parfums

Les khanoums, assises autour d'un énorme fanal, jouaient une partie de cartes qui m'a paru avoir les plus grandes analogies avec l'innocente bataille Les cartes étaient données trois par trois, les plus fortes l'emportaient Les levées prenaient place sous le pied chargé de bagues de chacune des partenaires Golab Khanoum m'assura qu'elle aurait mieux aimé me garder auprès d'elle, que de me voir aller à Suse, où m'attendent bien des misères Elle m'eût appris l'arabe, en échange de ses bons procédés, et afin de lui être agréable, j'aurais dû me raser les ongles jusqu'à la chair. Il n'est pas convenable de laisser croître cette *corne blanche* qui rappelle les griffes des animaux

10 février. — La mission a quitté Felieh sur le vapeur de Cheikh M'sel Marcel insista pour louer le *Karoun*, puis pour rembourser le prix du charbon. Le cheikh refusa la moindre rémunération « Je ne fais pas de différence entre l'argent de mes amis et le mien, » répondit-il Pareille générosité est bien rare en Orient

Le navire descend le Chat-el-Arab, tourne à gauche, range Mohammerch et pénètre dans l'embouchure du Karoun Comme son voisin, ce beau fleuve arrose une plaine qui, à droite et à gauche, s'étend toujours plate, tandis qu'elle est bornée

au nord par une montagne aux lignes ondulées, longue barrière joignant Havizeh
a Mendeli

Les rives du Chat-el-Arab et du Karoun témoignent de la formation très rapide
d'un delta. Depuis le commencement de notre ère, la côte s'avancerait dans le
golfe d'un mille anglais tous les soixante-dix ans. Ce colmatage anormal aurait
pour cause originelle le peu de profondeur du golfe, sa largeur restreinte, la
grande masse de boues charriées dans un bassin que ne parcourt aucun courant et
que n'agite aucune tempête. Les vases, ramenées par le reflux, forment des lignes
de hauts-fonds, telle que la barre de Fau, ces obstacles obligent le fleuve à
s'étendre sur l'estuaire et, faute de vitesse, à déposer les terres et les sables qu'il
transporte. La nature quaternaire de la plaine est d'ailleurs indiquée par les efflo-
rescences salines du sol et la présence de coquillages semi-fossiles semblables à ceux
que l'on trouve dans le golfe.

Il est question pour la première fois de la province que nous traversons,
dans l'histoire de Sargoukin, fondateur de la dynastie des Sargonides. Dour-
Yakin, l'ancêtre de Mohammereh, fut assiégée et prise d'assaut par le célèbre
roi d'Assyrie.

Dour-Yakin, fort maltraitée, renaquit quelques milles plus au sud, sous
le règne d'Alexandre et prit le nom du conquérant. Les habitants de la cité
perse de Dourine y furent transportés. De cette époque date le canal du Karoun
au Chat-el-Arab, il fut creusé afin de faciliter l'accès du Pasitigris (Karoun
moderne), qui se jetait dans le golfe par des canaux vaseux : le Khat Kobban et le
Khar Bahmech Chir.

Le grand nom du roi de Macédoine ne fut pas une égide protectrice pour la ville
nouvelle. Alexandrie, détruite par une crue du fleuve, rebâtie sous le règne
d'Antiochus, reçut de ce prince le nom d'Antioche ; ruinée de nouveau, elle fut
reconstruite et protégée contre les inondations. Un roi arabe, Spasinès, fils de
Sogdonaeus, exécuta ces travaux. Il éleva des digues, des quais, appela la cité
Charax de Spasinès et la déclara capitale d'une principauté prospère, la Characène,
dont l'histoire nous est mal connue.

Sans cesse ballottée au gré des fluctuations politiques, la vieille Dour-Yakin
changea encore de nom et de maître. Baptisée Kerkh-Misan et Astérábád par les
Sassanides, puis Maherzi et Mohammereh par les Arabes, elle fut disputée il y a
quelques années entre les Turcs et les Persans et attribuée à ces derniers en vertu
du traité d'Erzeroum.

Le paysage se transforme dès qu'on s'éloigne de Mohammereh. Aux sombres et
paisibles bois de dattiers succèdent des rives inhabitées, plates, couvertes d'efflo-
rescences salines. Je reconnais la coupole de l'imam-zade Ali Ben Houssein entouré

8

de quelques arbres, le campement de Salounich, les palmiers de Sabah, auprès desquels nous amena jadis la chaloupe poussive de Cheikh M'sel, palmiers que l'on aperçoit plusieurs heures avant de les atteindre et qui paraissent changer sans cesse de position, tant le cours du fleuve est sinueux. Nous passons devant le petit village d'Ismaïliah. A partir de ce point, la plaine apparaît verte, tapissée d'immenses champs de blé, appartenant tous au châtelain de Felich, le marquis de Carabas de la région.

Voisines du fleuve, se dressent les tentes brunes des nomades. Dans les champs paissent d'innombrables troupeaux de chameaux, de moutons et de vaches qui traînent avec peine leur ventre arrondi. Les tamaris deviennent plus beaux, les konars chargés de baies rouges tachent la plaine de leur grosse boule de feuillage sombre. Au bord de l'eau viennent des femmes vêtues de chemises rouges, la tête et la taille couvertes d'un aba indigo, le crâne entouré d'un turban brun. Toutes portent leurs cheveux coupés en frange sur le front, tressés sur les tempes; des boutons de métal ou des anneaux d'argent sont enfilés dans les narines. Elles ne paraissent pas sauvages et nous laissent regarder, sans témoigner de mécontentement, leurs traits largement découpés.

A la nuit tombante, le *marcab* (bateau à vapeur) atteint le barrage d'Ahwaz, bâti sur un affleurement rocheux. Le vapeur ne saurait franchir cet obstacle. Nous débarquons et prenons le chemin du village. Le calme et le silence sont complets; à peine les échos des montagnes répondent-ils aux appels de quelques bergers attardés.

Des ruines, tristes débris de monuments hypostyles, d'antiques tombeaux creusés dans le roc, un cimetière arabe, le barrage et les amorces de canaux desséchés attestent seuls la grandeur évanouie de l'ancienne Aginis.

12 février. — Nous avons troqué les bateaux contre la caravane. Il était temps : je me momifiais à ce régime maritime. Avant-hier la mission atteignait Waïs, et le lendemain le confluent de l'Ab-Dizfoul, du Karoun et de l'Ab-Gargar, une de ses dérivations. Sur la rive droite apparaissait le village de Bend-Akhil, ainsi nommé d'une digue, aujourd'hui disparue, qui aurait jadis été maçonnée avec du bitume. Un fleuve à franchir sans pont! quoi d'extraordinaire? Le contraire me surprendrait. Cependant les guides, joignant les mains en forme de porte-voix, hèlent les habitants du bourg, et bientôt un *belem* caché dans un repli du rivage s'approche de nous.

C'est un étrange spectacle que le passage d'une eau profonde par une nombreuse caravane.

La pluie tombait depuis le matin. Avant d'atteindre la rivière, nous avions barboté à qui mieux mieux dans un marais fangeux. Dès que les charges enghacées de boue et les harnachements des animaux eurent été jetés au fond de l'embarcation, les bateliers saisirent la longe des chevaux considérés comme les plus dociles ou les meilleurs nageurs et poussèrent au large. Les animaux nagèrent avec ardeur, luttèrent contre le courant, et entraînèrent vers la berge opposée le bateau que leurs efforts avaient empêché d'aller à la dérive. Puis il s'agit, terrible besogne, de pousser les mulets dans le Karoun.

Cheikh M'sel nous a donné une escorte de dix cavaliers, placés sous les ordres de Cheikh Faharan, esclave noir qu'il paya tout enfant deux mille quatre cents francs et promut récemment général de ses troupes. Le singulier bonhomme! Avec quelle étourdissante dignité il abandonne sa patte enfumée aux baisers d'une foule idolâtre et daigne abaisser ses regards sur le commun des mortels! Le général relève sa robe bien au-dessus des cuisses, se laisse glisser de sa monture, et, comme un chef doit payer de sa personne dans les circonstances critiques, il court le marais, ramène les chevaux affolés, les précipite dans la rivière, s'efforce de les y maintenir, hurle, exécute des moulinets avec les bras et les jambes, lance des paquets de boue, à destination des quadrupèdes,... sur ses voisins, et se démène comme un vrai diable tombé dans la vase bénite. Coups de fouet, encouragements, invocations à Allah s'entre-croisent et s'entre-nuisent. Bref, nous fussions restés sur la rive s'il ne s'était rencontré une belle âme de jument, car il se trouve de belles âmes même dans l'espèce chevaline, qui, prise de pitié pour ses maîtres, ne se fût décidée à sauver leur honneur. La brave bête s'est jetée à l'eau, et messieurs les chevaux ont suivi leur conductrice.

Cheikh Faharan n'est pas le seul capitaine dont le grand fleuve de l'Arabistan ait consacré la renommée.

Bend-Akhil fut de tout temps une position stratégique de premier ordre. D'importants tumulus, disséminés autour du village, désignent encore l'emplacement d'une grande cité abandonnée. C'est en amont de ce point qu'Eumène et Antigone se disputèrent l'empire d'Orient et le trésor de Suse. Je crois être la première à signaler l'emplacement précis de ce champ de bataille célèbre. La disposition des lieux et l'étude des opérations militaires conduites par les successeurs d'Alexandre ne laissent aucun doute à cet égard.

Les habitants de Bend-Akhil sont taillés sur le modèle des statues antiques. Les femmes enroulent de grands voiles indigo sur leur chemise rouge, se parent d'anneaux d'argent, de colliers et de bracelets d'ambre ou de corail. Accroché au turban de laine bleu, pend un chapelet de pierres de couleur, terminé par une monnaie d'argent à l'effigie de Marie-Thérèse. Les hommes, vêtus d'un pagne noué sur les reins, sont vigoureux et bien découplés.

Malgré la pluie qui fait rage au dehors et tombe en larges gouttes au dedans, beaux messieurs et belles dames se succèdent sans relâche ni parapluie devant l'ouverture béante de l'étable où nous avons pris gîte

Vers le soir, Sliman, un des chaouchs, arrive avec les bagages A peine entré, il remplit la pièce de ses gémissements Quelle détestable acquisition ! Alors que nous aurions besoin d'auxiliaires actifs pour nous débrouiller au milieu des caisses boueuses, préparer le thé, cuire le pilau quotidien et sécher une partie de nos vêtements, Sliman s'allonge dans le meilleur coin et laisse a ses maîtres l'honneur de le servir

« Et ça se dit soldat ! soupire son collègue Mçaoud, tout en essayant d'allumer un feu rebelle S'il était Kabyle comme moi, s'il avait dix-neuf ans de service, vingt-deux campagnes, sept blessures et s'il *avait allé à Mixique !*

— Tu es allé au Mexique ?

— En chemin de fer

— Comment, en chemin de fer ?

— Eh oui !

— Où as-tu pris le train ?

— A *Marsille*

— Où l'as-tu quitté ?

— A *Mixique* »

Tel est Sliman, tel est Mçaoud

13 février — L'honneur du *Mixique*, ayant abandonné un instant le gros de la caravane, est tombé au beau milieu d'un conciliabule de sangliers Le mulet, épouvanté, se débarrassa de son maître et se sauva Si les bêtes puantes eussent eu l'ombre d'une mauvaise intention, l'Algérie eût perdu un de ses plus vaillants défenseurs, et nous un serviteur qui nous a déjà valu plus d'ennuis qu'il n'est long.

Pour ma part, je ne puis pardonner a Mçaoud d'avoir fabriqué hier au soir un potage *mixico-kabyle*, où il a mis indistinctement un gigot de mouton et une partie des boyaux de la bête Cette soupe nous avait paru bizarre, mais le combustible avec lequel elle avait été cuite — de la bouse de chameau — pouvait à la rigueur expliquer son arome Et puis nous avions faim, nous étions fatigués, il faisait nuit Ce matin il m'est échu une boule entourée d'une enveloppe blanche et graisseuse Je l'ai déclarée a belles dents sans descendre de cheval, dès la première bouchée je me suis déclarée pleinement satisfaite mon lot contenait la preuve indiscutable que le mouton préparé par notre chef improvisé n'était pas mort de la famine et se nourrissait d'herbes sèches et dures Nul d'entre nous ne s'est senti le cœur d'achever le déjeuner ; quand les cris de Mçaoud ont retenti, nous avons pu suivre la chasse le cœur joyeux et l'estomac léger Les *goraz* ont pris la fuite

avec une vivacité que je n'aurais pas attendue d'animaux aussi lourds; nous nous sommes lancés à leur poursuite de toute la vitesse de nos montures, mais, après deux heures de course folle à travers les tamaris, les fugitifs nous ont amenés devant les berges d'un canal impossible à franchir. Au delà de cet obstacle ils ont nargué nos balles.

14 février. — La chasse avait retardé la marche du convoi; le soleil se couchait qu'on n'avait pas aperçu Chouster. Nous avons attendu le jour chez des nomades; l'aurore nous trouvait en selle. A midi la caravane atteignait l'imam-zadé Neïzan, bâti dans les faubourgs de la ville; une demi-heure plus tard, elle passait devant un tombeau de saint adossé aux premières maisons. L'état de ruine et de misère dans lequel je laissai Chouster lorsque je quittai l'Arabistan a singulièrement empiré. Certains quartiers s'effondrent au point que les rues sont impraticables. Seuls êtres vivants dans cette cité déserte, des cigognes nichent sur le faîte des *badguirs* (preneurs de vent) qui dominent les terrasses transformées, depuis les dernières pluies, en verdoyantes prairies.

Notre logis était préparé chez le seïd Assadoullah Khan, promu récemment aux fonctions de gouverneur de la ville. Le *hakem* ou satrape chargé de l'administration des provinces du Loristan, de l'Arabistan et de la Susiane habite encore Dizfoul; il ne tardera pas, assure-t-on, à venir prendre possession de sa résidence d'hiver, située dans la citadelle. Marcel a l'intention de rejoindre ce grand dignitaire avant qu'il s'éloigne du voisinage de Suse; mais il importe d'abord de remettre au représentant de la noblesse religieuse de précieuses recommandations.

15 février. — J'ai été reçue ce matin dans l'andéroun de notre hôte, Mirza Assadoullah Khan. Le digne homme est muni d'un nombre respectable de femmes : épouses, filles, sœurs, belles-sœurs et servantes, réunies dans une immense maison divisée en compartiments multiples.

Ces dames me connaissent déjà et m'accablent de compliments. Toutes se groupent au pied d'une chaire de bois sur laquelle on m'invite à me jucher. Vieilles et jeunes me considèrent sans jalousie comme un être supérieur, capable d'interroger l'avenir, de guérir les malades, d'exorciser le diable. Il est bien malheureux, assurent-elles, que je ne sois pas musulmane; je serais parfaite selon leur cœur. Très flattée.

L'affaiblissement de la race, la stérilité des femmes et la petite vérole, terrible aux enfants en bas âge, font le malheur des Chousteris. La population décroît chaque année; sur douze femmes assises autour de moi, quatre n'ont jamais eu d'enfant, six autres les ont perdus, deux seulement donnent à cette sainte tribu cinq rejetons plus ou moins malingres.

Les familles des citadins sont toutes dans le même cas. Que dis-je! chez la plupart d'entre elles la misère vient s'ajouter à tant d'infortunes.

En sortant de l'andéroun, j'ai accompagné Marcel chez Hadji Seïd Houssein, grand pontife de l'Arabistan. La maison du patriarche était entourée d'un bataillon de curieux ou de dévots. Nous entrons dans une cour. Au nord s'élève un talar couvert d'une voûte rappelant les voussures ogivales de nos chapelles gothiques. Cette salle est béante sur une de ses faces : on ne connaît pas l'usage des vitres à Chouster, et les pièces où l'on dort, même au cœur de l'hiver, n'ont d'autres fermetures que de légers volets. Un lustre de verre, vieil héritage de famille, décore la voûte; sur le sol sont étendus de grands tapis de feutre fauve recouverts de bandes d'étoffe de coton blanc et bleu fabriquées dans le pays. Au dehors du talar, se groupe une foule compacte. Elle s'écrase, mais demeure silencieuse, tant elle respecte la maison hospitalière où pénètrent indifféremment riches bourgeois, et loqueteux sordides, dont les guenilles abritent des parasites que la sainteté du lieu ne semble pas encourager à garder la diète.

L'assistance s'agite et donne passage à un homme d'une quarantaine d'années, coiffé d'un énorme turban bleu, vêtu d'un aba noir. Malgré son apparente vigueur, il tient la haute canne emblématique de la royauté achéménide, que portent de nos jours les grands dignitaires du clergé chiite.

Le nouveau venu s'assied grave et solennel, et, après les salutations d'usage, affirme que la mission n'aura pas à se plaindre de ses subordonnés. Cheikh Taher de Dizfoul calmera l'émoi que pourrait provoquer l'installation des chrétiens dans le voisinage du tombeau de Daniel. Sur ces paroles, murmurées d'une voix sourde, nous allions lever la séance, quand la foule s'écarte de nouveau devant un seïd à barbe blanche, appuyé sur les épaules de deux jeunes gens. Le peuple, saisi d'une ineffable émotion, se précipite, baise avec la plus profonde vénération les mains et les habits du vieillard; d'enthousiastes frémissements saluent Hadji Houssein, le protecteur des pauvres et des humbles, l'homme qui tant de fois plaida et gagna la cause des malheureux devant les gouverneurs de la province. Nul mieux que le chef de la noblesse religieuse de l'Arabistan ne s'est incarné dans le rôle de défenseur des opprimés.

Hadji Houssein, affligé d'un asthme suffocant, gagne sans le souffle l'extrémité du talar. La première fatigue passée, il raconte avec d'innombrables détails l'histoire de ses souffrances et, plein de confiance dans la science des Européens, demande un remède aux maux dont ses quatre-vingts ans l'ont comblé.

Dès l'instant où le seïd tient en main une ordonnance anodine, il se désintéresse de tout et de tous et, l'œil atone, abandonne la parole à son fils aîné.

Sur-le-champ la conversation tourne court.

« Croyez-vous en Dieu?

— Oui.

— Combien y a-t-il de dieux?

— Un seul.

— Croyez-vous qu'Aïssa (Jésus) soit Dieu?

— Oui.

— Alors vous croyez en plusieurs dieux, puisque au temps où Aïssa était sur la terre, vous aviez encore un Dieu dans le ciel. Dieu est-il omniscient?

— Certainement.

— Êtes-vous fataliste?

— Non!

— Pourquoi?

— Parce que la tendance à ne voir dans l'histoire du monde que la réalisation des prévisions inscrites de toute éternité sur le grand livre divin enlève à l'homme le sentiment de sa responsabilité, de ses devoirs sociaux et fournit le meilleur des prétextes à sa paresse naturelle. Si vous n'étiez fatalistes, laisseriez-vous périr les œuvres de vos ancêtres? Ne répareriez-vous pas les digues et les canaux qui sillonnaient jadis la fertile Susiane et dont vous avez, depuis l'hégire, confié l'entretien à la bonne volonté d'Allah?

— Comment conciliez-vous la prescience divine et le libre arbitre?

— Dieu, dirais-je avec les Montazelites [1], n'aime pas le mal; il n'est pas l'auteur des actions humaines; les hommes pratiquent le bien qui leur est ordonné, ils évitent le mal qu'il leur est défendu de faire, à l'aide d'un pouvoir que Dieu leur accorda et qu'il a incarné en eux. Il n'ordonne que ce qui lui plaît; il ne défend que ce qui lui est odieux. Toute œuvre bonne émane de lui; mais il n'est pour rien dans les mauvaises actions défendues par lui. Il n'impose pas à ses adorateurs un fardeau au-dessus de leurs forces, et ne leur demande que ce qu'ils peuvent donner. La faculté de faire ou de ne pas faire n'existe chez eux qu'en vertu de cette puissance que Dieu leur a communiquée, qu'il possède exclusivement, qu'il anéantit ou qu'il maintient suivant sa volonté. Il aurait, s'il l'eût voulu, contraint l'homme à lui obéir; il l'aurait préservé nécessairement de tout acte de désobéissance; il pouvait le faire, et s'il ne l'a pas voulu, c'est afin de ne pas supprimer les épreuves et les tentations auxquelles l'homme est assujetti. »

Et la controverse continue sans acrimonie ni violence, mais avec une logique d'autant plus fastidieuse qu'on ne peut, en dernier ressort, arguer de l'axiome fondamental du catéchisme : « Un mystère est un fait que nous ne pouvons pas comprendre, mais que l'Église nous ordonne de croire. »

1. Secte religieuse très puissante sous le règne de Yazar, khalife de Bagdad, mort l'an 120 de l'hégire.

La discussion se termine, à la grande joie de Marcel; s'il a tenu haut et ferme le drapeau de la chrétienté, c'est grâce aux leçons de théologie musulmane que lui donna jadis le P. Pascal, supérieur des Mékitaristes d'Ispahan.

Malgré ce succès, notre avocat a quitté la maison du seïd avec l'intention bien formelle de ne pas s'exposer à un nouvel assaut.

DAMES DE CHOUSTER. (Voyez p. 83.)

JUMENT DE L'HINDZA. (Voyez p. 72.)

(Voyez p. 72.)

Ꝟ

Départ de Chouster. — Rencontre de Mirza Abdoul-Raïm. — Mozaffer el Molk et sa suite. — Dizfoul.
Visite à Cheikh Mohammed Taher.

18 février. — Une caravane ne pourra-t-elle jamais se mettre en route à l'heure dite? Les muletiers sont engagés, l'argent accepté, les bagages liés, les augures et le calendrier favorables, le départ fixé à l'apparition de l'aurore, et les pieds du *tcharvadar bachy* (muletier en chef) semblent rivés au sol. Il faut raccommoder un bât, retrouver un muletier égaré, laisser mourir un voyageur au lieu d'exposer ses os à blanchir sur les grands chemins. En vérité, les propriétaires des bêtes de selle ou de somme aiment à tâter animaux et gens. Ils se ménagent ainsi des retours offensifs au logis conjugal et escamotent une étape dont la longueur donnerait aux colis le temps de blesser les mulets mal bâtés.

Enfin nous franchissons le pont tortueux jeté sur le Karoun.

Une crête rocheuse coupe l'horizon. Après l'avoir gravie, la caravane s'engage dans une plaine inculte. L'air est transparent, un soleil vermeil caresse de ses

rayons les herbes folles poussées depuis le commencement des pluies et le haye
poudreux qui se déroule semblable a un interminable serpent Sur la gauche de
ce chemin que n'effleura ni deflora jamais ingénieur ou cantonnier, s'élève une
construction cubique Le *takht* (trône) recouvre un *âbambar* (magasin d'eau), sur
la terrasse se profilent des corps humains nonchalamment étendus Nous approchons
Aussitôt les voyageurs descendent de leur observatoire, l'un d'eux s'avance vers
mon mari et lui remet une depêche de Mozaffer el Molk Cette lettre, ecrite en
français, est l'œuvre du medecin de Son Excellence, Moustapha Khan, qui reçut jadis
du docteur Tholozan des leçons de therapeutique et de grammaire

Le gouverneur annonce son prochain départ de Dizfoul et son arrivée a
Chouster, il engage la mission a l'attendre dans cette dernière ville avant de hâter
sa marche vers le tombeau de Daniel

Pendant cette lecture j'examine l'émissaire du gouverneur, le bonhomme, de
son côte, cherche a lire sur la physionomie de mon mari l'impression produite
par un message aussi inattendu La tête est fine, intelligente, les yeux petits mais
vifs, le nez droit, le profil regulier, le corps bien proportionné, les cheveux et la
barbe ont cette belle couleur acajou que donne le henné Malgré l'âge accusé par la
teinture, l'envoyé du gouvernement affecte des allures juvéniles et porte un costume
persan d'une élégance raffinée. Il n'est pas vieux, mais usé avant l'âge Tel m'apparait
le colonel Mirza Abdoul-Raïm, au demeurant d'une politesse et d'une correction
academiques Il nous invite a faire l'ascension de la terrasse, a prendre place sur
son tapis, et prepare avec une solennité meticuleuse un the digne des dieux Entre
temps il decline ses titres et qualités

Envoyé a Saint-Pétersbourg comme secrétaire d'ambassade, il dut, après avoir
goûté de la vie civilisée, revêtir — quel creve-cœur ! — l'uniforme militaire Ses
fonctions actuelles sont plutôt diplomatiques que guerrières, elles consistent a
entretenir la mauvaise harmonie parmi les chefs nomades et à s'installer chez les
contribuables trop recalcitrants Son cœur se dilate à la pensée de vivre auprès de
nous pendant notre séjour a Suse

Commis a l'insigne honneur d'apporter au chef de la mission la lettre de Mozaffer
el Molk, il court le pays depuis plusieurs jours, mais des coliques contractées en
passant la rivière de Konah l'ont contraint d'interrompre son voyage, l'arrivée tardive de la dépêche est la conséquence de ce contre-temps pathologique

L'essoufflement, l'attitude fatiguée des chevaux et du nouveau venu me feraient
plutôt croire que bêtes et gens sont venus de Dizfoul tout d'une traite. Quoi qu'il en
soit, la mission ne saurait rebrousser chemin Hâtons notre marche et gagnons la
ville avant le départ de Mozaffer el Molk

Sur le soir la caravane atteignait le joli village de Konah, bâti a mi-chemin de

Chouster et de Dizfoul. L'heure était trop avancée pour franchir une rivière torrentueuse; nous nous sommes arrêtés au *tchapar khanè* (maison de poste), dépourvu
depuis bien des lustres de courriers et de chevaux. Les bêtes prennent place le long
des râteliers; la mission s'installe dans une grande pièce veuve d'huisseries; de son
côté, Mirza Abdoul-Raïm fait balayer le centre de la cour, y dépose ses bagages
et se prépare à passer en plein air une froide nuit de février. Quoique bien aguerrie,
je ne puis voir sans une commisération mêlée d'envie un homme aussi âgé que le
colonel choisir un domicile aéré de préférence à une chambre couverte, si ce n'est close.

Vers minuit on mène grand bruit à la porte de la maison de poste; nos gens
parlementent longtemps; enfin patte blanche est montrée; elle appartient à un
courrier de Mozaffer el Molk. Dès demain le tchapar khanè doit être nettoyé et pourvu
des approvisionnements nécessaires à l'entretien du camp de Son Excellence. Les
ordres transmis, le *ferach* fraternise avec Abdoul-Raïm.

Notre arrivée épouvante-t-elle Son Excellence? Aux termes de sa lettre, le
gouverneur devait entrer à Chouster dans une huitaine de jours. Nous sommes en
route depuis vingt-quatre heures pour l'aller rejoindre, et déjà il s'ébranle! Impénétrable mystère!

Le conseil de la mission, dont tous les membres, sans exception, ont l'insigne
honneur de faire partie, s'assemble et prend aussitôt une importante décision.

Monté sur le meilleur de nos chevaux, Marcel devancera l'aube afin de saisir
le gouverneur avant son départ; il obtiendra l'autorisation de toucher les fonds versés
chez le banquier de Zellè Sultan, demandera la permission d'embaucher des ouvriers.
La caravane passera la rivière quelques heures plus tard et gagnera Dizfoul à l'allure
fatale que ne saurait modifier la volonté d'Allah.

28 février. — La rivière de Konah, large de huit cents mètres, est divisée en
plusieurs bras par des bancs de gravier où les chevaux reprennent haleine après avoir
lutté contre le courant. Au delà du cours d'eau, apparaît un joli bosquet de konars
(jujubiers) que domine la pointe blanche d'un *imam-zadé* (tombeau de saint. Ci-gît
Djoundi Chapour la Savante, fondée par les Sassanides et abandonnée après la conquête
arabe. Sur les sites des villes broyées par la tourmente musulmane, les nomades
bâtirent des tombeaux ou des mosquées qui ne tardèrent pas à devenir le centre de
cimetières inviolables. Ainsi le repos octroyé aux générations qui viennent dormir le
dernier sommeil à l'ombre d'un cénotaphe vénéré prolonge la paix des villes mortes
et protège les sanctuaires, uniques et précieux indices d'une puissance évanouie
dans la poussière des siècles.

Sous le bouquet de verdure, auprès d'un ruisseau limpide, s'agitent des ferachs
fort occupés à dresser une tente de soie rouge, ornée de dessins bleus et verts, et
couverte d'un coutil imperméable. Ce palais provisoire est destiné à Mozaffer el Molk.

Non loin des serviteurs préposés à l'installation du camp, nous croisons une nombreuse troupe de fantassins. Vêtus de loques grises à bandes écarlates, coiffés du bonnet d'astrakan aux armes de Perse, ces chrysalides de héros poussent des ânes ployant sous le faix. Le dos des pauvres bêtes supporte, en un désordre confus, tentes, farine, dattes, peaux de mouton, dépouilles opimes des villageois, le tout surmonté de fusils mal tenus, dont les soldats se sont débarrassés au profit des baudets avec un enthousiasme moins que militaire. Voici des derviches à pied et à cheval, des cavaliers, des porte-enseigne, les uns tiennent un drapeau enfermé dans une gaine de cuir, les autres un bâton terminé par une main en fer-blanc, au poignet ceint d'une banderole vermillon.

Derrière les enseignes se groupent quelques soldats. Deux pièces de campagne, attelées chacune de six chevaux, ferment la marche. Un long intervalle est ménagé entre l'avant-garde et une interminable nuée de cavaliers chevauchant de beaux étalons; viennent ensuite des serviteurs juchés sur des bagages qui battent les flancs d'une armée de baudets. Pêle-mêle avec ces brillants personnages et ces valets à mine insolente, marchent les victimes de la réquisition, pauvres hères à demi nus, les jambes ponctuées de varices. Contraints de transporter sans rémunération les bagages des chefs et des soldats, ils subissent, mélancoliques et résignés, la dure loi de la fatalité. Un homme seul, à la figure bonasse, aux énormes moustaches noires relevées sur les oreilles, vêtu de rouge : le bourreau. Il porte dans une trousse les instruments de son état, trois ou quatre grands coutelas trop bien aiguisés, si j'en crois les confidences de plusieurs Chousteris, médiocres admirateurs de ses talents.

Son Excellence doit être proche.

Nouveau groupe de cavaliers, mieux montés que les précédents, derrière eux j'aperçois six chevaux de main. En tête marche une superbe jument de l'Hedjaz, aux allures vives, à l'œil de feu, à la robe blanche. Sa tête est parée d'une bride recouverte d'écailles d'or. La haute selle, habillée d'un tapis fin comme du velours, est maintenue par une sangle de soie noire et un poitrail orné de pierres précieuses. Quelques pas encore, et je demeure béante devant un coursier gris pommelé, plus fin, plus élégant encore que son chef de file. Le harnachement rouge, brodé et guilloché d'argent, fait ressortir le brillant de la robe, l'animation de la pupille, les veines frémissantes du museau injecté de sang. Les belles bêtes! comme j'aimerais à m'emparer de l'une d'elles! Semblable aux dives et aux fées, je dévorerais la plaine, j'humiderais le vent, je volerais au-dessus des tamaris et des bruyères desséchées, je franchirais digues et canaux, les sangliers ne me nargueraient pas deux fois. Mais trêve aux folles ambitions, n'ai-je point charge de caravane?

Sur le large frayé tracé par l'ordou (escorte) s'avancent trois cavaliers, à droite

et à gauche, les tcharvadars signalent Mozaffer el Molk et le docteur Moustapha ;
au milieu du groupe je reconnais Marcel.

Je relève la tête de ma triste monture, je serre des genoux ses flancs amaigris.
— Hue ! Rossinante !

La physionomie du *hakem* respire l'intelligence, mais les traits manquent de
noblesse.

Le gouverneur sortait de la ville comme mon mari y arrivait. Il pria Marcel de
revenir sur ses pas et de l'accompagner jusqu'à l'imam-zadé, où l'attendait une
collation. Chemin faisant, ils causeront des affaires de la mission, du docteur Tholozan,
du chah et surtout du Faranguistan. Les ordres que sollicite mon mari seront rédigés
par un de ces nombreux mirzas toujours à la disposition d'un haut fonctionnaire.

Mozaffer el Molk m'engage gracieusement à partager son repas. Je regarde
Marcel, Marcel me regarde, et je m'excuse sous prétexte d'amener en ville un
personnel fatigué et des bagages mouillés au passage de la rivière de Konah. Avant
de nous séparer, le gouverneur ordonne à Mirza Abdoul-Raïm d'escorter le convoi
et de nous conduire au palais qu'il vient d'abandonner.

Le Hakem ne ferme pas, ainsi qu'un évêque, la marche de la procession ; cavaliers,
tcharvadars, soldats, domestiques, mulets, ânes, noircissent le frayé jusqu'aux
portes de la ville. Bien qu'il soit imprudent d'évaluer une foule aussi désordonnée,
je ne puis estimer à moins de trois à quatre mille le nombre des personnes
attachées au camp.

Voici Dizfoul. Les rues contrastent par leur propreté relative avec les labyrinthes
de la triste Chouster ; les maisons, de briques cuites, sont presque d'aplomb ; les
chaussées presque nivelées, mais dangereuses à cause des fossés creusés au
milieu de la voie ; une population active et dense se presse dans la grande artère que
nous suivons pour traverser la ville, atteindre le pont et gagner le palais bâti sur
l'autre rive de l'Ab-Dizfoul.

Jardins fleuris et tendre verdure font également défaut autour de la résidence
gouvernementale. Jusqu'aux murs d'enceinte s'étend un terrain vague, rocheux,
mal nivelé, où s'empilent les fumiers et les détritus laissés par la maison militaire.
A la voix bien connue de Mirza Abdoul-Raïm, un vieux concierge ouvre la porte, et
nous pénétrons dans le palais, réputé succursale du paradis.

Quelques marches conduisent aux appartements du rez-de-chaussée. On entre
d'abord dans une grande pièce blanchie à la chaux, percée de douze portes, vitrées
avec des carreaux de toile. Sur la gauche se présente un *buen retiro* moins ventilé. Si
les portes encombrent ce logis, on n'en saurait dire autant du mobilier : je ne prendrai
en charge qu'une natte de feuilles de palmier étendue sur le sol raboteux. Suivant
l'usage du pays, le gouverneur a déménagé les tapis de sa résidence ; les serviteurs ont

oublié d'y joindre les puces. Ces pauvres bestioles témoignent de leur profond désespoir par des bonds désordonnés et ne retrouvent un peu de calme qu'à la vue de la mission.

Marcel apparaît sur le soir. Il est ravi de son entretien avec Mozaffer el Molk et rapporte trois lettres précieuses : la première l'autorise à toucher des fonds, la seconde à louer des ouvriers, la troisième à faire chauffer le hammam du palais.

Jamais musulman ne nous témoigna pareils sentiments de fraternité.

23 février. — Mon mari a profité des bonnes intentions du gouverneur pour donner l'ordre de préparer le bain. Dès la première heure nous pénétrions dans l'étuve.

Des bancs de terre disposés autour du vestibule sont destinés à recevoir les vêtements. Je pousse plus avant, et me voici dans une salle voûtée que ferme, en guise de porte, un matelas de feutre. Des fonds de bouteilles sertis au sommet de la coupole laissent pénétrer un demi-jour attristant. L'atmosphère est épaisse ; j'ai peine à distinguer les lambris de faïence blanche et bleue appliqués sur les parois des murs et deux piscines d'eau chaude et d'eau froide. Quand on a la bonne chance de prendre un bain maure, c'est pour transpirer en conscience et jouir *ensuite* du bien-être si vanté que procure le retour aux conditions normales de la vie. Cela me rappelle les gens qui mettent de petits cailloux dans leurs souliers afin de se réserver le plaisir de les ôter.

LE NAIEB EL HOUKOUMET DE DIZFOUL. (Voyez p. 76.)

Pleurez, mes yeux ; brûlez, ma gorge ; alourdissez-vous, ma tête et mes membres ! Le plaisir lui-même réclame une acclimatation ; nous sortons, et nous voilà retrouvant avec une vive sensation de bien-être la température du vestibule, puis la clarté du soleil et la brise qui souffle de la montagne.

« Êtes-vous satisfaits de votre bain? demande M. Houssay.

— Fumée, eau froide et eau chaude sont à discrétion.

— À mon tour. »

Nous rentrons au logis et Marcel se met en devoir de préparer un télégramme. Un courrier sur le point de partir pour Téhéran se chargera de cette dépêche; avant deux mois Paris aura de nos nouvelles. Le temps passe.

« Tu as eu tort de quitter le hammam, me dit mon mari sur un ton de regret : Houssay paraît s'y trouver à merveille. »

Un cri, un hurlement indicible se fait entendre. La porte du bain s'ouvre brusquement, des bras s'agitent, un corps tombe à la renverse, et les battants se referment d'eux-mêmes.

Nous courons. Notre malheureux camarade est étendu sur le sol du vestibule, les yeux grands ouverts, les membres raides, la tête congestionnée. On le transporte au dehors. Le pouls ne bat plus. « C'est une asphyxie carbonique, » s'écrie Marcel. Et sur-le-champ il insuffle de l'air dans les poumons, tout en exerçant des pressions sur le diaphragme; nous frictionnons les jambes et les bras. Nos efforts paraissent infructueux, mais un miroir posé sur la bouche se ternit encore. Soudain on perçoit des battements de cœur, puis on surprend quelques mouvements aux commissures des lèvres. Dieu soit loué ! le mort ressuscite, il s'agite convulsivement, articule des sons rauques, pousse de grands cris, demande de l'air, finit par se calmer et s'endort. Par quelles angoisses il faut passer quand on est mère de famille !

Le soir, M. Houssay put reconstituer les phases de l'asphyxie. Il ressentit d'abord un malaise étrange, puis de violentes douleurs de tête et voulut sortir ; mais, au lieu de s'habiller, il prit ses vêtements, les porta au hammam, et s'évanouit. Un vomissement le réveilla. Guidé par un dernier instinct de conservation, il courut vers la porte, la poussa et perdit connaissance.

Notre asphyxié respire maintenant le mieux du monde. En revanche nous sommes anéantis. Voilà un hammam qui n'aura pas notre clientèle.

24 février. — Le mirza est un homme civilisé. Hier il vint prendre des nouvelles de M. Houssay et lui prouva que la langue française n'avait pas de mystères pour lui. Son vocabulaire se compose de quatre mots : « or, argent, théâtre, Champs-Élysées, » et d'une phrase bien caractéristique : « Mademoiselle, voulez-vous vous promener un peu? » Avec ce bagage on peut aller au bout du monde et mener parfois joyeuse vie.

Avant de se retirer, Abdoul-Raïm offrit de préparer les vivres de campagne. Il se réserve aussi d'engager un cuisinier, car Mçaoud doit abandonner les fonctions qu'il a remplies au grand détriment de nos estomacs, pour celles de surveillant des travaux. Notre pourvoyeur a reçu cent *krans* (quatre-vingts francs)

et envoyé en échange de cette somme un demi-sac de sel, quelques kilogrammes de
riz, des oranges amères et un chef loqueteux, habile à préparer la cuisine persane,
indienne et même française, dont un Arménien de Bagdad lui avait révélé les secrets
Puis le mirza demanda deux cents krans pour acheter des allumettes Hum !   Si
la vie est à ce prix, la bourse de la mission sera bientôt plate De toute façon nous
avons hâte de liquider les affaires pendantes et de gagner Suse

2o février — Le *Jugement de Salomon* dont Marcel était chargé de faire hommage au gouverneur de la province vient de revoir le jour Tant bien que mal,
nous avons tendu la toile sur son châssis et réuni les quatre côtés d'une bordure
magnifique Le naïeb el houkoumet (sous-gouverneur) ne fut pas oublié   on lui
offrit l'exhibition gratuite de la peinture et du cadre doré destinés à son excellent
chef Il se déclara satisfait — on le serait à moins, — mais en sortant il nous
avoua que nous acquerrions des droits éternels à sa reconnaissance si, à ce régal
intellectuel, nous ajoutions un cadeau plus tangible

L'objet de son ambition ? Un pliant acheté deux francs cinquante dans un bazar
de Marseille Sous peine de condamner l'un de nous à s'asseoir sur les genoux de la
terre, notre mère commune, nous ne pouvions satisfaire un pareil désir Il a donc
été décidé que le *nadjar bachy* (menuisier en chef) du gouvernement viendrait copier
le meuble qui prend, aux yeux du naïeb, les proportions d'un trône d'or

Un mauvais pliant de corde l'emporte sur le spectacle de la sagesse de Salomon
peint à l'huile épurée et entouré d'un cadre   éboursiffant

Après avoir comblé de bons procédés et de paroles encore meilleures le naïeb
et son entourage, Marcel rendit visite au cheikh Mohammed Taher et lui remit un
canon méridien

Cette minuscule pièce d'artillerie a déjà une légende Parmi les bagages se
trouvent quatre roues de prolonge Depuis notre entrée en Perse, on nous inter-
rogeait sur leur usage « Elles font partie d'une charrette, » répondions-nous
sans convaincre personne Et les questions mystérieuses succédaient aux sous-
entendus D'autre part, on s'informait du contenu de nos caisses, et nous parlions
sans mystère du canon destiné à Cheikh Mohammed Taher

Les indigènes, n'ayant jamais vu d'autres roues que celles des deux canons du
gouverneur, ont lié nos paroles et bâti des contes bleus Tous sont persuadés que nous
portons les armes destinées à la conquête de la Susiane Marcel vient de découvrir
la clef de cette énigme, il rit beaucoup du quiproquo, mais sa gaieté n'eut pas
meilleur succès que ses protestations et fut interprétée comme un trait de génie
ou un miracle de dissimulation

Mohammed Taher jouit d'une très grande influence sur la population fanatique
de Dizfoul Une lettre de seïd Hadji Houssein lui est parvenue, ainsi qu'en témoigne

l'accueil bienveillant que lui et ses fils ont fait à la mission. Rien ne nous retie
plus ici; demain nous coucherons à Suse. *In-ch' Allah!*

Le mirza rejoindra sous peu sa vache à lait. Je le soupçonne de vouloir condui
aux Champs-Élysées quelques demoiselles de Dizfoul: la mission payera les violon
Il faut pourtant rester en bonne intelligence avec le personnage chargé de no
espionner.

LE TOMBEAU DE DANIEL. (Voyez p. 83.)

VI

26 février. — Nous avons quitté la France depuis soixante et onze jours. Si l'on excepte la station d'Aden, une semaine passée à Bouchyr, de courts arrêts à Chouster et à Dizfoul, nous n'avons cessé de rouler, de naviguer ou de chevaucher.

Comme d'habitude, le départ de Dizfoul s'est effectué à une heure déjà tardive. De gros nuages alourdissaient l'horizon. Autour de la ville se présentent des jardins, de grands champs de blé, des terres prêtes à recevoir de l'indigo et des pastèques ; puis, à mesure qu'on s'éloigne, les cultures deviennent plus rares, les prairies naturelles et des tamaris verdissent seuls la plaine. Il pleut. Les gouttes s'abattent larges et lourdes, tandis que nous atteignons un bras de l'Ab-Dizfoul. Malgré l'orage et la nuit qui nous gagnent, il faut pourtant le franchir à gué. A peine la caravane a-t-elle gravi la rive droite, que Mçaoud, toujours enclin à s'égarer derrière les buissons pour fumer le tabac... de nos jeunes camarades, accourt les bras au ciel, les jambes flageolantes, la face blême d'effroi : « *Msieu! Msieu!*... Le voilà! le voilà, il est là! Donne-moi des balles! Je l'ai vu, il est là!

— De qui parles-tu?

— C'est lui, le voilà! tiens, il court!

— Es-tu fou? Qui *il*?

— Le voilà, *ji ti dis.* » Et, se haussant jusqu'à l'oreille de mon mari, il lui

11

souffle à voix basse : « Le lion ! » Sliman, dont la grosse lèvre s'appesantit chaque jour, confirme, tremblant, les dires de son compère. Sur-le-champ nous glissons des cartouches dans les carabines, et, avec plus de prudence que nous n'en avions mis à poursuivre les sangliers, nous courons tous quatre vers une bête jaune qui trottine à travers les arbrisseaux poussés au bord de la rivière. A notre approche l'animal change d'allure. C'est un gros chacal, chaudement habillé de sa fourrure d'hiver. Quatre éclats de rire saluent cette belle découverte, et nous revenons sur nos pas.

Que de tragiques histoires de chasse n'ont souvent pas une origine plus sérieuse !

Mçaoud prend mal la gaieté de ses chefs : « Oui, c'est un lion ! Quand j'ai prononcé son nom (sba), il m'a regardé de travers. Vous le traitez de chacal..., parce que vous n'avez pas osé le tirer ! Je ne veux plus affronter de semblables périls sans avoir des balles à mettre dans le fusil qui me brise le dos ! Sinon, je retourne en Algérie.

— A ton aise ; tu prendras le premier train qui se dirigera vers Mexico. »

Dès la tombée de la nuit les muletiers s'égarent ; ils nous promènent sous la pluie et finissent par me demander des allumettes.

« Qu'en voulez-vous faire ?

— A leur clarté, nous retrouverons peut-être le sentier perdu. »

Cependant nous passons au pied d'un énorme jujubier chargé de guenilles en guise d'ex-voto.

« Nous voici sur la bonne route, s'écrie l'un des guides, je reconnais cet arbre béni ; mais la distance à parcourir avant d'atteindre le gîte est encore longue. Au lieu d'errer par un temps pareil, il serait plus sage de planter les tentes. »

De fait, la nuit est assez sombre pour qu'on puisse confondre Sliman avec un brave à trois poils.

Comme nous discutions la proposition des muletiers, la pluie cesse, un vent violent déchire les nuages ; à l'horizon vibrent des éclairs diffus, un terrible orage se déclare, la foudre se promène en zigzags lumineux, le tonnerre gronde sur nos têtes. Tout à coup apparaît, dans un nimbe éblouissant, une colossale masse brune : elle s'évanouit avec les fulgurantes illuminations qui ont révélé sa présence.

« Chouch ! Chouch ! ».

C'est bien la forteresse de Suse : elle accueille ses nouveaux maîtres en fille des dieux, et emprunte à Jupiter ses torches et sa grande voix pour nous souhaiter la bienvenue. L'orage se déploie sur la droite, les augures sont favorables.

« Allah ne veut pas que nous dormions loin du tombeau de son serviteur », assurent les guides. Nous pressons le pas, les uns ragaillardis à la pensée de passer sous un toit une nuit si humide, les autres tout heureux d'avoir atteint le terme d'un long et fastidieux voyage. Dieu soit loué! nous touchons au but vers lequel nos esprits et nos cœurs tendent depuis plus d'une année. La caravane passe auprès d'un imam-zadé abandonné, longe les flancs d'un escarpement artificiel et franchit enfin la porte de l'enceinte rectangulaire bâtie autour du tombeau de Daniel. L'orage s'est éloigné, mais le ciel est si noir qu'on ne peut se conduire au milieu des obstacles dont la cour est comme pavée. Il est dix heures. Le *motavelli* (gardien du tombeau) écoute d'un air

IMAM-ZADÉ, PRÈS DE SUSE.

maussade les doléances de nos gens et finit par nous offrir une arcade appuyée contre le mur d'enceinte.

Une mauvaise nuit est bientôt passée, sous la double réserve qu'on ne grelotte pas dans des habits mouillés et des couvertures humides, qu'on n'occupe pas un logis ouvert à la pluie et au vent. « Enfin, dit en soupirant Slìman à son compère Mçaoud, nous sommes arrivés ! Nous allons pouvoir nous reposer un *petit peu*. »

« Dormez en paix », répond Marcel, excédé par la paresse de nos deux chasseurs de lions.

27 février. — Un soleil radieux m'a réveillée. Du fond de mon arcade, où je me

tourne et retourne en proie aux parasites hérités des précédents habitants, je revois ces rideaux de roseaux placés devant les baies, le pain de sucre décoré d'alvéoles blancs qui surmonte le tombeau de Daniel, le chien jaune qui aboie à tout venant, les poules noires, le coq orgueilleux, le fumier amoncelé en tas séculaires dans la cour centrale. Derrière l'enceinte apparaît une haute masse verdoyante, la *Kalehè Chouch* (citadelle de Suse), semblable à une montagne ravinée et déchirée sur ses flancs. Les hivers ont passé sans modifier une crevasse; les mêmes chèvres gravissent les mêmes sentiers escarpés; les mêmes herbes croissent aux mêmes places. Le Chaour, qui sourd à quelque dix farsakhs en amont de Suse, baigne toujours de ses eaux fangeuses les murs du tombeau et entretient les mêmes marais avant de reprendre son cours sinueux vers l'Ab-Dizfoul. Le temps, semble-t-il, s'est écoulé dans un rêve.

Le ciel s'égaye, le soleil radieux réveille les mouches, et les mouches, à leur tour, réveillent mes camarades. Nous sommes moulus, courbatus, morts de faim, cependant nous prenons la route des tumulus, afin de choisir l'emplacement du camp. Demeurer, fût-ce un jour, dans le tombeau où l'orage nous a contraints de chercher un refuge, serait très imprudent.

Les tumulus de Suse se divisent en trois parties, de configuration différente, de hauteur inégale. Le point culminant, la crête de la *kalehè Chouch*, se dresse au sud-ouest, devant le *yabré Danial* (tombeau de Daniel), à trente-six mètres au-dessus du niveau moyen du Chaour. Lorsque, en 1851, sir Kennet Loftus interrogea le premier les ruines de l'acropole royale, comme Mme Marlborough, sa célèbre compatriote, il monta si haut qu'il put monter. De ce sommet artificiel que les brouillards de la vallée et les miasmes du marais n'atteignent jamais, la vue s'étend à une grande distance. Nulle part le campement de sir Kennet Loftus ne pouvait être mieux placé.

Le gouvernement anglais dote largement ses agents : la France, plus parcimonieuse, réclame de ses enfants bonne chère contre peu d'argent. Notre situation ressemble beaucoup à celle de maître Jacques. Sur le crédit de quarante et un mille francs ouvert à la mission, dix mille se sont déjà fondus en achats de matériel et frais de voyage. L'installation des tentes sur la citadelle nécessiterait des charrois incessants, des transports d'eau fort coûteux et, par conséquent, un nombreux personnel de serviteurs. Vivre dans le voisinage des aigles n'est pas notre fait. D'autre part, les objets de grand poids ne pouvant, en raison de la raideur du sentier, être amenés aux tentes, échapperaient à notre surveillance. Aussi bien le tumulus nord, élevé seulement de vingt mètres au-dessus du Chaour, accessible par des pentes douces, placé en un point d'où l'on commande le chemin de Dizfoul, celui du *gabr* et la vallée comprise entre les trois surélévations artificielles, a-t-il été choisi d'un commun accord.

Nos tentes dominent une éminence que je désignerai désormais sous le nom de tumulus n° 1. Les bagages susceptibles d'être dégradés par les pluies sont rangés le long des murailles de toile, les autres soigneusement entassés à l'extérieur.

PLAN DES TUMULUS DE SUSE.

Vers trois heures, les dernières traces de notre court séjour chez Daniel étaient effacées. On ne saurait prendre un soin plus jaloux de ménager les susceptibilités des musulmans.

La nuit baigne le désert, le ciel est pur, la lune illumine la tente tout imbibée de rosée; les muletiers ont abandonné le campement pour se mettre à l'abri des larrons

et des fauves derrière les hautes murailles du *gabr*. N'étaient les cris des chacals qui
disputent aux hyènes à la voix lamentable les entrailles d'un mouton fraîchement tué,
le silence serait complet. J'ai vu fuir ces horribles goules, disgracieuses sur leurs jambes
inégales, j'ai vu s'éteindre les brasiers d'une lointaine tribu. Pas de nuage au ciel, pas
de vent courant dans l'espace, tout est mort autour de moi. Que reste-t-il de l'empire
d'Élam et de sa capitale, l'aïeule des cités? Au sud, la crête pointue de la citadelle
tranchant sur un fond clair; au nord-ouest, le Chaour métallisé par les rayons lunaires
qui tombent sur un de ses coudes, noir dans l'ombre; au nord, fermant l'horizon, cette
chaîne neigeuse que n'émurent ni les regards de Darius ni l'apparition d'Alexandre,
et qui, dans son immuable majesté, voit passer avec la même indifférence les siècles
et les hommes; sous mes pieds, un sol fait de la poussière des monarchies asiatiques.
Il me semble voir surgir des profondeurs du Memnonium les générations disparues.
Leurs ombres contemplent les fils de Japhet venus des confins du monde occidental
à la conquête de leurs secrets séculaires, puis s'évanouissent dans les buées de la
rivière.

Plus d'appréhension! plus de soucis! Avoir atteint cette terre de Suse, camper sur
les débris des palais des grands rois, n'est-ce point déjà une victoire? Je le croirais, à
voir la figure rayonnante de Marcel. Vous ouvrirez vos flancs, montagnes jalouses qui
recelez l'histoire du passé! Vous livrerez vos trésors, nécropoles inviolées! Ne sommes-
nous point les héritiers des vainqueurs de Salamine?

28 février. — On n'est guère tenté de prolonger son sommeil lorsqu'on couche
tout vêtu, flanqué d'un fusil et d'un revolver, autant pour les avoir sous la main à la
première alerte que pour préserver armes et munitions de l'humidité qui se dégage du
sol et de celle qui tombe des parois de la tente. Le réveil est douloureux et le malaise
que l'on éprouve en se mettant sur pied est pis encore. Les herbes, déjà hautes, sont
chargées de gouttes rondes, brillantes comme du cristal; un épais brouillard couvre
le pays et permet à peine de s'orienter vers la seconde tente, plantée à dix mètres de la
nôtre. Il semble que le corps soit plongé dans un bain de vapeur glacée et que l'âme
elle-même ressente quelque atteinte de cette lourde atmosphère.

Vers sept heures, le brouillard s'éclaire, s'opalise, se divise en nuages transparents;
le croissant, puis la flèche blanche du tombeau de Daniel apparaissent; encore
quelques minutes, et la plaine, la chaîne des Bakhthyaris, le cours du Chaour, la forêt
rouge qui borde les rives lointaines de la Kerkha, s'argentent, puis se dorent aux
rayons d'un énorme soleil. Les tentes fument, les herbes boivent les dernières gouttes
de rosée, la toile se lève sur une radieuse journée, mais l'orchestre reste muet. Nul
gazouillement, nul babil ne salue le réveil de la nature; les rossignols ont fui depuis
longtemps cette solitude désolée.

Lézards engourdis par l'hiver, nous réchauffions béatement nos épaules au seul feu

que l'homme ne peut à son gré éteindre ou allumer, lorsqu'une nombreuse troupe de
cavaliers est apparue sur les pentes douces du tumulus. Des Arabes coiffés de la
couffé et de la corde de chameau, vêtus d'une chemise aux interminables manches
pointues, couverts d'un aba de laine, armés de fusils à pierre, ouvrent la marche et
sont suivis d'autres nomades, porteurs de longues lances. Derrière ce premier groupe
s'avance un homme d'un certain âge — sa barbe est teinte en rouge — monté sur
une belle jument blanche. Cheikh Ali, l'homme à la barbe acajou, est le chef de cette

CAVALIER ARABE ET SES PETITS ENFANTS.

tribu dont les feux ont attiré hier mon attention; c'est le gros bonnet de la plaine
de Suse. Un tapis est étendu sur le sol, et chacun de nous prend place vis-à-vis du
cheikh.

Le nouvel arrivant ne parle pas persan; Mçaoud se présente comme interprète,
mais s'acquitte si mal de ses fonctions, qu'il faut recourir à un domestique indigène.
Chacun y met du sien, excepté le cheikh, dont le mutisme ne me semble pas
encourageant. S'il paraît décidé à nous vendre beurre, moutons, poulets et œufs,
il refuse de nous procurer des ouvriers. Est-ce méfiance, crainte de l'autorité

religieuse ou civile de Dizfoul? redoute-t-il de fournir des hommes dont on reconnaîtra les services à coups de bâton? A la même demande présentée sous des formes différentes Cheikh Ali répond toujours en frottant ses deux mains l'une contre l'autre « *Arab, la, la!* » (Arabes, non, non!) En termes moins laconiques ce geste et ces paroles signifient « Les Arabes ne travaillent pas, adressez-vous aux Persans de Dizfoul, vile engeance bonne à tout bât »

Le seul désir de nous présenter leurs devoirs n'avait pas amené autour de notre tente Cheikh Ali et les chefs des principales tribus de la plaine

Possesseur d'un fusil de chasse venu d'Angleterre par voie de Bombay et de Bassorah, Cheikh Ali croyait être le roi du pays Hier soir nous avons essayé nos carabines, en prenant comme cible une pierre blanche qui domine la crête des éboulis de la citadelle Le résultat de notre tir était connu des nomades deux heures plus tard Dès l'aurore ils prenaient le chemin du campement Marcel, M Babin et M Houssay ne se sont pas fait prier pour donner à nos voisins un *tamacha* (spectacle) capable de leur inspirer un salutaire respect, ils ont atteint le but, distant de quatre cent cinquante mètres Le tour de Cheikh Ali était venu, ses projectiles tombaient tous dans la vallée Rien de comique comme le naïf désappointement des assistants et leurs figures s'allongeant à chaque insuccès Les parents du cheikh, ses plus fidèles sujets, ont demandé la permission de tenter une nouvelle épreuve, elle n'a pas été plus heureuse Nos tireurs restent interdits, au fond très humiliés Un malin veut rétablir le prestige des Arabes « Il faut que Khanoum tire à son tour! » s'écrie-t-il, Khanoum hésite va-t-elle compromettre la réputation de ses camarades ou confesser que les femmes du Faraguistan sont d'une autre pâte que les hommes? Jamais de la vie Je mets un genou en terre, j'épaule quatre fois ma balle fait éclater la pierre et voler une triomphante poussière Des cris enthousiastes saluent la fin du tir, les Arabes se précipitent pour toucher mon arme et le pan de mon habit « Sois bénie! que Dieu conserve tes jours! » etc Nous ne serons pas attaqués de sitôt

Cheikh Ali remonte à cheval et disparaît dans un nuage de fumée, qu'entretient autour de lui une fusillade furieuse

L'après-midi s'est passée sur les tumulus et dans les profondes crevasses qui déchirent leurs flancs, sans qu'un indice ait pu nous déterminer à les attaquer en un point plutôt qu'en un autre La kaleh Chouch est un livre fermé dont il est bien difficile de commencer le déchiffrement Cependant Marcel pressent que l'entrée de l'apadâna, dont Loftus déblaya les bases de colonnes, est située vers le sud, et doit être précédée d'un pylône analogue au portique Xiçdayon de Persépolis. La position des inscriptions trilingues, gravées sur les faces — est, sud, ouest — des soubassements qui portent les quatre colonnes centrales de la travée nord, ne lui permet pas de douter que la grande entrée de la salle du trône ne regardât la citadelle.

C'est donc fort loin des excavations anglaises qu'il s'est décidé à chercher les portes et les escaliers, sûr de les y découvrir si quelques vestiges du palais ont survécu aux siècles et aux révolutions. Ces considérations l'ont engagé à couper en biais une ligne de crête placée, par rapport à l'apadâna, dans la position du portique persépolitain. Cette première excavation aura quatre mètres de large et soixante mètres de long.

CREVASSE SUR LES FLANCS DE SUMLLES.

Seuls les ouvriers font défaut : malgré les efforts des émissaires expédiés aux nomades dont les tentes nous environnent, personne ne s'est encore présenté.

En revanche, Mirza Abdoul-Raïm, que nous n'attendions pas encore, déboucha par la route de Dizfoul, accompagné d'un seïd authentique, si j'en crois son énorme coiffure bleue, et d'une dizaine de mollahs au turban non moins volumineux.

Tous s'engouffrèrent dans le tombeau de Daniel, puis ils remontèrent à cheval, firent l'ascension du campement, et nous demandèrent la raison de notre brusque départ du gabr. « Les fouilles, répondit Marcel, nécessitent ma présence constante sur les tumulus, où nous sommes d'ailleurs plus proprement, si ce n'est aussi chaudement logés que dans le voisinage du prophète. »

Après ce court interrogatoire, mirza, seïd et mollahs redescendirent. Sur le soir je vis le turban bleu reprendre, à une allure rapide, la route de Dizfoul.

1ᵉʳ mars. — Les fouilles de Suse devaient commencer aujourd'hui; Marcel l'avait annoncé, il a tenu parole. Son bataillon n'est pas brillant : un vieil Arabe qui paît, faute de nourriture plus substantielle, les jeunes chardons de la vallée, un borgne en instance auprès du prophète pour obtenir la guérison de son dernier œil fort compromis, le fils d'une veuve mourant de faim sous la protection du même Daniel, deux soldats auxiliaires subalternes de Mirza Abdoul-Raïm, nos domestiques et ses collaborateurs. Armés de pelles et de pioches, nous nous sommes dirigés vers un mur de briques qui apparaît dans un éboulis voisin des tentes. Avant d'attaquer la grande tranchée, il est bon de reconnaître le terrain.

L'honneur d'inaugurer les travaux m'avait été réservé. Fort émue, j'ai saisi une lourde pioche de sapeur et travaillé jusqu'à extinction de forces; Marcel m'a relayée, tandis que nos acolytes enlevaient la terre. Dès midi le mur était déblayé sur deux mètres de profondeur, mais il nous a faussé compagnie, et nous avons dû l'abandonner en faveur de la base de colonne située à l'angle sud-est du palais. Deux heures avant le coucher du soleil, les ouvriers ont cessé le travail pour faire leur prière. Ils reçurent avec une évidente satisfaction quinze *chaïs* (soixante centimes) par homme et promirent, *In-ch' Allah*, de revenir le lendemain.

2 mars. — Aujourd'hui et hier se sont écoulés d'une façon aussi monotone qu'avant-hier. Le chantier compte cinq invalides : pas un de plus, pas un de moins. Nous avions espéré que le bruit de nos largesses se serait envolé dans la plaine aussi rapidement que la renommée des armes françaises! Anne, ma sœur Anne, ne vois-tu rien venir?

3 mars. — Deux de nos infirmes, les mains crevassées par le maniement de la pelle, nous ont offert leur démission.

4 mars. — Une fausse joie à enregistrer. Elle nous est apparue sous la forme d'un cavalier et d'une vingtaine d'Arabes armés de pelles pointues. La folie des *Faranguis* cherchant des trésors dans ces terres désertes ravit de bonheur les nouveaux venus. Marcel, devenu biblique, les invite à cultiver sa vigne et leur promet paye entière malgré l'heure tardive; mais ils répondent par de formidables : « *La! la!* » (Non! non!), font tournoyer leur pelle au-dessus de leur tête et s'éloignent en esquissant autour de leur chef une ronde guerrière. Les Israélites devaient danser ainsi devant le veau d'or. Renseignement pris, ces pseudo-ouvriers sont des *bildars* (possesseurs de pelle) de Cheikh Ali. Ils vont ouvrir les canaux d'arrosage qui amènent les eaux du Chaour dans les blés de la tribu.

5 mars. — Un homme qui depuis l'aurore nous épiait au travail et nous examinait au repos vient de solliciter une audience de Marcel.

L'étranger porte le turban des Dizfoulis. Le regard et le sourire manquent de franchise, le visage dénote une certaine intelligence, l'allure un mélange de timidité et d'audace dont seuls les poltrons en rupture de ban connaissent le secret. On ne bâtit pas en hiver; Ousta Hassan, maçon de son état, est donc inoccupé. Creuser des trous ne nécessite pas un esprit plus délié que construire des murs quand le diable reste neutre. Notre homme embaucherait des terrassiers et les amènerait si on lui promettait un honnête salaire. Après de laborieuses négociations, Marcel a fixé à quinze chaïs le prix de la journée. L'entrepreneur recevra un kran et touchera une prime quotidienne de deux chaïs par ouvrier placé sous ses ordres.

« Il faudrait aussi engager Dor Ali, ajoute le compère en nous présentant un personnage à la figure inquiète et à la bouche muette. C'est un ancien *toufangtchi* (fusilier), obligé d'abandonner la carrière des armes parce que sa solde n'était jamais payée et qu'on ne lui fournissait ni une *koledja* (redingote) à mettre sur le dos ni un grain de poudre à jeter dans le bassinet de son fusil.

— J'engage aussi Dor Ali, réplique Marcel; mais faites-moi connaître l'un et l'autre le motif qui vous a conduits au *gabr*.

— Tout Dizfoul s'occupe de vous. Hier, comme nous parcourions le bazar, on nous raconta que, sur les quatre Faranguis, il y en avait un, le plus petit, qui avait piqué une tête au milieu du Chaour avec l'espoir de pénétrer dans la chambre sépulcrale où l'on conserve, loin des regards profanes, le corps du saint prophète. Depuis quatre jours, ajoutait-on, il n'était pas remonté à la surface, buvait l'eau du ruisseau et se nourrissait de poissons crus. « Si nous allions jouir de cet étonnant spectacle : il est gratuit, ai-je dit à Dor Ali. J'aimerais bien voir ce Farangui quand il abandonnera la compagnie des carpes et des tortues. » Nous n'étions retenus par aucun engagement; prendre un baudet, charger sur son dos un peu de farine, nous diriger vers le *gabré Danial*, ne demandait pas grand temps.

« Dor Ali croyait connaître le chemin de Chouch, mais il s'est perdu et m'a fait coucher sous un konar. Je tremble encore à la pensée que les Arabes auraient pu voler mon âne. Enfin, nous apercevons la flèche blanche du tombeau. La crainte d'arriver trop tard me rend des jambes de vingt ans; je cours et je m'installe sur les rives du Chaour.

« Que cherches-tu? me demande un pâtre. — J'attends la sortie du jeune homme qui vit sous l'eau. — Tu es aussi fou que les chrétiens. Tes Faranguis sont là-haut; ils déterrent une grosse pierre. » Nous sommes montés et nous avons été forcés de convenir que vous ne différiez guère des hommes ordinaires. Remuer la terre sans nécessité me semble une singulière occupation, mais cela vous regarde. Si le cheikh Taher et l'imam djoma, que j'irai consulter, m'y autorisent; si le sous-gouverneur, auquel je puis faire parler, parce que ma femme est la belle-sœur du cousin de son *pichkhedmet* (valet de chambre) favori, ne me le déconseille pas; si, après avoir pris l'avis de mes parents et des familles de mes femmes, je ne vois pas de trop grandes difficultés à vous servir, je vous amènerai des ouvriers. Je partirai ce soir avec Dor Ali.

— *Peder soukhta!* (père brûlé), s'écrie celui-ci d'une voix étranglée, tu feras bien le voyage tout seul. Si on te détourne d'avoir commerce avec les chrétiens, tu te tireras d'embarras, parce que tu es un homme puissant. Tu as réparé la maison de mollah Houssein et celles de bien d'autres religieux qui ne t'ont jamais payé tes journées; puis ta femme est la belle-sœur du cousin du pichkhedmet favori du khan; mais moi!... on me mettrait la chaîne au cou, on meurtrirait la plante de mes pauvres petits pieds, peut-être m'étranglerait-on. Si j'ose prendre la détermination de travailler ici, personne ne me reverra à Dizfoul.

— Quel mobile te pousse à m'offrir tes services, puisque notre fréquentation est si dangereuse? demande Marcel.

— *Mon cœur est serré.* Je suis veuf. Ma *pauvre petite* femme est morte!...

— Je regrette d'avoir ravivé ta douleur.

— Voilà trois ans que j'épargnais trente krans pour en acheter une autre; un voisin me les a volés. Je suis au désespoir! » Et Dor Ali, ému jusqu'aux larmes, essuie ses pleurs avec un pan de sa... koledja.

« Conduis-toi bien, conclut mon mari avec le plus grand sérieux : je te promets que d'ici six mois tu auras les moyens d'acheter une Persane et une Arabe. Tu pourras comparer leurs mérites respectifs.

— *In-ch' Allah!* » (S'il plaît à Dieu!)

Enfin, si le cheikh le veut, si l'imam djoma le permet, si le khan l'autorise, si les femmes d'Ousta Hassan le tolèrent, si les familles des femmes d'Ousta Hassan n'y font point d'opposition, les fouilles commenceront tôt ou tard.

6 mars. — Mahomet n'est pas notre concierge! Nous avons neuf ouvriers! Des soldats qui se rendaient de Dizfoul à Havizè passaient hier près du tumulus. Quatre d'entre eux, ayant appris que les deux guerriers mis à notre solde touchaient une paye de colonel, ont abandonné le fusil pour la pioche et sont venus ce matin réclamer des outils. Comme nos Cincinnatus avaient caché les plaques de cuivre des kolahs et des ceinturons, leurs seuls insignes militaires, nous avons pu les enrôler sans scrupule et leur remettre les armes pacifiques des terrassiers. Au reste, Marcel est tellement impatient, qu'il engagerait Satan et sa femme s'ils se présentaient.

7 mars. — La colonne de l'apadâna est déblayée. Elle s'appuie sur une énorme dalle carrée, engagée, comme ses voisines, dans une épaisse couche de gravier.

Des buissons épineux couvraient l'emplacement du palais et en rendaient l'accès
presque inaccessible; ils ont été coupés autour des quatre bases ornées d'inscriptions.
Aucun des textes cunéiformes perses, mèdes et babyloniens n'est intact. Tous furent
brisés par la chute des colonnes et des chapiteaux voisins. Voici la traduction de ces
documents, donnée par M. Oppert d'après la copie de Loftus :

« Dit le roi Artaxerxès, grand roi, roi des rois, roi des pays, roi de cette terre,
fils du roi Darius, fils du roi Artaxerxès; d'Artaxerxès fils du roi Xerxès, de Xerxès
fils du roi Darius, de Darius fils d'Hystaspe, Achéménide. Ce palais (*apadâna*),
Darius, mon trisaïeul, le bâtit; plus tard, du temps d'Artaxerxès, mon grand-père,
il fut brûlé par le feu. Par la grâce d'Ormazd, d'Anahita et de Mithra, j'ai ordonné
de reconstruire ce palais. Qu'Ormazd, Anahita et Mithra me protègent contre tout
mal, moi et ce que j'ai fait; qu'ils ne l'attaquent pas, qu'ils ne le détruisent pas. »

Hélas!

PIERRE GRAVÉE.

CAMPEMENT DE LA MISSION.

VII

8 mars. — Barak-Allah! Alhamdou-lillah! Les augures d'Ousta Hassan nous
ont été favorables. La nuit dernière le digne maçon arrivait au *gabr*, suivi de quarante
terrassiers; dès l'aurore il nous présentait son bataillon. Le déblayement des bases
du palais est provisoirement suspendu; les soldats passent au grade de surveillants,
car la grande tranchée C, piquetée le lendemain de notre installation, accaparera
désormais tous les hommes. Elle est divisée en chantiers de dix mètres. Seuls les
chantiers impairs seront attaqués; si l'on découvre une piste, on la suivra sans
s'occuper des fractions encore respectées; dans le cas contraire, on fouillera ces
dernières. Chaque tronçon est pourvu de trois piocheurs et de neuf pelleteurs.
Quatre hommes gardent les bagages, cuisent le pain de la compagnie et alimentent
le chantier d'une eau vaseuse puisée dans le Chaour.

La journée commence vers cinq heures et demie, à l'instant où le disque solaire,
émergeant au-dessus d'un ruban de montagnes roses, éclaire l'horizon; elle s'in-

terrompt une demi-heure, le temps de manger une galette d'orge, l'unique nourriture des ouvriers, et cesse vers quatre heures, au cri de *tamam* ¹ (fin) parti des tentes et joyeusement répété dans les chantiers Ousta Hassan et Dor Ali prennent des mains de M Babin le salaire quotidien, vérifient les comptes, palpent les krans et les remettent aux terrassiers réunis derrière les tentes Dès lors chacun est libre Les Dizfoulis regagnent le *yabr*, quelques ouvriers lotis se retirent dans une cabane de roseaux voisine de nos tentes, M Babin met a jour son carnet d'attachement, M Houssay collectionne des insectes, Marcel et moi recommençons une visite minutieuse du champ de bataille

Le soleil ayant séché les crevasses, nous pénétrâmes ce soir jusque dans les derniers replis de la plus profonde Tout a coup un sanglier énorme, les défenses en arrêt, débuche de l'étroite galerie ou nous sommes engagés Le monstre me frôle de si près et me charge de si bon cœur, qu'il m'apparait semblable à un colosse anté-diluvien Il gravit avec plus de calme l'escarpement de la crevasse, je me retourne et puis apprécier la véritable grandeur de la bête puante Armons les revolvers et reprenons la promenade interrompue Les traces d'un guépard, empreintes sur la terre molle, nous conduisent a une tanière creusée dans les flancs du tumulus Omoplates de moutons, ossements de chevaux ou de buffles piquants de porcs-épics s'étalent devant ce repaire Les recoins de la caverne sont fouillés a coups de revolver, elle est vide Des lions *authentiques* tiennent parfois compagnie aux panthères et prélèvent chaque nuit la dîme royale sur les troupeaux des nomades Le jour ils ne quittent guère la jungle située entre le Chaour et la Kerkha C'est fort heureux pour Shman et Mçaoud

Les fauves ne peuplent pas seuls les alentours de Suse Sur l'herbe verte se pro-mènent, panache en l'air, des *dorradjs* au plumage foncé, dont les formes rappellent celles des francolins Des perdrix, petites de taille, brunes de chair, passent si nombreuses que le bruit de leurs ailes sifflantes réveille le souvenir lointain d'un train de chemin de fer, tandis que leurs légers escadrons tachent le ciel de nuages vivants Moins légères sont les feuilles que chasse l'automne et les premiers frimas Mais les voilà déjà perdues dans l'atmosphère bleue Où vont les voyageuses? Quels climats lointains les attirent? En vertu de quelle loi éternelle traversent-elles de génération en génération cette plaine jadis bruyante, aujourd'hui abandonnée des hommes?

Pourquoi interroger la nature ? « Notre esprit n'enfante que des atomes au prix de l'immensité des choses, » dit Pascal.

Aussitôt que les vapeurs du soir estompent la vallée, des vols de canards sauvages s'abattent, en criant, au milieu des guérums barbotent dans le marais et babillent avec les cigognes ou des geais verts plus semblables à des gemmes qu'à des êtres animés. Sort cruel! nous n'avons que des fusils de guerre

La chasse nous offrirait une agréable distraction et, si elle était heureuse, modifierait un ordinaire d'une monotonie désespérante. Jusqu'ici nous avions eu d'excellent mouton, mais depuis trois jours il est devenu impossible de se procurer une bête à laine, grande, petite, grasse, maigre, de sexe masculin, féminin ou neutre.

Cheikh Ali assure qu'il s'est défait de la majeure partie de ses troupeaux, et ne peut distraire aucune tête de son cheptel; le pâtre du gabr chante une chanson différente, qui se termine par le même refrain. M. Houssay, élu chef de gamelle se désespère. Le matin il nous offre du poulet sokh (lisez : frit) et du pilau; le soir du pilau et de la volaille au gros sel. Puis le lendemain c'est tout le contraire : on sert le soir le poulet frit et le pilau; on réserve pour le matin le riz et la poule au pot. L'eau du Chaour est marécageuse, chargée de détritus organiques ; Marcel recommande de la faire bouillir, afin de détruire les germes malsains et les animaux visibles à l'œil nu. Je ne discute pas la mesure, elle est sage; mais le goût de fumée combiné avec le parfum de la vase achève de rendre intolérable notre unique boisson. La privation de légumes verts se fait cruellement sentir; si je m'écoutais, j'irais, en compagnie du vieil Ali, notre premier ouvrier — par ordre de date, — paître les chardons des crevasses.

Que penserait de moi Golab Khanoum, la belle-mère de Cheikh M'sel? « Dévorer l'herbe des champs et laisser pousser ses ongles au delà de leur union avec la chair! » Elle me prendrait pour une fille légitime de Nabuchodonosor, si tant est que Golab Khanoum ait jamais ouï parler du roi de Babylone.

12 mars. — Mauvaise journée, mauvaises nouvelles.

La grande tranchée C commence à s'approfondir. Après avoir déblayé les fondations d'épaisses murailles, derniers débris de la ville arabe qui couvrait encore les tumulus à la fin du douzième siècle, les ouvriers se sont enfoncés dans une terre dure, solide, d'une propreté de mauvais augure.

Malgré son peu d'intérêt, ce chantier est l'objet de mes prédilections. Sur le soir, Marcel est venu me rejoindre; il tenait une feuille de papier rose dont la teinte gaie contrastait avec son visage sévère.

« Une lettre de Mozaffer el Molk. »

J'ai abandonné la tranchée pour un repli de terrain où l'on est défilé des regards indiscrets.

Voici la dépêche dans toute sa saveur :

« Monsieur,

« Les musulmans sont ignorants, incivilisés et hors de règle ; ils sont enfin une
« pierre d'achoppement pour l'avancement de vos travaux. En mon absence, il vous

« est très difficile, je crois, de diriger votre mission Le tumulte des passions de
« la religion islamique causera peut-être un grand danger qu'il me sera impossible
« de comprimer

  « Il est bon de déposer à Dizfoul vos effets chez Mirza Abdoul-Raïm et de venir
rester à Chouster auprès de moi

  « Après mon retour à Dizfoul, vous vous occuperez à vos affaires avec l'escorte,
la force et le conseil du gouvernement

  « Tout à vous,   *« Mozaffer el Molk »*

Compter sur les promesses de *Son Excellence*, supposer qu'elle viendra s'établir
à Dizfoul tout exprès pour nous donner *l'escorte, la force et le conseil du gouvernement*,
serait chimérique ! Il faudrait bien mal juger les fonctionnaires persans, toujours trem-
bleurs et nonchalants, et se faire de singulières illusions sur le climat du pays Dans
un mois le soleil sera brûlant, quinze jours plus tard la chaleur deviendra intolérable,
en mai il ne restera plus au *gabi* âme qui vive

  Suivre les conseils du gouverneur, lever les tentes, renvoyer les ouvriers si
péniblement conquis, équivaudrait à une désertion, à l'abandon définitif des fouilles
Marcel et moi ne pouvons supporter cette pensée

  D'un autre côté, demeurer ici contre l'avis de Mozaffer el Molk, c'est exposer
la mission à de graves dangers et assumer, en cas de malheur, une terrible responsabilité Nous n'hésitons pas à jouer notre vie, mais, avant d'engager l'existence
du personnel placé sous ses ordres, mon mari veut consulter les intéressés
Rentrons

  Près des tentes nous attend Mirza Abdoul-Raïm

  Des faits de la plus haute gravité se sont passés à Dizfoul Le lendemain de notre
départ, cinq ou six cents sectaires, émus à la pensée que des chrétiens allaient souiller
de leur présence le tombeau de Daniel, dérober le corps du saint prophète, transporter
dans le Faranguistan ce palladium de la contrée, se réunirent dans les mosquées de
la ville Les défenseurs de la foi firent serment d'expulser de vive force ou d'immoler
les infidèles, et prirent dans ce but le chemin de Suse

  Les uns étaient armés de mauvais fusils et de pistolets, les autres de lances, tous
— ceci prenait un caractère sérieux — de frondes, qui dans la main des Dizfoulis
deviennent redoutables La troupe, dansant, hurlant, invoquant Ali et ses fils, les mar-
tyrisés de Médine et de Kerbela Elle s'était avancée dans la plaine et avait franchi
la rivière, vingt kilomètres la séparaient de Suse, quand elle fut rejointe par deux
cavaliers venus de la ville à francs étriers C'étaient les fils de cheikh Mohammed Taher
Le cheikh, effrayé par la spontanéité de cette singulière croisade, leur avait enjoint
de ramener les énergumènes

D'abord bafoués, traités de *kafirs* (mécréants), de *baramzadès* (fils d'impur), les jeunes gens réussissent cependant à se faire écouter. Les Dizfoulis consentent à regagner la ville, sous la promesse solennelle qu'une députation composée de séids, de mollahs et des plus ardents promoteurs du mouvement ouvrira dès le lendemain une enquête sévère. Si les chrétiens ont violé le tombeau de Daniel, Cheikh Taher en personne conduira les justiciers et présidera au massacre des coupables.

De son côté, le vénérable religieux faisait appeler Abdoul-Raïm et l'interpellait sur notre étrange conduite : « On accuse les Faranguis d'avoir déjà ruiné le tombeau du prophète !

— Les prenez-vous pour des sorciers? Partis hier dans l'après-midi, ils n'ont pu gagner Suse avant la nuit; ils ne possèdent ni pelles ni pioches, puisque ces outils sont encore chez le forgeron chargé de les emmancher. D'ailleurs je vais les rejoindre et vous tiendrai au courant de leurs faits et gestes.

— Vous ne partirez pas seul, reprit le cheikh défiant; seid Hadji Houssein vous accompagnera et vous évitera la peine de revenir à Dizfoul. »

C'est ainsi que, le surlendemain de notre arrivée, sont apparus les turbans blancs et bleus, qui, après avoir constaté le parfait état du tombeau, nous ont fait subir un insidieux interrogatoire.

A la suite de cette échauffourée, un courrier volait dans la direction de Chouster. Mozaffer el Molk, qui avait dépensé toute sa diplomatie pour enrayer notre marche vers Suse ou éviter de se compromettre dans notre voisinage, priait les autorités civiles de Dizfoul de lui envoyer des rapports motivés. De la lecture de ces documents le Khan concluait au rappel immédiat de la mission française, exposée, sans autre rempart qu'une toile de tente, non seulement aux razzias des nomades, mais à la haine des fanatiques qui vont entreprendre leur pèlerinage annuel.

Ainsi s'explique la difficulté de trouver des ouvriers, les hésitations d'Ousta Hassan, les terreurs de Der Ali et la fameuse communication rose.

Le courrier de Mozaffer el Molk n'est pas moins explicite que le mirza. Il assure avoir vu, en traversant Dizfoul, des groupes furieux assiéger les portes des mosquées. On ne nie pas que Daniel et sa tombe ne soient encore intacts, mais des infidèles et des sorciers ne sauraient être tolérés dans le voisinage des lieux saints.

Marcel soumit le cas à MM. Babin et Houssay, sans leur dissimuler la gravité de la situation.

« Quels sont vos projets? demandèrent-ils.

— Ma femme et moi méprisons les menaces d'une population idiote et n'abandonnerons Suse qu'à la dernière extrémité. En cas d'attaque, nous essayerons de nous replier derrière la Kerkha et de gagner le territoire ottoman.

— Vous pouvez compter sur nous, » répondirent-ils sans même se consulter du regard

Marcel, prenant alors la plume, écrivit de sa plus belle encre au gouverneur

« Excellence

« Je vous remercie infiniment de la communication que vous m'avez fait l'honneur de m'adresser Malgré tout le plaisir que j'aurais à passer quelque temps auprès de vous, il m'est impossible de lever mes tentes en ce moment Mon départ ressemblerait à une désertion.

« Je vous l'ai promis, aucun membre de la mission française ne s'approchera du tombeau de Daniel, mais si je tiens mes engagements, je compte sur vous pour protéger et faire respecter les envoyés d'un gouvernement ami de la Perse Écrivez dans ce sens au mouchteïd, et ce chef religieux profitera certainement de l'occasion qui lui est offerte d'être agréable a Sa Majesté Impériale

« Veuillez recevoir, etc »

Puis, comme l'arrivée d'un courrier émotionnait nos pusillanimes ouvriers, toujours enclins a rêver de chaîne au cou, de pieds endoloris, de nez ou d'oreilles délicatement supprimés, mon mari fit appeler Ousta Hassan « Ce soir même tu vas partir pour Dizfoul, tu ramèneras autant d ouvriers que tu en pourras embaucher cent, cinq cents, mille Les travaux jusqu'ici n'ont été que jeux d'enfants, un simple début A ton retour j'aurai tracé des excavations nouvelles » — Ousta Hassan, alléché par les bénéfices qui arrondissent tous les soirs son escarcelle, a pris de son pied léger le chemin de la ville

15 mars — Aucune découverte n'est venue calmer nos inquiétudes Quelques ossements se sont montrés blanchissants sous la pioche, comme on leur assurait une sépulture, — sera-ce la dernière? — les ouvriers mettaient a jour une potiche de terre cuite, haute de soixante-cinq centimètres et fermée par un boulet de pierre

« Un trésor ! De l'or, de l'argent, des pierres précieuses! » s'est écrié Mirza Abdoul-Raïm, accouru sur l'appel d un soldat espion payé par l'espionné

Ni l'un ni l'autre assurément, mais le crâne intact et les os disjoints d'un bonhomme dont les derniers souhaits ne furent pas, j'imagine, de figurer a titre de pièce rare dans un musée du Farauguistan

Quel fut le culte de cet ancêtre? A quelle race appartint-il?

Sous le règne des Achéménides, les cadavres des disciples de Zoroastre étaient déposés dans un *dakhma* et livrés aux oiseaux de proie, d'ailleurs les palais de Suse, alors dans toute leur splendeur, n'eussent pas servi de cimetière Les Sassa-

BILDARS DE LA TRIBU DE CHEIKH ALI. (Voyez p. 90.)

nides restaurèrent les pratiques du culte mazdéen, oubliées sous les Parthes. Chrétiens et musulmans n'entrèrent jamais en lutte avec les lois qui régissent l'anéantissement des choses et des êtres.

Ce serait donc à la période troublée qui sépare les derniers Achéménides des premiers Sassanides, c'est-à-dire à l'époque des Parthes, que devrait remonter l'intéressant spécimen d'archéologie funèbre découvert dans la tranchée.

M. Houssay, Abdoul-Raïm et moi avons enlevé les ossements avec les égards dus à leur grand âge, et tamisé, sans découvrir le plus petit objet, la poussière granuleuse et blonde qui fut un être pensant.

Les yeux du mirza s'éteignent, la bouche grimace une moue réjouissante, le nez s'allonge. « *Peder soukhta!* » (père brûlé), s'écrie le colonel désappointé; c'était bien la peine de laisser refroidir le thé! » Et traitant désormais l'habitant de la potiche avec le plus parfait mépris, il en abandonne l'entière propriété à M. Houssay.

L'anthropologie rendra peut-être la parole à ces antiques débris.

Non loin de la potiche est également apparue une brique de faïence grossière. Deux des tranches sont émaillées. Sur l'une, des bandes jaunes et bleues, séparées par un cloisonné noir, encadrent des marguerites blanches peintes sur fond bleu; la deuxième est décorée de denticules bleus, blancs et verts. En parcourant les crevasses, nous avions déjà rencontré des fragments de la même matière, mais aucun d'eux n'était coloré. La base arrondie d'un petit vase de verre merveilleusement irisé, un bracelet de verre émaillé, un fragment d'inscription cunéiforme, résument les trouvailles de la journée.

17 mars. — Les nuages accumulés par les vents du golfe Persique attendaient l'heure de la prière pour inonder la plaine. Les cataractes du ciel se déversent sur la tente qui se tend comme la peau d'un tambour, l'eau tombée sur les tumulus court torrentueuse.

La nuit vient. Pour toute cuisine nous possédons la calotte du ciel; un trou et quelques briques suppléent aux fourneaux économiques les plus perfectionnés. On dînera ce soir d'un souvenir du *Tonkin*, un fromage de Hollande destiné à fêter les grands saints du calendrier. Envisageons d'une âme sereine cette cruelle perspective.

En croirai-je mes papilles olfactives! Le poulet et le pilau traditionnels font leur fumante apparition, abrités sous la robe ruisselante de Mahmoud. Le cuisinier creusa des fossés autour du feu, confectionna avec des caisses vides un abri au-dessus de sa marmite et, en dépit d'Éole et du plus terrible de ses enfants, il remplit avec conscience les devoirs de sa haute charge. L'inévitable ou l'irréparable n'émeuvent pas le musulman. Pas un de nos serviteurs ne songe à reprocher au ciel son inclémence; pas un cependant ne possède un vêtement de rechange et n'enlèvera pour dormir ses habits trempés de pluie. A quoi servirait de perdre son temps et sa peine en vaines récriminations?

Je suis même surprise d'entendre les domestiques discuter gravement la position, les dimensions et les formes d'une cuisine construite avec des roseaux comme les *capars* loris. J'en viens presque à considérer nos gens comme de grands caractères : quel calme, quelle insouciance de tout bien-être, quelle force de volonté physique et morale! Ils sont menteurs, voleurs, paresseux et le reste ; mais peuvent-ils résister aux mauvais exemples partis des sphères les plus hautes?

Plus je fréquente le peuple persan, plus je me sens portée à lui tenir compte de ses incontestables vertus et à rendre les grands responsables de ses vices. Des gouverneurs il apprend que bien mentir est faire preuve de génie; *madakheliser* (malverser) indique de l'adresse et de la prévoyance; trembler au souffle du vent est un indice de sagesse; s'humilier devant les forts, écraser les petits, une action louable si bien liée aux habitudes du pays, que chacun peut espérer la commettre un jour.

Pendant que je philosophe, la pluie devient de plus en plus lourde ; elle affaisse sous son poids les parois de la tente exposées au vent. La toile tient bon et ne se laisse pénétrer par aucune gouttière, mais à travers les fils s'établit un suintement capillaire. Il semble que, d'une main puissante, un géant soutienne une cloche d'eau suspendue au-dessus de nos têtes.

On ne montera pas la garde cette nuit.

Jamais, assure Dor Ali, les Arabes n'oseraient s'aventurer hors de leur campement. Des torrents dangereux pour les cavaliers et les piétons courent dans la plaine; le ciel est si noir qu'on n'aperçoit pas les tentes à dix pas de distance, quand meurt au dedans la lumière qui les rend semblables à de gigantesques fanaux.

18 mars. — Le ciel subit une crise hivernale. Depuis quarante-huit heures, il pleut, il pleut sans trève ni merci, et cependant les nuages sont toujours aussi sombres et aussi bas. Enveloppés de caoutchouc de la tête aux pieds, nous essayâmes de franchir le senil de notre prison de toile; cette tentative ne fut pas heureuse. Dix minutes ne s'étaient pas écoulées que nous regagnions notre asile semi-protecteur, les jambes mouillées jusqu'aux genoux, le corps contus de chutes dans les trous et les fondrières ouvertes par les eaux. Que faire? Plier le dos devant l'orage et piétiner tout le jour un sol que les infiltrations ont rendu boueux.

Il serait inhumain de laisser nos gens sans abri : l'une des deux tentes leur a été concédée; nous nous contenterons désormais d'un cône très aplati dont le diamètre mesuré sur le sol ne dépasse pas six mètres. Les objets susceptibles de se dégrader à la pluie nous disputent encore cet espace où l'on vit, on mange, on fume, on travaille et l'on dort. Quant à bouger, il n'y faut pas songer : seul un

stratégiste de premier ordre étendrait pied ou patte sans heurter quelqu'un (
quelque chose.

Dieu soit loué, nous possédons des livres. Chers livres! compagnons d'humei
égale, maîtres qui ne savez pas rudoyer, esclaves toujours disposés à servir ve
tyrans, bienfaiteurs qui donnez avec bonne grâce et vous soumettez à toutes no
fantaisies au logis comme en voyage! Bénédictin eut-il pour vous des yeux plu
doux que les miens? Que vous offrirai-je en échange de vos attraits, si ce n'e
la place la mieux abritée des gouttières?

Jamais souvenir du *home* lointain ne hanta mon esprit sous une forme plu
persistante. L'activité physique rend seule tolérable l'existence que nous menons ic
Il ne faut pas avoir le temps de se prendre soi-même en pitié.

19 mars. — Béni sois-tu, soleil radieux, première œuvre du Créateur! To
apparition rend l'ardeur à mon âme, l'espoir à mon cœur oppressé, la chaleur
mes membres engourdis. Tes rayons vivifient la nature prosternée devant toi, i
dorent la plaine noyée dans de légères vapeurs pareilles à des flocons rosé
les montagnes irisées dont les cimes neigeuses arrêtent les regards vers
septentrion, les herbes tremblantes ponctuées d'anémones rouges comme le
gouttes d'un sang généreux. Il semble que le printemps soit né en ces deux journée
si tristes, et que, pour fêter sa résurrection, il ait revêtu la plus riche des parure
Soleil, que ne suis-je venue deux mille ans plus tôt sur cette terre où tu fus adore
Mes mains se seraient élevées vers toi pour t'offrir des sacrifices, j'eusse été l'un
de tes prêtresses !

Visitons nos tranchées. Elles sont envahies. A mesure que les eaux s'abaissen
absorbées par les couches profondes, apparaissent des fissures, indiscutables pro
nostics d'éboulements prochains. Faute de bois pour étançonner les parois, il fau
laisser aux désagrégations le temps de se produire. Marcel abandonnera la fouille
pour attaquer une nouvelle tranchée. B, perpendiculaire à la façade sud du pala
et tracée dans l'axe général de la construction. Cette excavation le renseignera su
la position des portes — si elles ne sont pas ruinées, — sur leur forme et leu
ornementation.

La première couche de terre était farcie de scorpions. Comme la nature, i
semblent se réveiller de leur torpeur hivernale et remonter en masse vers l'herb
verte. Quelle variété de races et de couleurs! Grands et petits, gros et courts, blanc
noirs, verts, jaunes, ces vilains animaux se livrent de fratricides combats dans l
boîte où les dépose M. Houssay, et témoignent par ces luttes de l'énervement qu
leur procure une aussi triste situation.

L'un d'eux, caractère vindicatif, a piqué un jeune garçon. Le bistouri et l'acid
phénique ont eu vite raison de l'infection venimeuse et prévenu les conséquences

souvent fort graves, d'un semblable accident. Lorsque les ouvriers ont vu leur camarade debout deux heures plus tard, leur surprise s'est donné libre carrière.

Grâce aux soins prodigués par M. Houssay, aux médicaments aussi gratuits que les conseils, nous conquérons l'estime de nos voisins. La réputation des Faranguis s'étend de proche en proche; non contents de venir nous consulter sur leurs maux présents et à venir, les nomades poussent la confiance jusqu'à nous supplier de réparer des montres acquises dans les bazars de Bassorah, des fusils inénarrables et une tabatière à musique sans engrenages ni ressort. La charge de recevoir ces importuns m'incombe en général. Les gens riches me proposent dix chaïs (40 centimes); puis, comme je me récuse, ils se consultent du regard et font miroiter devant mes yeux l'appât d'un kran tout entier. Artaxerxès lui-même ne saurait me corrompre..., à moins qu'il ne m'offrît un carré de côtelettes.

Le mouton se dérobe devant nous, l'agneau s'évanouit, ombres vaines toujours poursuivies et jamais atteintes! A l'exemple de Cheikh Ali, il n'est mauvaises excuses que ne donnent les Arabes, si avides d'argent, pour refuser de nous vendre leurs bêtes à laine.

Je soupçonne Mirza Abdoul-Raïm d'être l'âme de ce pacte de famine. Quand le colonel comprit que nous allions rendre l'âme, il fit amener, soi-disant de Dizfoul, trente brebis maigres, galeuses, déplumées, ainsi que des animaux atteints de maladie mortelle, et les proposa pour un prix quintuple de leur valeur réelle. Depuis lors une lutte cruelle se livre entre les instincts honnêtes de M. Houssay naturaliste et l'amour-propre de M. Houssay pourvoyeur.

Diagnostiquant la phtisie des brebis à leur aspect extérieur, le naturaliste fit taire le pourvoyeur et refusa de laisser paraître sur notre table une viande malsaine. Mieux vaut encore le régime du pilau et du poulet bouilli : s'il n'est point de nature à développer une honteuse gourmandise, il a du moins le mérite d'être salubre.

Quand on lui communiqua cette décision, le mirza jura devant le soleil et la lune qu'il ne paissait pas de plus beaux moutons dans les prairies d'Éden, et promit cependant de les renvoyer à leur légitime propriétaire. En attendant cet heureux jour, il a préposé un habitant du *gabr* au soin de les mener paître et d'arracher les derniers flocons de laine égarés sur leur dos. Quand je passe auprès de ces tristes squelettes, que je compte leurs côtes, les nœuds de l'épine dorsale, que je considère leurs flancs aplatis, leur éticité pathologique, une pensée, toujours la même, obsède mon esprit. Bon gré, mal gré, ce sera par notre intermédiaire que les élèves du mirza accompliront leur destinée. Les trente y passeront. Nos jeunes camarades, auxquels j'ai prédit le sort qui nous attend, ont fait serment de s'opposer jusqu'à la mort aux criminelles tentatives d'Abdoul-Raïm; le temps dira qui de nous connaît le mieux le caractère des Persans.

Deux pêcheurs arabes sont arrivés ce matin, portant dans une étoffe de poil de chèvre un monstre marin qu'ils venaient de piquer au trident dans les eaux bourbeuses du Chaour. C'est une carpe gigantesque, déformée par les ans, couverte d'une peau semblable à du cuir. Les filets, épais de dix doigts, ont été mis à la disposition du

CARPE DU CHAOUR.

chef; le squelette de l'animal, précieusement enterré, sera dirigé vers la France quand les fouilles prendront fin. Étant donnée la grosseur anomale de cette bête, on se demande quel est son âge; peut-être naquit-elle sous le règne de Chapour ou de Khosroès. Ne mange-t-on pas des homards ou des langoustes centenaires? Les lustres passent sur certains êtres sans ruiner leurs organes; un animal stupide résiste à l'effort du temps, qui emporte l'homme et ses œuvres.

20 mars. — Nous installions les ouvriers dans la fouille C, abandonnée à la suite des pluies, quand plusieurs d'entre eux nous entourèrent et se plaignirent

avec amertume de Mirza Abdoul-Raïm. Cet honnête homme, installé auprès des Dizfoulis, exige de chacun d'eux, sous peine du bâton, une redevance journalière de quatre *pouls*, soit environ dix centimes. Nul jusqu'ici n'a osé résister, mais tous assurent qu'ils abandonneront les chantiers plutôt que de verser une partie de leur salaire entre les mains d'un tyran dont les prétentions croîtront chaque jour en proportion de leur faiblesse. Marcel, fort ému, est aussitôt rentré et a fait comparaître le mirza.

Après une verte semonce, mon mari, peu soucieux de se brouiller avec ce cauteleux personnage, lui offrit un traitement équivalent aux bénéfices illicites qu'il prélève sur les ouvriers, sous promesse de laisser en paix nos malheureux protégés.

« Me croyez-vous capable de manger le pain de ces pauvres gens! Qu'on me pende par les oreilles, qu'on m'attache une corde autour du cou s'il y a un mot de vrai dans ces bavardages nauséabonds! Les Dizfoulis, je le confesse, m'ont offert, suivant l'usage, un *pichkiach* journalier, qu'ils eussent été heureux de me faire accepter; mais je l'ai refusé avec horreur. Ainsi je fais de vos propositions. Mon père était de grande famille, je suis de race noble et colonel; vous m'humiliez profondément en suspectant mes meilleures intentions! Vous me blessez dans ce que j'ai de plus cher : mon honneur de soldat et de gentilhomme (*doouletman*). »

Ce soir, au moment de la paye, les plaignants étaient réunis autour des tentes. Le mirza s'est avancé le front haut, la mine fière et, comme il convient à un noble colonel : « Qui de vous ose prétendre que je m'attribue une partie de son salaire? Qu'il se montre, cet infâme calomniateur!

— Nul n'oserait porter une accusation aussi fausse, » ont répondu les ouvriers, tremblants à la seule pensée de la bastonnade qui attend leurs pieds dès la rentrée au *gabr*.

En résumé, Abdoul-Raïm est sorti de cette épreuve blanc comme neige, pur comme l'enfant qui tète le sein de sa mère, mais fort aigri contre nous.

Cependant il importait de retenir les terrassiers! La crise était d'autant plus malencontreuse que le déblayement devient tous les jours plus laborieux.

Les couches d'argile résistante rencontrées au-dessous des maisons arabes ou sassanides ne forment pas une strate continue, mais occupent des zones bien limitées. Aussi les tranchées s'approfondissent-elles irrégulièrement. Quelques amorces, C, atteignent 1m,10; d'autres sondages, B, descendus à 2m,30, ont mis à découvert de grandes briques posées sur un lit de cailloux fort épais, sorte de radier qui paraît s'étendre d'une manière uniforme sous le palais et ses dépendances.

Le carrelage est réglé au niveau de l'arête supérieure des dalles énormes sur lesquelles reposent les colonnes de l'apadâna achéménide.

Excepté ce dallage, mis à nu sur presque toute la longueur de la tranchée B, ou

n'a rencontré aucune trace des enceintes ou des portes qui précédaient le palais. Notre déception est extrême, car le volume des terres qui restent encore à déblayer est trop restreint pour dissimuler des monuments de quelque importance. Cette excavation va être abandonnée et les ouvriers reportés sur les attaques C, profondes aujourd'hui de près de deux mètres.

Les fouilles A du palais se continuent dans de meilleures conditions.

Les membres de taureaux accouplés, appartenant aux chapiteaux bicéphales, ont été trouvés et amenés sur le sol à l'aide de crics. De longtemps je n'oublierai la mine ahurie des Dizfoulis devant ces engins. Nos hommes en étaient arrivés

FRAGMENTS DE TAUREAUX.

à perdre la notion des poids; sans de minutieuses précautions et une continuelle surveillance, ils se seraient fait broyer. Les fragments sont assez nombreux pour que l'on puisse, par la pensée, reconstituer l'animal gigantesque qui couronnait les colonnes. Voici le ventre couvert de poils frisés, les lourds genoux de la bête; un collier, orné de marguerites et d'une fleur de lotus en guise de pendeloque, entoure le cou. La base, le fût, le chapiteau atteignaient vingt-deux mètres de hauteur.

À côté d'une base gît la tête du monstre. Elle rappelle celles qui terminaient les chapiteaux dont on a retrouvé l'image sur la façade rupestre des hypogées achéménides. L'extrémité du museau, ainsi que les cornes, les oreilles, signalées par de profondes mortaises, manquent encore.

Ces sculptures, exécutées dans un calcaire noir au grain très fin, éveillent l'idée d'un art décoratif puissant et d'une technique avancée. Des tailles heureusement diversifiées mettent en relief certains muscles, estompent les autres et donnent au marbre des tons dont les différences, inappréciables dans l'ensemble, enlèvent à la masse des colosses toute monotonie.

Le hasard est-il une seconde Providence? Ces monstres de dure matière se sont brisés en mille pièces lorsque les palais s'écrasèrent dans la poussière, et, sous leurs débris, tombés presque du ciel, apparaissent des poteries intactes.

La découverte des taureaux ravit et inquiète à la fois mon mari. Un mètre cube de marbre pèse près de trois tonnes; les chameaux du pays ne sauraient porter une charge supérieure à deux cents kilogrammes; les indigènes ne connaissent pas la charrette, même de nom; le Chaour, sur lequel on pourrait peut-être aventurer des embarcations, est coupé de barrages. En supposant même qu'on brisât ces obstacles, où se procurer des canots? Comment se comporterait un *kelek* (radeau persan) lorsqu'il serait chargé de caisses très lourdes et lancé sur un cours d'eau étroit, sinueux, bordé d'une végétation arborescente? Comment franchirait-il les rapides de l'Ab-Dizfoul? Jamais problème plus difficile à résoudre ne fut proposé à des gens plus mal outillés.

La crainte de ne pouvoir enlever cette année les objets de grand poids empêche Marcel de rejeter sur le déblayement de l'apadâna les Arabes venus en grand nombre mettre à notre service leurs bras et leurs pelles et les terrassiers qui abandonnent la tranchée C à mesure qu'ils atteignent le carrelage.

Deux nouvelles tranchées, L (tumulus n° 2) et I (citadelle), ont donc été piquetées. La première, en forme de baïonnette, part de la vallée et se dirige vers une sorte de cratère régulier situé au sud du tumulus barlong. Ce tracé n'a pas été choisi d'une manière arbitraire. Bien que le plan ne soit pas encore levé, il semble que les reliefs du sol ne sont pas répartis au hasard. Marcel a essayé de reconstituer un groupement dont la dépression est le centre, puis il s'est efforcé de couper des constructions hypothétiques et un éperon qui s'avance dans la vallée centrale.

Avant de prendre ce parti, nous avions tenté de découvrir sur le périmètre du tumulus un affleurement des murs d'enceinte ou de leurs fondations. En cheminant de proche en proche, on eût atteint une porte et pénétré à l'intérieur du palais. Vain espoir. Nos laborieuses investigations n'ont décelé aucun indice, aucun guide satisfaisant. On doit donc s'enfoncer sous terre à la conquête du fil d'Ariane, car il n'entre pas dans les vues de mon mari de faire des trous quelconques et de *chercher* à l'aveuglette des objets de musée; des fouilles exécutées avec méthode peuvent seules donner des résultats scientifiques.

Depuis quelques jours nous occupons deux cent quatre-vingt-dix terrassiers. Ils

appartiennent aux trois races distinctes de la Susiane, et forment trois group
travaillent sous nos ordres sans se mêler, soit le jour, soit la nuit, sans con
uns avec les autres.

TÊTE DE TAUREAU. (Voyez p. 115.)

Les premiers venus, les Dizfoulis, creusent les tranchées de l'apadâna
barricadent dès la tombée du soleil dans le tombeau de Daniel. Ils sont petits,
malingres, mal conformés, affectés de maladies purulentes, ornés de ba
et d'emplâtres, vilains d'aspect, habillés d'une peau chocolat clair, et pré

les caractères saillants de certaines races noires. Le front, haut de deux doigts, est entouré de cheveux plantés en rond; le crâne est petit, la bouche lippue, les talons saillants. Leur goût ou leurs habitudes les portent à se réunir dans des villes ou des villages bâtis. Je considérerais volontiers les Dizfoulis comme les derniers représentants de la vieille race susienne.

Bien que nous ayons engagé le rebut de la population, la plupart des citadins venus chez nous ne sont dépourvus ni d'intelligence ni d'adresse, qualités qui vont s'atrophiant au lieu de se développer avec l'âge.

La violence de leurs sentiments religieux contraste de la façon la plus brutale avec leur extrême pusillanimité et leur morale pervertie. Ils tremblent à la vue de la plaque du ceinturon militaire, s'humilient devant la mine chafouine d'un ferrach du gouverneur et craignent les nomades au point de ne pas oser franchir les trois cents mètres qui séparent le *yabr* de nos tentes s'ils ne se forment en groupe compact. Sur cent, il s'en trouve six qui lisent couramment et deux qui écrivent mal. Tous parlent un patois traînard, mêlé de mots locaux étrangers aux vocabulaires persan, arabe ou turc. Leurs vêtements usés, déteints, témoignent d'une excessive misère. Cette pauvreté expliquerait jusqu'à un certain point leurs infirmités morales et physiques.

Les plus élégants portent deux *koledjas* (redingotes) taillées dans une cotonnade de couleur voyante, croisées sur la poitrine et fermées par une ceinture enroulée autour de la taille. La première est pourvue de manches largement fendues, qui laissent paraître les manches ajustées de la seconde. Ces vêtements à pans tombent sur un ample pantalon de coton bleu, large comme une jupe. Une calotte de piqué blanc entourée d'un turban bleu, dont une extrémité flotte sur la nuque, coiffe les hommes mûrs; le bonnet de feutre noir ou brun, pareil à celui des habitants de l'Adjem, est adopté par les jeunes gens. Les sybarites chaussent des *guivehs* grossiers; le ciel, dans sa clémence, s'est chargé d'endurcir les pieds des plus pauvres et de les pourvoir de souliers inusables.

Le beau sexe est représenté par la femme du cuisinier, les épouses plus ou moins légitimes de quelques ouvriers, trois ou quatre fillettes noiraudes et sauvages. Jeunes ou vieilles montrent, sous le *tchader* qui les couvre des pieds à la tête, une figure maussade à guérir de l'amour les chimpanzés eux-mêmes. L'accès du campement est interdit aux *dames*; néanmoins elles rôdent sans cesse autour de nous, dans la pieuse intention de s'approprier tout ce qui traîne. A part cette affection pour le bien d'autrui, une curiosité insatiable et une habileté sans pareille à dissimuler sous leur voile inviolable les objets les plus volumineux, je ne saurais constater chez les femmes dizfoulies qu'une surprenante paresse. Quand elles ne s'installent pas devant nos tentes des heures durant, elles se perchent comme des guenons sur

la crête des remblais, au risque de dégringoler avec les terres qui s'éboulent,
et ne rentrent au tombeau de Daniel que pour se quereller ou se battre. Une
aisance même relative ne saurait être le lot de ménages où seul le mari travaille
et gagne quelques chaïs. Aussi bien les Dizfoulis, la plupart du temps inoccupés,

souvent payés en bourrades, sont-ils
condamnés, leur vie durant, un pain
d'orge et à l'eau bourbeuse. Nul cependant n'oserait demander à sa femme
de pétrir et de cuire.

Depuis notre arrivée, les ouvriers
auraient pu modifier leur ordinaire :
la farine coûte six sous les sept kilogrammes, les œufs deux sous la douzaine, les herbes comestibles ou les
chardons la peine de les cueillir.
Mais les uns poursuivent la même chi-
mère que Dor Ali; les autres espèrent,
grâce à leur sagesse et à leur économie, savourer, ne fût-ce qu'un jour,
les jouissances favorites des classes
riches.

Parmi les Dizfoulis qui sont venus
s'engager sous la bannière d'Ousta
Hassan, il ne s'en trouve pas dix qui
n'aient demandé un congé afin d'aller,
« de peur des Arabes », porter à la ville
le fruit de leur labeur. Ils reviennent
tout de neuf habillés, flambants comme
des princes, enduits de henné des cheveux aux ongles des pieds, preuve
qu'ils se sont accordés, après les dou-
ceurs du hammam, de fugaces amours,

ENFANT DIZFOULI.

et montrent des figures d'enfants heureux quand je me refuse à les reconnaître.

Bien peu négligent de nous offrir au retour trois ou quatre *madanès* (citrons
doux) ou quelques gâteaux enveloppés dans un pan d'étoffe très sale.

« L'or que le riche tire par quintaux de ses coffres n'a pas le mérite de l'obole
donnée par l'artisan. Chacun mesure le fardeau à ses forces ; une patte de sauterelle
est lourde pour la fourmi. »

Malgré ces témoignages de déférence, les voyageurs apportent de la ville des ferments malsains. La pluie diluvienne dont nous avons supporté deux jours et deux nuits les atteintes pénibles est l'œuvre diabolique des chrétiens. Si plusieurs maisons de la ville se sont effondrées, si les fleuves grossis ont ébranlé une arche du pont de Chouster, si les blés pourrissent sous l'eau, n'est-ce point un avertissement céleste ?

On se souvient de la peste épouvantable qui sévit sur Dizfoul lorsque, il y a trente ans, des Faranguis osèrent, pour la première fois, fouler de leurs pieds sacrilèges les terres de Daniel. Aujourd'hui encore les cendres du prophète tressaillent, Allah s'irrite, le ciel gronde et pleure toutes ses larmes, les maux actuels sont les sinistres avant-coureurs de fléaux pires encore.

Le lendemain de ces joyeux entretiens les figures sont longues, les chantiers lugubres : nous n'avons pas fait dix pas hors des tranchées que surveillants et ouvriers, très désireux de conserver un salaire inespéré, mais plus jaloux encore de mettre d'accord leur paresse et leur désir de ne pas se brouiller avec le ciel, s'assoient avec un ensemble touchant. Un enfant, grimpé sur un point culminant, surveille les alentours. « Amed ! » (il vient !), s'écrie-t-il dès qu'apparaît un casque blanc. Chacun reprend alors la pelle ou la pioche. Les ouvriers ne nous trompent point : leur peau sèche témoigne de leur inactivité. Les pauvres diables sont si faibles, si mal nourris, boivent l'eau malsaine du Chaour en telle abondance, qu'ils fondent après avoir jeté dix pelletées de terre. Ils pourraient parler de la sueur du peuple en connaissance de cause, mais ils n'ont point encore rêvé de ces formules sacro-saintes des grandes civilisations européennes.

Élevons-nous jusqu'au chantier de la citadelle.

Forts, vigoureux, solidement charpentés, pourvus de barbes de *fleuve* qu'ils ne coupent jamais, les Loris sont à la fois agriculteurs et pasteurs. Mais, retenus dans un périmètre restreint par la nécessité de cultiver du blé, ils ne s'éloignent jamais beaucoup de leurs terres ensemencées ou des pâturages qui leur sont attribués par Cheikh Ali. Tous font partie de la tribu de Kérim Khan, campée sur les bords de la Kerkha. A considérer leur crâne dolichocéphale, leurs cheveux plats et noirs, leur nez fin, leurs yeux largement fendus, souvent bleus, on se souvient de la race persane du Fars et des conquérants aryens du pays.

Placés sous la direction d'un chef désigné par Kérim Khan, ils n'ont eu garde de se mêler aux Dizfoulis, enfermés dans le tombeau de Daniel. Dès leur arrivée, quelques-uns d'entre eux coupèrent les ginériums et les roseaux fort épais du Chaour ; les autres apportèrent, de la jungle baignée par la Kerkha, des buissons arborescents et, à l'aide de joncs, ils bâtirent une cabane dont la toiture est beaucoup plus étanche que nos tentes. Les *capars* se sont multipliés et forment, avec une cuisine, une

salle à manger et un laboratoire d'histologie, un véritable camp autour de nos deux tentes blanches. Les Loris se nourrissent mieux que les Dizfoulis. Une fois par jour j'aperçois le vieux gardien des *capars* s'absorbant, grave et solennel, dans la confection du pilau; puis arrivent de la tribu œufs, poules et agneaux. Habillés à la dernière mode de Dizfoul, mais vêtus d'étoffes sombres, les nomades persans portent le bonnet de feutre brun, la chemise courte aux longues manches, les deux vestes tombant sur le large pantalon bleu ou vert, et sont tous les propriétaires légitimes d'un immense

CAPAR DES DEVRIFAN LORIS.

manteau sans couture, l'*aba* de laine brune, qui les abrite du froid et de l'humidité des nuits. Dépouillés de ce vêtement distinctif, on ne saurait cependant les confondre avec leurs voisins, tant leur aspect est différent, leur allure plus noble et plus fière. Braves sans exagération inutile, grands voleurs de buffles ou de moutons, très craintifs de l'autorité civile, tellement ignorants que leur chef reconnaît à peine le cachet de son maître, les Loris professent, comme tous les nomades, une religion des plus calmes. Monothéistes, mais superstitieux, ils peuplent la plaine de leurs chimériques conceptions et se montrent en somme les plus accommodants des musulmans. Le tombeau de Daniel lui-même paraît incapable de dégeler leur cœur. Quand un nomade a prononcé le nom d'Allah et invoqué l'assistance d'Ali dans un cas difficile, il se tient quitte envers le Créateur et ne perd pas son temps à discuter des questions théologiques.

On se plaint sans cesse des injustices du sort, des erreurs de la nature. Les œuvres du ciel sont parfaites. Dieu, je l'avoue, n'est pas prodigue de ses biens et n'allie pas souvent dans les mêmes créatures l'intelligence et la beauté, — ces deux qualités semblent même exclusives l'une de l'autre ; — il refuse parfois le plus grand de tous les biens, la santé, à ceux qui possèdent la richesse ; il ne donne pas toujours la conscience de leur bonheur aux heureux. Peines ou joies, faveurs ou maux sont également répartis. C'est ainsi qu'Allah dota les Loris d'une force et d'une vigueur peu communes et combla d'infirmités les Dizfoulis. Cependant les malingres, les chétifs, forment notre meilleur contingent, tandis que les colosses, lourds d'esprit comme de corps, semblent avoir deux mains gauches, cassent tout ce qu'ils touchent, détruisent sans s'en douter les indices les plus précieux, bûchent comme des sourds et, au demeurant, font la plus médiocre des besognes.

Restent les Arabes, qui, malgré le refus de Cheikh Ali et son mépris pour les travailleurs, envahissent chaque matin les tranchées du tumulus n° 2. Mœurs, caractère, costume, sont encore plus nettement tranchés que ceux des Loris.

Graves, courageux, emportés au point que leurs gros yeux roulant dans leur orbite et leurs traits contractés mettent en fuite les Dizfoulis, attachés à une personne bien plutôt qu'à un principe, plus inintelligents que les Loris, mais mentant, volant toujours avec noblesse, les Arabes ont le secret d'associer à chacune de leurs qualités le défaut opposé. Dans leur cœur, dans leur esprit se mêlent sans s'exclure les sentiments et les passions les plus contraires : ardeur au pillage et respect pour l'hôte, esprit de rapine et libéralité, cruauté froide et générosité chevaleresque. Indépendants d'âme et de corps, ils retournent le soir à leur campement, sans souci des fauves, des voleurs (les loups ne se mangent pas entre eux) et des fées malfaisantes qui parcourent les steppes. Plus sobres que les Dizfoulis, ils n'apportent même pas de pain et se nourrissent de quelques dattes mêlées aux chardons poussés dans les crevasses.

Tels étaient les Arabes des temps archaïques qui, sous la conduite d'Abraham, pillèrent l'arrière-garde de Koudour Lagamer, un des plus vieux rois d'Élam dont le nom ait bravé les siècles, tels ils furent sous les Sassanides quand ils lancèrent du Hedjaz ces cavaliers rapides qui s'essayèrent à la conquête du vieux monde en enlevant Ctésiphon et en dévastant les frontières de la Susiane, tels je les retrouve aujourd'hui. Jamais race ne fut moins abâtardie et n'aspira moins à la vie civilisée. Elle a même perdu les conquêtes morales qu'elle devait à l'influence de l'islam.

Plus de science, plus de littérature, plus de livres, mais des contes que les vieux aèdes débitent le soir autour d'un feu dont la flamme fuligineuse tient lieu de luminaire, quelques traditions se rapportant à la généalogie et aux exploits des ancêtres. Les nomades reçoivent aussi la visite de baladins qui les distraient des plaisirs de la chasse ou du pillage, monotones à la longue. Dernièrement nous vîmes s'avancer vers le tombeau de Daniel, où elle allait faire une station avant d'atteindre les tentes de Cheikh Ali, une troupe de danseurs placée sous la direction d'un impresario de dure mine. Les cris des musiciens retentissent, le tambour cylindro-conique résonne, les violes monocordes grincent rageusement. Des jeunes gens, aux longs cheveux, revêtent des jupes féminines, dénouent les interminables manches de leur chemise et, saisissant des castagnettes de métal, improvisent une danse lascive, mêlée des pirouettes les plus inattendues. Les manches rasent le sol de leur pointe effilée, puis se déploient en blanches ailes au-dessus de la tête du danseur, les jupes tourbillonnent, les cheveux volent sur le visage; derrière les nuages de poussière le garçon disparaît assez pour donner aux spectateurs de bonne volonté l'illusion de la danseuse.

Peu de grâce dans les mouvements, aucune mélodie dans cette musique criarde, mais un tableau brillant où se confondent les rubis des tarbouchs, les notes joyeuses d'hémisphères d'argent qui retombent en grappes sur les cheveux noirs, les ciselures étincelantes des boucles de la ceinture. Comme repoussoir, un cercle d'Arabes, la peau tannée, la couffé bleue retenue par la corde de poil de chameau, l'aba de laine brune jetée sur les épaules.

J'ai demandé à ces musiciens rébarbatifs de me laisser transcrire les vers qui, à la mode espagnole, accompagnent par moments le son des instruments. Fi les gens à courte imagination répétant la leçon apprise! Les vrais fils d'Apollon n'invoquent jamais en vain le maître des Muses. Nos poètes improvisent suivant leur fantaisie, et la source divine coule toujours aussi abondante et aussi pure de leurs lèvres de bronze.

Voici pourtant quelques strophes saisies au vol.

« Tu m'es apparue en rêve, moins avare et plus docile que tu ne l'es en réalité.

« Que le matin ne peut-il s'éloigner et ne plus se montrer! Que la nuit ne peut-elle se prolonger pendant mille ans!

« Si le sommeil pouvait se vendre, certes tu en aurais fait renchérir le cours parmi les hommes.

« Je t'ai vue dans mon sommeil; il me semblait que je buvais sur tes lèvres un suave baiser.

« Ta main était dans la mienne et nous reposions sur la même couche.

« Au moment où je m'éveillai, ma main droite pressait les moins et ta main pressait la mienne.

« J'ai passé ma journée entière à chercher le sommeil pour te voir dans mes rêves et le sommeil n'est pas venu.

« Et comment se résigner loin d'une belle à la taille flexible qu'on ne peut sans être injuste comparer à un paon.

« C'est lui faire injure que de dire qu'elle est un saule planté dans les jardins célestes.

« C'est une injustice que de lui donner pour égale la perle qui se cache au sein des mers. »

La contemplation et l'air pur du désert ne sauraient être les aliments exclusifs d'une race. Si l'homme ne vit pas seulement de pain, encore lui en faut-il. Écorcher le sol avec un mauvais socle de bois tiré par des animaux de taille et de race différentes, confier une claire semence à des champs de configuration bizarre, creuser au printemps des rigoles d'irrigation aboutissant à un canal venu du fleuve voisin, noyer les céréales dès les premières chaleurs, suffisent, avec l'aide de Dieu et du soleil, pour donner au cultivateur trente fois la semence. L'aide du ciel n'y faut pas, car les Arabes ont des intelligences évidentes avec Allah. Quant au soleil, on peut s'en fier à son zèle. Mais il arrive parfois que des voisins, passant avec leurs troupeaux, sortent des limites qui leur sont tracées, et ne se font nul scrupule de faire paître les champs du prochain. La tribu lésée s'assemble, arme, tâche de s'approprier les auteurs irresponsables du délit et vole de préférence les troupeaux de buffles, car les *gavmich* (bœufs-moutons), d'humeur essentiellement aquatique, traversent, sans demander la main, les fleuves qui coupent le pays et mettent ainsi, ô les ingrats, une barrière difficile à franchir entre leurs anciens maîtres et les nouveaux.

Ces razzias sont la source de véritables guerres. Tandis que les buffles volés par les uns, repris sans ménagement par les autres, vont grossir le trésor d'un troisième larron, qui est en général le gouverneur de la province, les *vendetta* se perpétuent et entretiennent les habitudes belliqueuses des nomades.

Un sport très noble est encore le pillage des caravanes qui traversent le désert dans la direction de Bassorah et d'Havizè. Pareil exercice est malheureusement limité. Sous peine d'éloigner les négociants persans, indispensables aux Arabes pour acheter et évacuer les laines, les peaux et le beurre, quelques grands chefs se sont vus contraints de protéger, contre rançon s'entend, les conducteurs de convois. Malheur à qui essaye de s'exonérer du péage ou traverse le pays à ses risques et périls !

Bien que les Sémites aient occupé de toute antiquité la rive droite du Tigre, ils ne se sont jamais fixés en Susiane d'une manière durable.

La tribu de Cheikh Ali, qui nous fournit nos ouvriers, se dit originaire du Nedjd et ne fait pas remonter au delà deux cent cinquante ans son arrivée dans la plaine située entre le Karoun et la Kerkha.

Fath Aly Chah mit à sa disposition un immense parcours et la combla d'encouragements. Peu à peu les présents diminuèrent de fréquence et de valeur, puis la culture devint gratuite; Mohammed Chah réclama un léger tribut, Nasr ed-Din l'augmenta dans des proportions qui vont sans cesse croissant. Les nomades, désaffectionnés, mécontents de ces vexations fiscales, indépendants de caractère, abandonnèrent la Susiane pour la Mésopotamie.

En 1850 les Arabes dressaient quinze mille tentes dans la plaine alluvionnaire qui s'étend du Tigre aux montagnes des Bakhtyaris; aujourd'hui ils refusent de donner des renseignements statistiques, mais je pense qu'on ne compterait pas six ou sept mille familles de ce côté de la Kerkha. Si pareil mouvement continue, la Susiane sera déserte avant dix ans. Afin de combattre l'émigration, le roi choisit le plus puissant des chefs arabes, et chargea ce grand vassal de percevoir l'impôt, quitte à payer une taxe régulière. Cheikh Ali, investi de cette fonction, s'ingénie de son mieux à maintenir les nomades dans un état d'obéissance relative. Sa figure maussade, son air préoccupé, ne sont pas de nature à faire envier sa haute situation.

DÉCOUVERTE DE LION ÉMAILLÉ. Voyez p. 133.

VIII

Première découverte. — Suse en hiver. — La tribu de Kérim Khan. — Segvends et Loris. — Visite au campement lori. — Apparition d'un miroir chez les nomades. — Alerte.

21 mars. — Sir Kennet Loftus avait cherché au nord de l'apadâna la grande entrée des palais perses. Mon mari espérait la découvrir au sud, et nos premières tranchées s'achèvent sans qu'aucun indice ait révélé le voisinage d'une porte. Marcel est cruellement déçu; je ne sais plus lui rendre courage.

Un Arabe a parlé d'une pierre blanche couverte d'écriture, qui gît, assure-t-il, de l'autre côté du Chaour, enfoncée dans un mamelon visible de nos tentes. Il serait bien étrange de rencontrer sous un léger manteau de terre des monuments moins saccagés que les palais royaux. Nous gagnons le gué. Marcel traverse la rivière sur le dos de son guide, et bientôt il revient sans que l'expression inquiète de sa physionomie se soit modifiée.

La pierre blanche est un fragment détaché d'une base de colonne semblable à celles de l'apadána, mais beaucoup plus petite. Elle a glissé dans les marécages du Chaour.

Si le tumulus d'où elle provient recèle quelques vestiges d'édifices, l'humidité doit en avoir rendu bon compte. D'ailleurs, la nécessité de traverser une eau profonde sans pont ni bateau ne nous encourage pas à tenter fortune. Il faudra trouver mieux.

Grand Dieu! Des bras s'agitent sur la crête du tumulus. A qui s'adressent ces bruyants appels? Les Arabes pillent-ils le camp? Sommes-nous tombés dans un piège? Les nomades ont-ils voulu séparer les membres si peu nombreux de la mission? On crie, mais la poudre se tait; nos jeunes camarades ne se laisseraient pas tuer sans protester!

Nous prenons le pas gymnastique et gravissons tout d'une haleine les pentes abruptes du tumulus. Je reconnais alors M. Houssay, dont la silhouette noire se profile sur l'azur du ciel.

« Qu'y a-t-il?

— Venez, venez! On trouve des faïences! Cinq corbeilles de briques émaillées ont été portées devant votre tente! »

Soigneusement rangés dans ces couffes de sparterie qui servent à évacuer les terres lorsque le jet de pelle devient insuffisant, s'étalent des blocs siliceux pareils à celui que nous avons découvert ces jours derniers. Voici des palmettes blanches reliées par un ruban jaune, des denticules bleus et verts, puis des émaux en relief, rehaussés de couleurs qu'avive un fond turquoise morte.

Le cœur bien ému, nous courons à la tranchée; sur toute sa longueur apparaît le dallage de la cour. Seule une masse compacte, qu'on dut toujours attaquer à la pioche, fait saillie en travers de l'excavation. Elle forme un cavalier large de quatre mètres, haut de soixante-dix centimètres, enfoncé de plus de cinquante dans le carrelage qui s'est écrasé et a rejailli sous le poids.

Mêlés à une terre dure, on distingue, stratifiés, des matériaux de nature différente. D'abord se présentent des briques de terre cuite. Sur la tranche de quelques-unes je crois reconnaître la corne striée d'un animal de grande taille et une patte pourvue de griffes. D'autres, mais fort rares, sont couvertes d'un émail friable qui se détache et tombe en poussière. Le dessin, cerné dans une cloison, demeure incompréhensible. Sont-ce des fleurs, sont-ce des animaux qui renaissent sous mes yeux? A quelle loi *décadente* obéit cette flore ou cette faune fantastique? Aucune suite dans les tracés, aucune symétrie dans les formes. Les fragments de bas-reliefs sont employés comme de vulgaires moellons.

Derrière la première couche je distingue, régulièrement alignés, des blocs de faïence grossière, longs de trente-six centimètres, épais et larges de dix-huit. Des fissures invisibles divisent ces matériaux : lorsqu'on les touche, ils se brisent et s'émiettent. On enlève prudemment un, deux, trois moellons; alors apparaissent, sur la face en contact avec le carrelage pulvérisé, des triangles bleus et verts, entre-coupés de triangles blancs. Le dessin se poursuit avec une parfaite régularité.

La deuxième ligne présente des rubans jaunes, terminés par des crochets liés à la base d'une palmette blanche. En continuant le déblayement, on atteint les palmettes, qui rappellent un ornement grec bien connu, puis une nouvelle ligne de denticules bleus et verts surmontés d'un double filet vert et jaune.

L'ensemble forme une frise complète, haute de soixante-douze centimètres, mais dont on ne saurait estimer la longueur, car le filou, qui s'étend, parallèle ou perpen-diculaire à la façade du palais, pénètre obliquement dans les parois de la tranchée. Aurions-nous rencontré les portes tant cherchées? Marcel est radieux.

Le déblayement s'annonce comme une opération longue et délicate : les briques sont enchevêtrées les unes dans les autres au point de se pénétrer. Les matériaux de terre cuite s'enlèvent encore sans dommage; mais, dès qu'on atteint les blocs de faïence, on ne sait de quel côté les attaquer : d'autant que l'émail se présente toujours face contre terre, que les parements blancs des joints et des lits se montrent seuls et que le dessin apparaît au moment même où la matière se disloque. Chaque ten-tative nous cause des appréhensions nouvelles, et le cœur bat la chamade tant que le bloc reconstitué ne s'étale pas dans la corbeille.

Marcel sonda l'éboulis qui s'enfonce sous la terre; il fut payé de ses peines par la découverte d'un fragment très précieux. Sur le même fond turquoise morte se détache en profil le mufle blanc, la narine jaune, la moustache féroce d'un fauve fantastique. Un œil rond, indiqué par des traits vigoureux, surmonte le masséter habilement étudié et revêtu d'un émail blanc. Les couleurs sont vives et franches. Cet admirable morceau rappelle, mais avec un modelé plus large, les lions de pierre qui ornaient la demeure des monarques assyriens.

Au-dessus des denticules supérieurs de la frise, nous avons également aperçu, posée sur une bande verte et jaune, une patte blanche en haut relief, armée de deux griffes jaunes; il eût été imprudent de la dégager. D'ailleurs l'éboulis est si dur, si compact, qu'on ne saurait l'attaquer sérieusement avant de l'avoir déblayé sur toute sa longueur.

Malgré son désir de connaître l'importance d'une trouvaille qui s'annonce sous d'heureux auspices, Marcel a fait recouvrir d'une épaisse couche de terre l'amon-cellement de briques émaillées. Grâce à ce matelas protecteur, les bas-reliefs, déjà mis à nu, seront préservés de toute dégradation pendant la durée des nouvelles fouilles. Quand les commencerons-nous? Je l'ignore. Le baromètre baisse, baisse toujours; le ciel est couleur d'encre; si je n'avais aperçu le soleil dans ma jeunesse, je douterais de son existence.

24 mars. — N'était la pluie, les travaux marcheraient à souhait. Depuis trois jours et trois nuits, Jupiter tient grandes ouvertes les écluses des fleuves célestes. Le tonnerre gronde sans témoigner de lassitude, la foudre déchire la nue, des rafales de vent menacent d'enlever nos fragiles habitations. L'eau ruisselle de tous côtés, il n'est plus possible de s'en défendre; des gouttières se forment à travers la toile des tentes pénétrée par cette pluie lourde et constante; pliants, couvertures, vêtements sont à tordre. Nous vivons enveloppés de caoutchouc.

Les *capars* n'ont pas mieux supporté l'ouragan que nos maisons de toile : la cuisine s'est affaissée, la salle à manger dort couchée sur le flanc; les communications avec les nomades sont interrompues, les vivres n'arrivent plus. On a tué un des moutons tuberculeux du mirza et... nous l'avons mangé.

La détresse ne sévit pas seulement dans notre camp. Hier une députation d'ouvriers demanda l'autorisation de présenter ses doléances à Marcel.

« Nous sommes sur le point de rendre l'âme, dit le *leader* de la troupe. Dix d'entre nous, partis depuis quatre jours afin de ramener un convoi de farine, auront été surpris par la pluie, puisqu'ils nous laissent sans pain et sans nouvelles. La rivière de Dizfoul roule des eaux torrentueuses, *Chitan* (Satan) lui-même ne saurait la passer. Qu'allons-nous devenir? Tourmentes pareilles ne s'abattirent jamais sur le pays. A quel génie malfaisant peut-on les attribuer, si ce n'est à cette machine diabolique que vous examinez quand vous désirez la pluie?

— De quelle machine parlez-vous?

— De cette grosse montre; du *baroun saheb* (maître de la pluie). Attachez donc l'aiguille, si vous n'êtes pas venu chez nous pour consommer la ruine des récoltes, la destruction des maisons, la noyade des bestiaux. »

Auriez-vous deviné qu'il s'agissait d'un baromètre anéroïde?

Marcel expliqua le rôle de l'instrument, passif enregistreur des volontés suprêmes, et termina son allocution en recommandant à ses auditeurs de porter leur cause devant le trône d'Allah. « Pas plus que les autres Français, je ne commande aux éléments; Dieu seul assemble les nuages et fait briller le soleil. »

La harangue était sans réplique; mais, au lieu de causer science et théologie, il eût mieux valu introduire les plaignants sous nos tentes, leur montrer le sol boueux, les lits de camp, les couvertures et les habits mouillés, pour les convaincre des médiocres satisfactions que nous procure la pluie.

Afin de calmer les légitimes tiraillements d'estomacs en détresse, les entrepreneurs ont reçu d'avance le salaire de deux journées; ils pourront ainsi acheter des dattes chez les nomades et retenir leurs hommes jusqu'au retour du beau temps.

Entre le cuisinier.

« Que préparerai-je aujourd'hui? Il me reste encore du riz et de la farine, mais je n'ai jamais su cuire le pilau sans bois et le pain sans four. Les femmes arabes n'apportent pas de combustible; le four s'est effondré. »

Plus tard il se trouvera d'excellentes âmes pour assurer que nous menions à Suse une vie de sybarites !

Le spleen nous eût terrassés pendant ces grandes nuits et ces interminables journées, si l'espoir de toucher au but ne nous eût donné le courage de narguer les éléments. La mission a passé de longues heures devant les émaux rangés sous la tente, prémices capables de surexciter les imaginations les plus froides.

Les nuages se sont enfin éclaircis dans la soirée; *baroun saheb* daigne promener son aiguille vers des régions plus sereines. Malgré le retour du beau temps, on ne pourra travailler de deux jours.

Avant le coucher du soleil nous nous sommes aventurés hors des tentes ; heureuse inspiration, car la promenade s'est terminée sur une intéressante découverte. Les derniers orages ont provoqué des éboulements dans la tranchée E du tumulus n° 2 et dégagé le parement d'une muraille formée de grosses briques de terre crue, parement d'une exécution parfaite et qui semblerait couvert d'un crépi, si les eaux ne s'étaient chargées de nettoyer quelques joints verticaux, et n'avaient communiqué au mortier une couleur particulière.

FEMME ARABE PORTANT DES ROSEAUX.

La poursuite de ce mur, à travers les éboulis, sera confiée à nos meilleurs ouvriers.

25 mars. — Tout notre monde est en émoi. Buffles, vaches et chameaux, pesamment chargés, ont promené dans la plaine leurs brunes silhouettes. Kérim Khan déplaçait son campement.

La guerre vient d'éclater entre la tribu lori qui nous fournit des travailleurs et Ali Khan, le terrible chef des Segvends. Ali Khan se prévaut du mariage de sa fille avec le fils de Mozaffer el Molk pour dévaster le pays, frapper de terreur les voyageurs isolés que ses coureurs dépouillent sans merci, et faire paître à ses chevaux les champs d'orge de nos Loris. Kérim Khan a crié son ban de guerre et placé les troupes sous les ordres de son fils Mohammed. L'ouverture des hostilités s'est faite avec grand fracas; sur les cent bouches de la Renommée, quatre-vingt-dix-neuf sont occupées à publier dans le désert les hauts faits des belligérants : escarmouches d'avant-postes, combat de cavalerie, blessure du fils d'Ali Khan, triomphe de Mohammed, mais retraite précipitée des gens de Kérim Khan, inférieurs en nombre à leurs adversaires, et transport du campement dans le voisinage des tumulus.

J'échangerais volontiers quelques années du mirza contre le droit d'éloigner les Loris.

D'abord s'est présenté le héros du jour, Mohammed Khan, une vieille connaissance. Lors de notre premier voyage, il avait joint ses index et s'était déclaré *mon frère*. Depuis notre retour, ce cher parent n'a jamais manqué de demander avec la plus délicate insistance les objets qui excitaient son envie : un fusil, une montre, une lorgnette. Il s'agit bien de *pichkiach* aujourd'hui ! « Les Segvends ne se tiendront pas pour battus. Les blés et les buffles de Kérim Khan vont acquitter le prix du sang. » Un aussi beau discours comportait une conclusion : Mohammed nous invite à prendre la défense de sa tribu.

« Cheikh Ali est ton légitime protecteur; il t'enverra trois cents cavaliers.

— *Tchizi nist* (cela n'est rien) auprès de la terreur qu'inspirerait la vue de vos quatre chapeaux blancs. A des toufangtchis de votre valeur, ces fils de chiens montreraient la queue et non le poitrail de leurs chevaux. »

La partie serait tentante; mais le gouverneur prétexterait cette escapade pour nous faire expulser *manu ferrachi*. J'ai vainement égrené des perles; rhétorique et logique s'émoussent contre l'obstination de Mohammed. Le fils de Kérim Khan ne veut pas comprendre que des étrangers s'interdisent, sous peine de manquer gravement aux lois internationales, de jeter dans des querelles intestines leurs armes et leurs casques blancs. Il s'est retiré fort piqué. « Vaut-il la peine d'être votre frère si vous me traitez comme le dernier des Dizfoulis! »

Sur le soir, quelques nomades faisaient l'ascension du tumulus et envahissaient les abords de ma tente. Escortée de compagnes sales, vieilles, ridées, marchait une femme proprement vêtue. La tribu de Kérim Khan est divisée en deux groupes d'importance inégale; la plus nombreuse est directement placée sous les ordres du chef; la seconde obéit à son frère Papi. C'est la femme de Papi Khan qui s'avance accompagnée de son état-major.

On l'introduit; elle se dévoile dès que la porte est close et s'accroupit vis-à-vis de moi.

Tout à l'aise je puis considérer le costume mi-parti arabe et persan de la visiteuse. La tête est couverte d'une calotte de cachemire reposant sur de légers foulards de Bénarès enroulés autour du cou et des épaules. Cette coiffure est maintenue par un mince bandeau de soie noire qui ceint le front et se noue derrière le crâne. Une ample chemise de perse à fleurs roses enveloppe un pantalon serré à la cheville et apparaît sous la veste de velours vert bordée d'une garniture de krans. Des bracelets, des colliers de verroterie, d'ambre, de corail et d'argent jettent quelques notes brillantes sur cette toilette.

Les traits sont réguliers, l'œil vif, la physionomie intelligente; la conversation serait peut-être intéressante, si la belle visiteuse ne parlait un patois lori apparenté de loin avec la langue persane. Jetez un Champenois au milieu de paysans gascons, et il se trouvera dans une situation analogue à la mienne. L'une des parques du cortège daigne servir d'interprète.

Mme Papi Khan veut d'abord me corrompre; elle me promet ses bijoux et des trésors plus enviables : juments, buffles, chameaux, moutons... bien portants, que sais-je encore! si Marcel intervient à la tête des *kolahé cefid* (chapeaux blancs), dans le cas où les Segvends attaqueraient la tribu. Elle me parle ensuite de son fils, un gamin de douze ans, affligé d'une maladie démoniaque que je crois bien voisine de l'épilepsie. Les prescriptions des sorciers ont été suivies : l'enfant fume, boit de l'*arac* (eau-de-vie de dattes) malgré les commandements du Prophète, au point d'être gris tous les soirs. Thé, café sont à sa disposition, et pourtant la maladie empire chaque jour; il ne se passe pas quarante-huit heures que le petit patient ne soit terrassé par d'effroyables convulsions.

Voilà bien de tes coups, ô médecine des nomades!

M. Houssay, déjà consulté par Mohammed Khan, avait conseillé de modifier cet étrange régime; mais on s'était gardé de suivre ses avis.

Faute de bromure de potassium, j'ai ordonné du lait, du bouillon, des herbes cuites : cela vaudra mieux que des excitants. Me voici à couteaux tirés avec les sorciers du pays : malheur à moi!

Mes nouvelles amies ne sont pas restées inactives : ce soir les pantoufles de Marcel manquent à l'appel. En revanche, et bien qu'on ait battu sans ménagements le tapis que j'avais offert à ces dames, je suis dévorée par une fourmilière d'insectes. L'échange est une des lois économiques des sociétés primitives : les visiteuses ont emporté des chaussures, mais elles nous ont laissé un échantillon de ces parasites variés auxquels les nomades abandonnent leur corps. C'est une leçon : désormais ma tente sera sacrée. .

26 mars. — Il était dit que nous ne fermerions l'œil de la nuit. Des appels déchirants se sont fait entendre dans la direction de la cuisine. Nous avons saisi les armes, toujours allongées à nos côtés, et poursuivi quatre ombres noires qui en voulaient aux casseroles. Ali, *achpaz* (cuisinier), tout tremblant, prétend avoir

18

sauvé, au péril de la vie, la grande marmite, son oreiller habituel; ses cris, exhalés tandis qu'un Arabe lui arrachait ce moelleux coussin, nous ont éveillés.

« Si tu couches sur la marmite, ce n'est pas une raison pour y déposer tes cheveux, lui ai-je dit ce matin. Ce ne sont pas des égarés qui assaisonnent les pilaus, mais d'inextricables écheveaux, horribles à débrouiller avec les dents.

— Toujours le même reproche! » Et jetant son kolah de feutre, il découvre un crâne aussi chauve qu'une défense d'éléphant.

« Des cheveux! où les prendrais-je? »

Ces nobles paroles, ce geste sublime m'ont calmée; mais je reste fort perplexe: à qui donc les emprunte-t-il?

27 mars. — J'ai rendu dès l'aurore — c'est au désert l'heure correcte — la visite que je reçus hier.

Plusieurs Loris, venus à ma rencontre, m'ont escortée jusque chez leur maîtresse, bien que les deux campements ne soient pas distants d'un kilomètre. Tout en dévalant les pentes nord du tumulus qui dominent les brunes habitations des nomades, j'ai été frappée de la symétrie du campement. On croirait que chacun plante sa maison de poil de chèvre selon son caprice? Erreur. Sur un point culminant, une tente plus haute que ses voisines: celle du chef. Des abris sommaires, de même forme, de même couleur, de même grandeur, s'alignent le long d'une rue dont la tente de Kérim Khan est le centre. Plus bas, et comme en avant-garde, le parc aux bestiaux. Les troupeaux de la tribu y sont rassemblés, mais séparés les uns des autres, afin de rendre plus efficace la surveillance de chaque pâtre sur le bien de tous et de prévenir les mélanges délicats à analyser.

Des chiens jaunes montrent leurs crocs formidables, ils reçoivent des mottes de terre en échange de leur salut, hurlent de douleur, s'enfuient et me laissent le passage libre. Je ne leur ai jamais demandé d'autre faveur. On m'introduit. Une grosse mère accroupie non loin de tisons qui enfument une cafetière de cuivre se lève — pénible travail — et me fait asseoir auprès d'elle. Saluez Bibi Mçaouda, femme légitime de Kérim Khan et belle-sœur de Papi Khan.

Il manque de confortable, le palais d'un grand chef nomade. Le toit et les murailles de poil de chèvre, disposés sur des bois tortueux et maintenus par des haubans accrochés à des piquets, embrassent un vaste espace divisé en compartiments. Les cloisons sont formées de tiges de ginérium assemblées dans un réseau de laines colorées qui réunit les brins et permet de les rouler quand vient le jour de déplacer le camp.

Ces séparations théoriques dissimulent des coffres de bois, agrémentés de peintures rouges, jaunes ou vertes et fermés par un grossier cadenas. Sur une natte sont jetés les lits et les couvertures des membres de la famille. J'inscris encore :

marmites de cuivre étamé, écuelles et plateaux du même métal, sébiles destinées à recevoir l'eau qui gonfle l'outre suspendue à un poteau, cafetières, moulin, mortier de fer à décortiquer le riz, et l'inventaire est achevé. Tels devaient être les meubles et la demeure de Jacob.

Excepté Bibi Mçaouda et ses deux belles-filles, coiffées de foulards des Indes drapés sous une calotte de cachemire, vêtues d'une chemise de mousseline de laine, de pantalons de velours et d'un *aba* brun, les nomades qui se pressent

TENTE DE KÉRIM KHAN.

autour de moi sont misérablement vêtues. Elles grelotteraient sous le sarrau de coton bleu dont elles traînent les bords frangés dans la boue et le purin, si une couche de crasse grumeleuse, craquelée aux articulations, ne les garantissait d'un contact importun avec l'air ambiant. Les femmes nomades ne se lavent jamais, même lorsqu'elles tombent à l'eau ou traversent à la nage les grandes rivières de la plaine; aussi ne saurais-je définir la couleur primitive de leur peau. Elevés dans les mêmes principes que leurs mères, les enfants ne feront pas de longtemps renchérir le prix du savon.

Il m'a fallu embrasser un jeune homme de vingt mois qui n'avait jamais été décapé, — c'est à trois ans seulement qu'on peut débarbouiller un nomade sans risque pour sa précieuse existence. — J'ai cru que je ne me résoudrais jamais à pareil sacrifice. Tous les yeux étaient orgueilleusement fixés sur ce petit phénomène de saleté ; je me suis exécutée : mes lèvres en frémissent encore.

La conversation n'est guère animée quand on a pour partenaires des hommes dont l'esprit est peu ouvert, l'intelligence bornée et la curiosité nulle ; je laisse à penser ce qu'elle devient avec les femmes. Le croirait-on ? elle roule encore sur la toilette et les bijoux !

FEMME ARABE DE LA TRIBU DE CHEIKH ALI.

Mme Kérim Khan veut me montrer ses trésors. Où sont-ils cachés ? Je donne en mille à le deviner. « Levez-vous, » me dit une servante. J'obéis. On retire le tapis, la natte de paille, et j'aperçois une petite planche ; on la soulève ; alors apparaît, au fond d'un trou creusé dans la terre, une boîte et quelques paquets de chiffons. Mon hôtesse, assise ou couchée sur ses richesses, les défend de tout son poids contre les indiscrétions de ses amies.

Les paquets contiennent des vêtements froissés. Ces oripeaux *m'appartiennent* et l'on persiste d'autant mieux à m'en faire cadeau que mes refus sont plus catégoriques. Enfin Bibi, désormais sûre de ma délicatesse, m'offre sa culotte de velours à demi usée (les culottes de velours ne durent pas toujours). C'est le comble de l'amabilité. On ouvre le coffre : il renferme des colliers de corail rouge dont les grains sont séparés par de minces sequins frappés en Arménie à l'effigie de saint Michel combattant le dragon. Je vois encore des bracelets d'ambre, quelques thalaris de Marie-Thérèse, puis d'énormes anneaux de nez enrichis de turquoises et de perles.

En mon honneur, les jeunes parentes du Khan se sont parées de leurs joyaux ; l'une d'elles, aux grands yeux noirs, à la peau mate, au type fin et distingué,

me paraîtrait vraiment belle si ses deux narines et la cloison médiane de son appendice nasal ne cédaient sous le poids des triples pendants qui les déforment Les *khergehs* couvrent si bien la bouche, que leur propriétaire doit les soulever de la main quand elle veut parler ou manger Ces singuliers bijoux, fort prisés des femmes riches, ne sont pas d'origine moderne C'est un khergeh, nommé *nezem* dans la Genèse, qu'Éliézer offrit à Rebecca

Malgré leur désir de s'embellir et de plaire, les femmes de Susiane ne se servent jamais de miroir, même pour disposer les plis élégants du turban de brune mousseline qui couvre leurs cheveux noirs J'avais apporté une glace à main entourée d'une monture de bronze, chef-d'œuvre sorti des magasins du Bon Marché. « Cet objet est fort brillant et doit avoir une bien grande valeur, m'a dit Bibi en acceptant mon présent, mais quel en est l'usage ?

— Admirez vos nobles traits »

La bonne dame ne se reconnaît pas Elle regarde derrière la glace, comme le ferait un jeune chat, et cherche la compagne dont elle croit apercevoir le visage par transparence

« Considérez plutôt ces brillants anneaux de nez En est-il de semblables dans les tribus voisines ? »

Le doute n'est plus permis Mon miroir court à la ronde, accueilli par des cris de joie et d'enthousiastes exclamations Les voisines accourent, les hommes s'attroupent, la tente, ébranlée, tiraillée, menace de s'abattre, semblable au dieu antique, apparaît Kerim Khan Armé de son bâton en guise de foudre, il exécute un moulinet sur le dos de ses fidèles sujets Grâces lui soient rendues : le vide se fait autour de moi Le temps de reprendre le souffle et j'échappe par la fuite à une asphyxie certaine

28 mars — Quand sonne le couvre-feu, l'un des soldats chargés de la surveillance des chantiers monte sur une éminence voisine des tentes et, se tournant dans la direction des quatre points cardinaux « Gens de Dizfoul, de Chouster et autres lieux, s'écrie-t-il, Loris de Kerim Khan et de Papi Khan, Arabes des Beni-Laam et des tribus nomades dont je ne connais pas le nom, sachez-le bien il y a ici des sentinelles, ces sentinelles ont des fusils, ces fusils sont chargés »

Pan, pan, pan! Une salve vivement exécutée appuie l'allocution de l'orateur Après cette cérémonie, chacun va dormir et Dieu reste seul chargé du soin de ses enfants.

Allah, par bonheur, nous garde mieux qu'il ne préserve notre basse-cour Le poulailler, composé d'un coq et de trois poules, fut attaqué vers minuit Je ne chargerai pas ma conscience d'une médisance en accusant les gens de Kerim Khan de cette tentative de vol des nomades éloignés ne se dérangeraient pas pour si mince larcin

28 mars — Bien que les Loris possèdent d'excellents chiens de garde et brûlent

de la poudre sous prétexte d'intimider les maraudeurs nocturnes, ils ont subi la peine du talion.

Depuis le double assaut dirigé contre la batterie de cuisine et le poulailler, deux hommes montent la garde dans notre camp et se tiennent éveillés en chantonnant sans trêve ni repos. Nous nous sommes habitués à cette berceuse monotone; quand la mélopée s'interrompt, chacun ouvre les yeux. Cette nuit les cris de terreur succèdent aux chants, des coups de feu retentissent, les balles sifflent autour des tentes. La carabine et le revolver à la main, nous sortons. Des cavaliers arabes, les bras embarrassés d'objets volumineux, passent, lancés au triple galop. Ils fuient devant les Loris. On crie à réveiller Daniel; on tiraille dans la nuit noire, tandis que le bruit des chevaux emportés va toujours s'assourdissant.

Deux heures plus tard, les *garavouls* (sentinelles) donnent de nouveau l'alarme : ils ont vu des ombres, ils ont entendu des cailloux rouler le long des talus.

Marcel prend la tête de la patrouille; nous fouillons, mais en vain, les crevasses voisines, et la promenade s'achève avec le jour.

L'algarade a été chaude. Juments, poulains et agneaux manquent à l'appel chez les Loris, mais les Beni-Laam ont laissé une victime sur le théâtre de leurs exploits. Peu satisfaits de cette aubaine, les fidèles sujets de Kérim Khan ne se sont pas mis en frais d'oraison funèbre : le pauvre diable qui gisait au pied du tumulus la tête traversée par une balle a été chargé sur un mulet, jeté dans une fosse creusée auprès du tombeau de Daniel et enfoui sans tambour ni trompette.

Les nuits ne sont pas seules agitées depuis l'arrivée de nos encombrants voisins. Les nomades n'ont-ils pas rêvé de la plus pure théorie socialiste?

Dès l'aurore, la tribu envahit les tranchées, expulse les Arabes et les Dizfoulis trop peu nombreux pour protester, et prend leur place, au nom des droits imprescriptibles de tous les hommes au travail. — Et pourtant la presse ne fleurit pas dans le désert! — Les vainqueurs réclament le salaire quotidien octroyé à nos premiers terrassiers, mais s'asseyent nonchalamment sur le sol dès qu'on leur confie une pelle.

Hier matin ils étaient plus de six cents; nous dûmes arrêter les travaux et déclarer que personne ne serait payé. Les soixante-dix Loris, embauchés dès notre arrivée, se plaignirent à leur chef; Kérim Khan accourut avec son frère, ses fils et son fameux bâton, et, les uns aidant les autres, ils mirent en déroute les importuns. Jamais effrontés moineaux ne s'envolèrent aussi vivement; les rampes des tumulus étaient noires de fuyards. A midi le calme régnait dans les tranchées.

29 mars. — Les expulsés avaient juré de tirer de nous une noire vengeance; ils ont tenu parole. On vient de prévenir Marcel que, profitant d'une nuit sans lune, les Loris ont brisé les taureaux en jetant les petits fragments contre les gros.

La pierre est dure et les nomades paresseux; pourtant des blocs déjà fendus

se sont ouverts, des inscriptions ont été brisées; il n'a pas dépendu des vandales
que les dégâts ne fussent plus graves.

Marcel s'est plaint. Kérim Khan a promis de couper la tête au premier de ses
sujets qui serait vu la nuit dans le voisinage de nos tranchées, — nous ne réclamions
pas des excuses aussi sanglantes, — puis il a annoncé qu'il allait bientôt lever le
camp et se rapprocher de Cheikh Ali. Bon débarras!

Malgré cette assurance, nous avons transporté aux tentes les pierres les moins
lourdes et une base de colonne fort élégante, découverte dans une crevasse du
tumulus n° 2. Elle appartient à un édifice achéménide plus petit que l'apadâna. Le
campanule est couronné d'une inscription trilingue au nom d'Artaxerxès.

« Moi Artaxerxès, roi grand, roi des rois, Achéménide. »

ARRIVÉE DE CHEIKH ALI. (Voyez p. 150.)

IX

29 mars. — Tandis que Mirza Abdoul-Raïm nous oblige sous peine de famine à manger ses horribles moutons, — car nous les mangeons, — le sous-gouverneur de Dizfoul essaye de prendre la mission par la disette pécuniaire.

Les pluies ont laissé à M. Babin le loisir d'apurer les comptes et de constater que les sacs de krans se dégonflaient à vue d'œil. Avant d'attaquer la réserve, il était prudent de réclamer une partie des fonds déposés chez le banquier de Zellé Sultan. Marcel écrivit une lettre aimable au sous-gouverneur de Dizfoul. Il le priait d'envoyer sous escorte deux cents tomans, contre un reçu de pareille somme remis au messager.

Depuis trois jours nous étions sans nouvelles de notre ambassadeur; ce soir, il est revenu larmoyant. En fait d'argent, on l'a gratifié de coups de bâton. Le cas revêt un caractère d'autant plus grave que le sous-gouverneur s'est approprié le reçu. Marcel a conservé par devers lui une somme suffisante pour vivre dans ce maudit pays et le quitter même, s'il y avait urgence ; mais il faudrait renoncer aux fouilles.

Aux grands maux les grands remèdes.

M. Houssay quittera le campement dès l'aurore, gagnera Dizfoul et exigera du naïeb el houkoumet six mille krans au lieu de deux mille.

Mirza Abdoul-Raïm, enchanté de revoir la ville, et ce vieux turco de Mçaoud, dont le courage et le sang-froid sont les uniques vertus, escorteront notre mandataire.

Après la fermeture des chantiers, M. Babin assembla les hommes et leur fit part de sa déconvenue : le sous-gouverneur n'ayant pas envoyé des fonds en temps opportun, on ne pourra les payer comme d'habitude.

« Vous réglerez présent et arriéré quand l'argent vous parviendra », répondirent-ils avec une confiance qu'ils n'eussent pas témoignée dès le début.

30 mars. — Vers midi apparut Cheikh Ali, accompagné d'une nombreuse escorte.

« J'ai appris, dit-il dans un persan dont il n'avait jamais daigné nous donner un échantillon, que le sous-gouverneur refusait de rendre le dépôt consigné entre les mains de Zellè Sultan. Je tiens six mille krans à votre disposition. »

Quoique très touché de cette proposition inattendue, Marcel refusa les offres gracieuses que l'attitude du Cheikh ne faisait guère prévoir. « Si le naïeb el houkoumet ne restitue pas les fonds confiés à son maître, je me plaindrai, et l'affaire se traitera de gouvernement à gouvernement. En aucun cas, je ne saurais contracter un emprunt envers un particulier. »

Cheikh Ali s'est retiré stupéfié. Sa considération pour nous s'est accrue au point que, malgré les injonctions du mirza, dont le départ autorise d'ailleurs toute désobéissance, il envoya ce soir un magnifique mouton.

Et notre pauvre chef de gamelle était absent !

Deux trouvailles à enregistrer aujourd'hui : une vasque de terre cuite fort élégante, rencontrée à 1m,50 de profondeur dans la tranchée nord du tumulus n° 2 ; de la citadelle est descendu un fragment de grès détaché d'une stèle de grandes dimensions. Sur deux de ses faces se présentent des inscriptions cunéiformes.

31 mars. — Le printemps triomphe et parle en maître à la nature. A chacun de ses ordres, la terre répond par un sourire, la jungle verdit, les tumulus se couvrent d'iris bleus, les anémones rouges disparaissent sous un manteau d'ombellifères blanches et de glaïeuls roses à la fleur charnue.

Avec la belle saison et son cortège floral est arrivé Mohammed Taher, suivi des premiers pèlerins.

Marcel a conduit ce saint homme sur les tranchées du tumulus n° 2, où l'on suit en E, G, L des murs de terre soigneusement dressés.

Dès l'apparition du cheikh, les ouvriers en délire se sont précipités pour baiser les mains, les vêtements, jusqu'à la trace des pas de ce chef vénéré.

Les hauts dignitaires du clergé persan, nommés par acclamation, doivent leur situation exceptionnelle à l'appui que, seuls dans toute la Perse, ils sont capables de donner au peuple contre l'autorité civile. Possesseurs de biens *rakfs* assez considérables pour assurer leur indépendance, ils témoignent une délicatesse de sentiments qui contraste avec les mœurs de l'administration séculière.

La présence du cheikh auprès de Marcel était opportune ; nos gens ne déblayaient pas sans horreur des catacombes creusées dans les murs d'enceinte et remplies de vases funéraires soigneusement maçonnés les uns à côté des autres. Mohammed Taher calma les consciences émues ; il déclara que les disciples de Mahomet n'avaient jamais été mis en potiches, engagea le *motevelli* (gardien du tombeau), l'un de nos meilleurs surveillants, à se rendre toujours digne de nos éloges et, comme Cheikh Ali, mit sa bourse à la disposition de Marcel. Cette démarche bienveillante est dirigée surtout contre le sous-gouverneur. Il paraît que le naïeb el houkoumet, à peine en fonctions depuis un mois, *madakkelise* avec un entrain féroce ; la population de la ville a prié son avocat habituel de présenter ses doléances au roi, et le cheikh ne néglige aucune occasion d'approfondir l'abîme qui sépare les chefs religieux des fonctionnaires civils.

Grâce à l'excellente attitude de Mohammed Taher, nous avons pu triompher du mauvais vouloir de la lune elle-même. Il avait plu dans l'après-midi ; le ciel, embrouillé, s'était éclairci sur le soir. Marcel et M. Babin préparaient la répartition des ouvriers dans les différentes excavations. Soudain un murmure confus, toujours grossissant, se fait entendre dans la direction du *gabr* ; la foule compacte de nos ouvriers, accrue des pèlerins, monte à l'assaut du campement, Mahmoud se précipite, la face blême, les mains tremblantes.

« Saheb! Saheb! qu'avez-vous fait? Allah très grand, la lune est prise! »

Derrière lui s'avancent les Dizfoulis, se frappant la poitrine et psalmodiant sur le même refrain : « *Allah kérim! Mah gereft ast!* »

Puis les ouvriers se tournent vers nous. Leurs figures expriment des sentiments bien divers : les unes respirent la fureur, les autres sont empreintes d'une crainte superstitieuse et d'un effroi comique. Une belle éclipse, est-il besoin de le dire, occasionne tout ce bruit. La *Connaissance des temps* est consultée, — un peu tard j'en conviens ; — la lune est entrée dans le cône d'ombre à huit heures, elle en sortira vers onze heures un quart. Marcel, prenant alors la parole, annonce que l'astre va disparaître, pour se montrer plus brillant et plus beau avant minuit.

« Malheur à vous si vous nous trompez! » ont répondu les mauvaises têtes.

Longtemps on maugréa autour de la maison de toile, que nous avions paisiblement fermée à quadruple tour, ou, pour mieux dire, avec les quatre ficelles qui tiennent lieu de gonds et de serrure, puis le calme se fit ; nous nous endormîmes.

« Khanoum, se sont écriés les ouvriers quand je suis venue prendre ma place habituelle dans la tranchée des lions, expliquez-nous la conduite de Saheb Dans quel but a-t-il fait *prendre* la lune cette nuit?

— Il n'est pour rien dans cette sotte affaire il n'a pas, je vous le jure, de relations suivies avec le ciel

— C'est possible, mais les Faranguis sont des sorciers Pourquoi voulez-vous du mal a notre pauvre pays? Pourquoi ces pluies, ces orages, ces ouragans? Le pain sera-t-il cher l'année prochaine? Nos femmes seront-elles bréhaignes? Nos vaches *enfanteront-elles?*

— Il sera fait selon la volonté d'Allah »

Personne n'ose répliquer, mais j'entends murmurer « Si les chrétiens n'étaient pas fils du diable, comment découvriraient-ils sous terre des objets dont les habitants du pays n'ont jamais soupçonné l'existence? »

« Je connais les secrets desseins de Saheb, disait un autre il fait pleuvoir et sacrifie la récolte au désir de nettoyer ces murs de terre qu'il a tant de peine à distinguer des décombres »

Le brouillard se dissipe, soudain Phébus déchire les derniers nuages et darde ses flèches d'or jusqu'au fond de la tranchée « Soleil, le salut soit sur toi! » se sont écriés les descendants des antiques Zoroastriens, qui, nous croyant capables de confisquer la lune, se demandaient avec effroi ce qu'il était advenu de leur astre favori

1ᵉʳ avril — Nous respirons à pleins poumons M Houssay vient de rentrer triomphant. Non seulement il est intact, mais il rapporte quatre mille krans Son expédition vaut la peine d'être contée

Comme il cheminait vers la ville, Mirza Abdoul-Raïm lui ouvrit son cœur

« J'ai des dettes, et je voudrais bien les payer

— Cela part d'une âme candide

— M Dieulafoy est très dur pour moi Les ouvriers m'apportaient spontanément les prémices de leur salaire, il a violenté leurs sentiments en les empêchant de me servir cette rente quotidienne, de son côté, il ne me donne pas un grain de riz C'est mal à lui de peiner de braves cœurs Encore s'il me dédommageait du chagrin qu'il leur cause!

— Vous avez refusé tout traitement avec une indignation superbe!

— Je pensais que M. Dieulafoy insisterait et me ferait des propositions plus brillantes Parlez-lui en ma faveur. »

Tout en devisant, les voyageurs atteignaient la ville, puis la maison du naeb el houkoumet A peine M Houssay avait-il franchi la porte, que le sous-gouverneur s'avançait, les mains tendues, et le traitait de « cher ami »

« Je ne suis pas votre ami, riposta notre ambassadeur. M. Dieulafoy vous demandé une partie des fonds de la mission; vous avez fait battre son envoyé confisqué son reçu. Ce n'est plus deux mille krans, mais six que j'exige sans déla Si vous ne les versez pas, j'ai l'ordre de gagner Bouroudjerd et de me mettre communication télégraphique avec Téhéran.

— Calmez-vous, *hakim bachy* (médecin en chef), les caisses sont vides, les Arabe intraitables, mais je vais emprunter quelques tomans. » Et plusieurs ferrachs partire pour réclamer l'argent de l'État, que le sous-gouverneur prête à la petite semair persane.

La paix cimentée, apparurent le samovar, le kalyan, et l'on fuma jusqu'au cou cher du soleil, en compagnie d'une vingtaine de négociants requis d'apporter, qu cinq cents, qui trois cents krans.

La somme parfaite, Mirza Abdoul-Raïm se préposa lui-même au soin du contrô et confisqua une centaine de pièces, à compte sur son futur traitement. Puis, se ser tant désormais plus riche que le chef des quarante voleurs, il annonça d'un pet air délibéré qu'il éprouvait le désir d'aller au hammam et s'attarderait à Dizfo pendant quelques jours.

Le *hakim bachy*, sachant dans quelle inquiétude il nous avait laissés, repartit ave Mçaoud. A la tombée de la nuit, il voyait déjà poindre nos tentes blanches et l'*arb* de la plaine, lorsqu'il craignit d'avoir à défendre sa vie et ses krans contre cinq c six cavaliers de mauvaise mine.

« *Salam aleikoum !*

— *Aleikoum salam !* »

Et les Arabes s'écartèrent sans lui chercher noise.

M. Houssay rapporte une singulière nouvelle : le dernier courrier, confié aux bor soins du mirza, aurait été décacheté et lu par Moustapha Khan, médecin, conseille intime, interprète et chef du cabinet noir de Mozaffer el Molk. Il tient ce renseigne ment du fils aîné de Cheikh Taber.

Après la fermeture des chantiers, M. Babin liquida nos dettes. Entrepreneurs ouvriers acceptèrent leur salaire sans compter. On ne saurait croire combien confiance du peuple persan se conquiert aisément; durant trois semaines aucun tentative de tromperie n'a été relevée contre nous, et les ouvriers s'en rapporte déjà à notre probité.

3 avril. — Autres gens, autres mœurs. Marcel fit réclamer les cent dix kra emprunté à M. Houssay par le mirza.

« Voici dix krans; c'est-il assez ? répondit le colonel. On me doit encore ving chaïs pour avoir fait paître aux chevaux l'herbe qui croît sur les terrasses d palais. »

Si le gouverneur voit jamais un *poul* (deux centimes) du revenu de ses toitures, je prétends que l'on m'empale.

Abdoul-Raïm s'est attribué cent krans. Pareille rente lui sera servie tous les mois. Puissions-nous, à ce prix, acquérir l'indulgence de notre tyran !

L'ARBRE DE LA PLAINE. (Voyez p. 155.)

Il fallait découvrir en quelle qualité Abdoul-Raïm émargerait ; nos pénibles travaux ont été couronnés de succès. Le colonel portera désormais le titre de « secrétaire indigène de la mission ».

Cheikh Ali, informé que le Pactole coulait dans nos tentes, a délégué six cavaliers avec ordre de monter la garde sur les rives de ce fleuve enchanteur. Afin de résister au sommeil, ces braves *garavouls* (sentinelles) ont causé toute la nuit, suivant la coutume persane.

« Tu dors! criait parfois le chef de la bande.

— Non, Agha.

— Eh bien, parle. Je serai certain que tu es bien éveillé. »

Malgré cette assurance, Marcel et moi sortîmes vers minuit pour inspecter les postes.

Un halo de pourpre rayonnait autour de la lune, des milliers de constellations luttaient d'éclat avec la pâle souveraine des nuits, tandis que de l'horizon jaillissaient d'incessants météores.

Tout était silence : les vents du sud-ouest, la petite feuille qui frissonne au souffle de l'air, la lyre magique dont les djins touchent les cordes, se taisaient ; le fil de la vierge était immobile ; l'esprit de la nature dormait.

A mes pieds gisaient les tumulus sans ombre, la plaine stérile, la tente de l'Arabe, nomade comme le vent du désert. Et mon imagination vagabonde s'en volait sur l'aile de la fantaisie jusqu'aux siècles où il me semblait avoir vécu une autre vie.

Je les voyais ces souverains dont la grandeur inspirait l'effroi ; ils se mouvaient solennels comme des statues d'ivoire, les muscles de leur face ne tressaillaient pas quand l'univers s'écrasait à leurs pieds.

Là-bas souriait la volupté. Sous l'or, les bijoux et le fard des femmes anxieuses se disputaient le regard du maître du monde.

Plus loin, toute une ville prosternée devant le temple d'une divinité humaine.

Aujourd'hui la loi des puissants n'est plus qu'un coup de tonnerre évanoui dans le passé, leur nom un éclair. Le froid impitoyable de la mort a raidi les bras des rois et des esclaves ; les vers ont fait leur pâture de la chair des orgueilleux et des humbles ; il n'y a pas un atome de cette terre foulée de nos pieds qui n'a vécu et souffert.

Pas même des ruines ne sont restées debout pour raconter une mélancolique histoire ; l'oubli les ensevelit dans un linceul plus épais que les terres amoncelées sur elles. Le Temps fit entendre son chant de mort aux palais renversés, aux autels abattus, et, refermant ses sombres ailes, il plongea les siècles écoulés dans une impénétrable nuit.

Tout en rêvant, je pensais que les décrets du destin n'étaient pas sans appel ; au-dessus de la montagne commençait à poindre le faible sourire du matin ; puis le soleil apparaissait, infatigable voyageur qui répand la lumière, développe la vie, fait croître les fleurs, les insectes et les arbres à leur saison et conserve sur la terre, si ce n'est parmi les hommes, les divines harmonies de la paix et de l'amour.

4 avril. — Les perturbations atmosphériques qui accompagnent l'équinoxe de printemps, peut-être aussi les marées lunaires, occasionnent de continuelles alternatives de pluie et de beau temps. Les récoltes sont noyées ; les fleuves abandonnent leur lit pour courir la plaine ; les maisons de Dizfoul s'écroulent ; une arche du pont de Chouster a été emportée.

Les tranchées L du tumulus n° 2 sont devenues si profondes, partant si dangereuses, que Marcel les a momentanément abandonnées en faveur de deux nouvelles fouilles F et H, dirigées vers la dépression centrale du même tumulus. Pour ma part j'ai hérité d'une cinquantaine d'hommes. Ce renfort m'a permis d'atteindre l'éboulis qui s'étend parallèlement à la façade du palais, à soixante mètres en avant du portique méridional.

Après avoir déblayé la couche de terre supérieure et nettoyé le filon sur trente-six mètres de longueur, j'ai renvoyé les ouvriers devenus inutiles, et conservé six d'entre eux, choisis parmi les plus intelligents. Quels terribles soucis me causent la découverte et l'enlèvement des émaux! Chaque bloc, brisé quelquefois en sept ou huit fragments, est dégagé avec la pointe du couteau, dessiné sur un papier quadrillé, déposé dans une corbeille au fond de laquelle on jette un numéro d'ordre, et prend le chemin du camp. Les frises, trop encombrantes, sont empilées sous le *capar*, faute de meilleur abri; les émaux en relief s'entassent dans notre tente, où nous avons pendant les jours de pluie le loisir de les débarrasser des gangues adhérentes et de reconstituer un magnifique lion dont le corps se profile sur un fond bleu turquoise. Le modelé savant, la coloration harmonieuse mais fantastique de l'animal, décèlent un art d'une puissance et d'une originalité indicibles.

La robe est blanche, la crinière verte, le ventre orné de poils bleus; les poils de la moustache sont bleus et jaunes, les muscles de l'épaule indiqués par des masses bleues, ceux de la cuisse par une tache jaune cernée de bleu. Les articulations sont jaunes, bleues ou vertes, les griffes uniformément jaunes.

Le fauve marche avec calme et s'appuie sur d'énormes pattes dont on sent la féline souplesse; la bouche, féroce, largement ouverte, laisse apparaître la langue et les dents. La queue, terminée par un pompon jaune, est fièrement retroussée sur les reins. La ligne du dos dénote la force. L'attitude d'un animal toujours prêt à bondir est saisissante de vérité.

Ce merveilleux tableau, compris entre deux litres fleuronnées, est surmonté de marguerites et d'un crénelage.

Des moellons artificiels roses et gris s'étendaient au-dessous de la litre inférieure et devaient former une mosaïque très calme, bien faite pour mettre en valeur les vives couleurs des émaux.

Enfin nous avons retrouvé des inscriptions cunéiformes blanches sur fond

bleu. Plus brisées encore, s'il est possible, que les animaux, elles constituent
fragments incontestables d'un protocole royal analogue à celui qui fut gravé
les colonnes de l'apadâna.

Des répliques doubles, triples, quadruples laissent supposer que la bête
sait partie d'une procession de fauves qui se déroulait sur une longue frise

LAVAGE DES BRIQUES.

Si j'en juge à l'émaillure et à la coloration de leurs faces supérieures et latér
les merlons se détachaient sur le ciel. La frise couronnait donc une muraille is
muraille bien haute puisque le carrelage, réglé au même niveau que le sol du pa
était brisé et profondément défoncé par la chute des faïences. Les terres si dure

si compactes rencontrées au-dessus de l'éboulis provenaient du mur de briques crues qui supportait la frise. Les briques cuites, posées en doublage des blocs émaillés, avaient été empruntées à des palais plus anciens.

Marcel conjecture de ces faits et de la nature des merlons que nous avons découvert la porte extérieure de la salle du trône; mais il attend pour se prononcer que la fouille lui fournisse de nouveaux documents.

La voilà donc réveillée d'entre les morts cette polychromie antique, niée, exaltée, et combattue avec passion dans les tournois archéologiques !

Est-ce une œuvre barbare?

Combien notre goût, fait de sensations pâles, né sous un ciel triste, me semble rachitique et mesquin auprès du grand sentiment qui inspirait les maîtres anciens!

De quel droit, modernes aux sens dégénérés, osez-vous accuser de brutalité et de barbarie la peinture monumentale de l'Élam et de la Hellade? Seriez-vous les représentants de ces races affaiblies qui ricanent devant les armes de leurs ancêtres et n'osent même les soulever? Nierez-vous le grand rôle de la couleur, faute de l'avoir compris et de savoir lui donner dans l'architecture la place qu'il mérite?

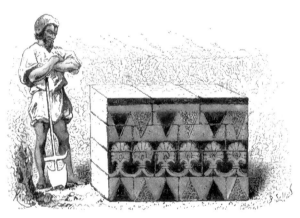

FRAGMENT D'UNE FRISE ÉMAILLÉE.

LION ÉMAILLÉ.

X

Les pluies abondantes de la fin de mars avaient amené des éboulements et mis à nu dans la tranchée L du tumulus n° 2 un mur de terre crue. Le déblayement fut conduit avec soin, et le mois ne s'était pas achevé qu'on avait découvert plusieurs parements parallèles ou perpendiculaires entre eux. Diriger les recherches, retrouver les joints indistincts, remettre sur la piste des ouvriers sauvages et maladroits, est une laborieuse tâche.

Les murs, fort dégradés, se dérobent d'autant mieux qu'ils sont criblés de tombes, auxquelles on aboutit par des puits creusés entre le parement extérieur et les éboulis.

Il faut dégager joint par joint chaque brique et, quand ce fastidieux travail est terminé, suivre le fil conducteur si péniblement dévidé, sans laisser aux Dizfoulis le loisir de le perdre à nouveau. On reconnaît aujourd'hui, dans ces énormes murs de terre, le couronnement d'un ouvrage défensif des plus compliqués.

Le dallage des courtines paraît réglé à six mètres au-dessous du terrain superficiel; le sol ancien se rencontrera sans doute à sept ou huit mètres plus bas.

21

D'autre part, les tranchees F de la cour nous ont permis de degager un ensemble
de murs paralleles à ceux de la fortification et de l'apadâna. En prolongeant d'une
façon fictive les parements déjà découverts, il semble que les reliefs si diffus du sol
se groupent suivant des traces réguliers et que, dans l'alignement de l'ouvrage
central, se dessine une depression aboutissant à l'une des crevasses les plus
escarpées. Le tumulus rectangulaire, réservé à la demeure du souverain, aurait été
divisé en deux parties, entourées chacune d'une enceinte particulière et séparées
par une large avenue.

Marcel a cherché, à la suite des murs de terre, la tête occidentale de
l'avenue. Soit que les fouilles n'aient pas atteint une profondeur suffisante, soit
que les siècles aient anéanti ces fortifications qui semblent encore gonfler le
sol, ses tentatives ont été infructueuses.

Ce serait pourtant en ce point que mon mari compterait porter les efforts
de la campagne prochaine. Les travaux seront difficiles, les depenses considérables, car il faudra descendre à de grandes profondeurs, mais cet emplacement
presente un triple avantage : il est étroit, clairement relie aux surélévations
voisines, explore sur une hauteur de six mètres.

La citadelle est toujours muette. Deux longues tranchees, I et J, qui coupent
le chemin d'acces et se dirigent vers l'est, occupent depuis plus d'un mois tous
les Lours. On a bien rencontré deci, delà, quelques pierres sculptées provenant
d'une construction analogue à l'apadâna d'Artaxerxes Mnémon, des blocs émaillés
des briques de terre cuite portant sur leur tranche une inscription elamite, mais,
en réalité, ces fouilles n'ont eu qu'un resultat negatif : nous savons maintenant
qu'elles seront improductives sur quatre mètres de profondeur.

Bon nombre de petits objets, les uns du plus grand interêt, les autres d'une
valeur moindre, affluent aux tentes chaque soir. Sous les derniers blocs des lions
achemenides ont apparu un vase de terre cuite de forme très elégante, une lampe
de bronze, un singulier cône d'ivoire, couvert de légers ornements représentant
des feuilles de trèfle et des pélicans à la tournure nettement caractérisée. Le jour
même de cette decouverte, un Dizfouli me proposa une précieuse intaille : ses
jeunes yeux avaient été plus actifs que les miens. J'ai acheté la pierre. C'est un
sceau conoide, en calcédoine saphirique, gravé pour un roi achéménide vainqueur
de l'Egypte, Xerxes ou Artaxerxès Ier. Le médaillon royal, surmonté du grand dieu
Aouramazda, est place entre deux sphinx coiffés de la couronne blanche de la
Haute-Egypte. Le style de la gravure est franchement persépolitain.

Vers l'extremité de la tranchee L, à 1m,80 au-dessous du sol, on rencontrait les
substructions de la maison d'un potier. Auprès de vases de différentes formes se
trouvaient deux coupes munies d'un bouton central et couvertes d'une inscription

spirale en vieux caractères hébraïques. Le texte doit reproduire des formules de purification ou d'incantation. Un peu partout se présentent des objets plus ou moins intacts : coupes de calcaire à nummulites, lampes de terre cuite, fers de flèche, flacons de verre si friable qu'on n'ose les toucher.

De nombreux débris de matériaux émaillés perdus dans les éboulis, la rencontre de murailles toujours construites avec des briques crues, m'amènent à penser que les monuments susiens, bâtis en terre comme les édifices de Babylone, devaient leur beauté à des revêtements inaltérables, qui protégeaient les maçonneries peu résistantes de leur nature et remplaçaient les bas-reliefs des palais assyriens.

La frise des lions découverte devant l'apadâna d'Artaxerxès Mnémon est un spécimen de cette merveilleuse ornementation.

11 avril. — La mission jouissait — inappréciable bonheur — d'un mirza tout entier; aujourd'hui nous possédons la paire. Cependant le premier n'a pas été mis en morceaux. Taguy, notre mirza de rechange, vient aider Abdoul-Raïm à nous faire les honneurs de Suse.

Nous ne sommes pas gras! A quel état, grand Dieu! vont nous réduire ces deux sangsues?

Le colonel a-t-il demandé un homme de confiance pour le suppléer quand il lui prend fantaisie d'aller respirer l'air de Dizfoul, ou bien encore Mirza Taguy serait-il simplement l'espion d'Abdoul-Raïm? Mystère!

Ce nouveau fonctionnaire apporta le premier courrier de France, que lui aurait remis, assure-t-il, un négociant arrivé de Bassorah depuis peu de jours. Revoir l'écriture d'êtres aimés, entendre un écho du paradis perdu, quelle jouissance pour des exilés! Les nouvelles se complètent les unes les autres, et les lettres se parcourent en commun, car les enveloppes sont ouvertes, les feuilles lacérées et mêlées. Chacun doit reconnaître son bien. Au milieu de cette macédoine épistolaire s'est rencontré un billet que nul pourtant n'a réclamé. Il était signé : Aïcha. Mçaoud ayant été mandé à la barre, M. Houssay lui lut le poulet suivant :

« Mon très cher ami.

« Cette lettre n'a d'autre but que de te donner de mes nouvelles. J'espère que tu es aussi en bonne santé.

« Je suis toujours sans le son. Cette nouvelle ne doit pas te surprendre : c'est ainsi que tu me laissas il y a quatre mois.

« Je te salue en l'embrassant.

« Ton épouse fidèle.

« Aïcha. »

« Chère Aïcha » s'écrie Mçaoud tout ému sous sa peau de vieux turco, « si *tu* savais, monsieur Houssay ! C'est une femme *trop chic* ! Que d'argent elle m'a donné jadis ! Non, non, elle était *trop chic* ! *trop chic* !

— La lettre a un post-scriptum. Aïcha annonce la mort de ta belle-sœur.

— Ah ! tant mieux !

— Comment ! n'étais-tu pas en bons termes avec elle ?

— Excuse-moi, monsieur Houssay. Je préfère apprendre sa mort que celle de mon frère ! »

13 avril. — Depuis longtemps déjà Marcel désirait informer M. de Ronchaud de la découverte des lions, mais, dans la situation qui nous est faite, il s'exposait à grossir les dossiers de Mozaffer el Molk et à satisfaire la curiosité de son médecin. Cela n'était pas d'une utilité pressante.

Comme des écoliers en liesse dès le départ du pion, nous profitâmes d'une nouvelle fantaisie balnéaire d'Abdoul-Raïm pour écrire quelques dépêches secrètes. Puis Marcel et moi portâmes ces lettres au campement de Kérim Khan, situé sur les rives de la Kerkha, à quarante kilomètres de Suse, mais à dix minutes de la frontière turque. Peine perdue ! Mon *oncle* s'est obstinément refusé à se mêler des affaires de *ses parents*. Il sera donc impossible de rompre le filet tendu par Abdoul-Raïm !

De retour à Suse, nous parlementâmes pendant trois jours avant de trouver parmi les ouvriers arabes — les Diziouhs sont trop poltrons — deux hommes qui voulussent se charger de cette mission.

Mirza Taguy, informé de nos projets, n'osa s'y opposer ouvertement, et les deux *casseds* (courriers) se mirent en route.

Des vents ennemis ont-ils apporté cette grave nouvelle à Abdoul-Raïm ? Le colonel est retourné un jour plus tôt qu'on ne l'attendait, et, à la suite d'une violente altercation avec son collègue, il est venu, encore rouge de colère, interpeller Marcel sur son audacieuse conduite.

« Suis-je prisonnier ?

— Non certes, mais votre correspondance n'arrivera pas à destination. Les Arabes la jetteront dans le *bar* (marais) et garderont l'argent que vous leur avez remis.

— J'ai prévu cette fâcheuse éventualité. Avez-vous apporté les fonds déposés chez le mueb el houkoumet ?

— Par ordre de Mozaffer el Molk on ne vous remettra plus un kran, que vous ne m'ayez confié le reçu de Malcolm Khan et la délégation de Zelle Sultan. »

Le piège est trop grossier. Sans le moindre embarras, le vénérable Abdoul-Raïm réclame les seuls titres qui témoignent de nos droits. Comme la dépêche du prince autorise généreusement le chef de la mission française à demander

une somme supérieure au dépôt, le naïeb el houkoumet et son complice
contenteraient pas de confisquer nos titres, mais les utiliseraient pour lev
les marchands de Dizfoul une grosse contribution, qu'ils s'empresseraient de p
à intérêts usuraires.

MIRZA TAGUI.

« Vous, le naïeb et le gouverneur avez lu et copié les ordres de Zellè Su
les originaux ne sortiront pas de ma tente avant parfait payement des sommes
à la mission.

— Vous doutez de ma parole ! Voulez-vous voir la lettre de Son Excelle

— C'est inutile : ne m'avez-vous pas confié autrefois que vous aviez en possession du papier timbre au sceau de Mozaffer el Molk ? A part les communications qui me seront adressees en français, par l'intermediaire du docteur Moustapha, je ne tiendrai compte d'aucune dépeche »

17 avril — Un des *casseds* envoyes a Amarah est rentré dans sa tribu Il *a perdu nos lettres en franchissant le hoi*, comme le prevoyait trop bien le muza et, avec nos lettres, son camarade, dont il ne peut donner aucune nouvelle

La verite n'a que faire de cette fable absurde Des son retour, Abdoul-Raim lançait quatre cavaliers loris a la poursuite de nos pietons Ceux-ci ont ete bien vite rejoints, l'un fut roue de coups et laisse pour mort dans le desert l'autre prit la fuite, apres avoir jeté les lettres, qui parvinrent fidelement au colonel Nous tenons cette nouvelle de quelques Arabes Beni-Laam, venus a Suse pour escorter la fille de leur chef M'sban, une charmante femme, que le desir de me voir avait attirée dans nos parages

Marcel pria M Houssay de partir pour Ahwas et de porter plainte au gouverneur Lorsque Mçaoud demanda les chevaux loues depuis bientôt deux mois, les palefreniers déclarerent que leur maitre, Kérim Khan, avait interdit de seller ces animaux des qu'il ne s'agirait plus d'une simple promenade autour des tumulus

Les ouvriers loris ont ete renvoyes sur-le-champ, mais le cercle ou nous enserre Abdoul-Raim se retrecit sans cesse La mission va se dedoubler MM Babin et Houssay garderont le camp et nous partirons tous deux, fût-ce a pied pour demander protection au chef de la tribu turque des Beni-Laam et entrer, par son intermediaire, en relation directe avec Teheran et Paris

Notre geôlier, qui n'ignore pas l'aimable demarche de la fille de M'sban, a paru fort epouvanté de ces menaces il nous sait capables de les mettre à execution Comme Achille, il s'est retiré sous la tente, tandis que Patrocle, ou plutôt son domestique, prenait au triple galop le chemin de Dizfoul Patientons encore quelques jours

18 avril — Les soucis et leurs sombres enfants ont cede le pas aux emotions les plus douces. Nous tenons une piste nouvelle Tout serait au mieux, si chaque découverte n'eveillait en nous des sentiments analogues a ceux de l'avare couvant un tresor Nos richesses s'amoncellent, et avec elles grandissent les craintes de ne pouvoir les emporter

Les ouvriers qui déblayent les murs L de la fortification ont trouve une urne funeraire, encastrée dans une gaine de maçonnerie Les briques de calage apparurent couvertes d'un email admirable Voici des levres minces, une barbe bleuâtre sertie d'un filet blanc, un cou d'un beau noir, des mains brunes et deux mains blanches de grandeur naturelle arrachées a des personnages magnifiquement vêtus La perfection du modelé, l'éclat des teintes, leur harmonie, dénotent un art delicat, une technique tres avancée La pâte est plus fine, plus blanche, plus serrée que celle des lions. Chaque brique est carrée, mince, démaigrie en lame de couteau, de façon à faciliter les contacts superficiels du parement, et à ménager cependant la place d'une épaisse couche de mortier.

Les messagers de la fortune fréquentent si rarement notre planète, qu'ils n'osent s'y hasarder seuls.

Un de ces soirs, comme je visitais, après la fermeture des chantiers, une crevasse voisine du camp, j'ai glissé sur une matière dure, que je n'avais pas aperçue à travers les herbes.

Courir aux tentes, saisir une pioche et dégager six ou sept briques émaillées, fut l'affaire d'un instant. Au-dessous de la première assise j'en trouvai une seconde, puis une troisième, disposées le long d'un parapet réparé aux temps des Sassanides. La fouille, vivement conduite, nous a donné des émaux d'une tonalité et d'un dessin nouveaux. Les fonds, d'un vert rompu, supportent des fleurs de lotus jaunes et bleues, qui se superposent et se terminent par une palmette blanche. Au ton près, il me semble revoir les peintures murales de certains tombeaux des Ramsès.

D'autres pièces, à fond paille, coupées en diagonale par une ligne orange, rappellent les dispositions caractéristiques d'un limon d'escalier. Enfin, de grandes dalles carrées, mesurant 0ᵐ,36 de côté et 0ᵐ,08 d'épaisseur, émaillées sur les tranches et sur le plat, sont décorées d'une rosace jaune et verte. Marcel assure que nous exhumons une rampe dont les formes et les ornements, si ce n'est la matière et les dimensions, rappellent les mains courantes des palais persépolitains. Artaxerxès, en prince sage, s'était servi, pour construire ses palais, de matériaux empruntés aux édifices bâtis sous ses prédécesseurs ; les Sassanides, non moins économes, réparèrent un mur d'enceinte avec les briques arrachées aux monuments achéménides.

Aux fleurs de lotus se mêlaient des inscriptions cunéiformes blanches sur le fond vert, des souliers jaunes ou bleus se boutonnant sur une jambe noire, une main brune entourée d'un bracelet et serrant une canne d'or, des fragments de draperies à fond blanc sur lesquelles se détache l'image symbolique de la citadelle de Suse.

Quand les grands seigneurs du moyen âge faisaient broder à leurs armes cotes et manteaux, ils ne songeaient pas qu'ils imitaient les princes susiens. Ignorance pardonnable : jusqu'à ce jour, nul n'avait eu l'idée de faire remonter l'origine des armoiries jusqu'à Oumman Minanou ou à Koudour Nakhounta.

PASSAGE DE LA KERKHA (Voyez p. 178.

XI

20 avril. — Sous le khalifat d'Omar, et la dix-huitième année de l'hégire, Abou
Moussa et Achari s'empara de Suse. En fouillant le palais du prince vaincu, ses
soldats rencontrèrent une porte faite d'une seule pierre. L'obstacle fut brisé :
l'ouverture donnait accès dans une chambre sépulcrale. Au centre gisait un
sarcophage colossal contenant un géant long de quarante mètres, large de dix à la
hauteur des épaules, soigneusement enseveli dans un linceul de brocart. Ce corps
était celui d'un Chaldéen nommé Daniel, en si bonnes relations avec le ciel, que
la pluie tombait à sa prière. Du vivant de Daniel, apprit Abou Moussa, une
grande sécheresse désola l'Arabistan. Les affamés sollicitèrent la visite du saint
homme, mais ses compatriotes se refusèrent d'abord à le laisser partir. Les
Susiens, arrivés au dernier degré de la misère, envoyèrent alors une députation
de cinquante squelettes notables vers leurs heureux voisins : Grâce ! pitié ! tous
nos frères vont périr si vous n'autorisez Daniel à porter chez eux ses bienfai-
santes prières. Nous resterons en otage jusqu'à son retour ! »

Les Chaldéens se laissèrent toucher par tant de maigreur. A peine le saint
eut-il mis le pied dans l'Arabistan, qu'une pluie miraculeuse rendait à la terre sa
verte parure. Plus pratiques que délicats, les Susiens sacrifièrent leurs cinquante
otages au désir de mettre les nuages dans leurs intérêts, gardèrent Daniel vivant,
puis le conservèrent mort.

Omar, informe de ces details, réunit ses officiers et leur demanda s'ils avaient jamais oui parler de Daniel Tous demeurèrent muets Ali seul — que la bénédiction d'Allah soit sur lui ! — déclara que *peighambar Danial* (prophète Daniel) vivait en des temps très reculés, sous le règne de Nabuchodonosor

Et Omar ordonna de respecter les reliques du prophète Afin d'en assurer la possession aux Susiens, Abou Moussa détourna le cours d'eau qui arrosait la cité, déposa le corps dans le lit desséché, recouvrit le sarcophage de grosses pierres et rendit ensuite la rivière à ses anciennes berges

Rien n'est inviolable en ce monde, pas même les tombes creusées dans le thalweg d'un fleuve Au dixième siècle, Suse était encore habitée par six ou sept mille Juifs et possédait quatorze synagogues L'une d'elles, raconte Benjamin de Tudèle, renfermait les ossements vénérés de Daniel Sur la rive de l'Ulæus favorisée de ces reliques précieuses, vivaient des gens riches, heureux dans leurs entreprises, l'autre côte du fleuve était la proie de tous les fléaux la noire misère et la sécheresse aux bras noueux étreignaient le peuple Les déshérités réclamèrent à leur tour le droit de posséder le saint Cette faveur leur fut refusée La guerre eût éclaté, si les rabbins, gens pacifiques et conciliateurs, n'eussent mis d'accord les belligérants en décidant que le palladium du pays serait transporté chaque année sur une rive différente

Daniel faisait depuis longtemps la navette, quand Sendjar, le vainqueur de Samarcande, vint à Suse Le sultan demanda le nom du personnage dont on promenait le cercueil en grande pompe et déclara de pareils déplacements attentatoires à la dignité d'un saint Il ordonna de bâtir un pont sur l'Ulæus on mesura la distance des deux berges, et le corps, placé dans un cercueil de verre, fut suspendu sous l'arche centrale

Depuis cette époque, chroniques et légendes ne font plus mention du prophète Que dissimule la flèche blanche du sanctuaire actuel ? Recouvre-t-elle un de ces tombeaux honoraires que la piété des musulmans élève à la mémoire d'un homme juste ou pieux ?

Les mollahs de Dizfoul et de Chouster tiennent le *gabé Danial* pour parfaitement authentique, mais ce n'est point l'avis unanime du clergé de l'Arabistan A cinq jours de marche de Dizfoul, dans le voisinage de Mal Amir, s'élève un second imam-zadé consacré au même personnage Les Bakhtiaris le considèrent comme le meilleur Je me garderai de trancher le différend, j'aime mieux admettre qu'il existe un tombeau d'été et un tombeau d'hiver

Cette année-ci, le bon, l'unique Daniel, le seul auquel la piété des fidèles s'intéresse, est le nôtre Jamais on ne vit pareil élan de ferveur et de curiosité Le saint nous doit un renouveau de sa vogue des anciens jours Les pèlerins arrivent en troupes nombreuses : hommes, femmes, enfants à cheval, à mulet ou à âne, les plus pauvres sur leurs propres pattes. Le commun des mortels s'emmagasine dans la cour ; les gens d'importance prennent possession des terrasses ; les derniers venus plantent leurs tentes au pied de la citadelle, sur un cimetière couvert de mauves arborescentes, qui doivent leur vigueur aux tristes débris qu'elles ombragent de leurs fleurs demi-deuil.

Les gens de Kérim Khan étaient de petits saints si on les compare à ces dévots.

Deux ou trois cents personnes arrivent toutes les semaines des confins de l'Arabistan ; il n'en est pas une qui ne s'ingénie à nous rendre la vie absolument insupportable. Dès l'aurore, et sans souci du prophète, — le saint homme aurait bien droit à quelques prières, — mâles et femelles, mollahs et étudiants encombrent les tranchées, distraient les ouvriers, et envahiraient même nos tentes, si nous n'avions organisé un cordon sanitaire chargé de maintenir les intrus à une distance respectueuse.

Marcel a bien essayé d'interdire aux pèlerins l'accès des chantiers, mais ils y sont venus plus nombreux que jamais, ont brisé les fragments de bureaux échappés à la rage des Loris et mis en pièces une cinquantaine de potiches funéraires qu'on allait photographier.

Nous ne pouvons traverser la vallée sans entendre siffler les pierres de fronde. Croisons-nous un groupe de pèlerins, des coups de feu tirés dans nos oreilles nous enveloppent de fumée. D'abord, je me retournais d'instinct ; nos tyrans paraissaient si réjouis, que je ne leur procure plus cette satisfaction. Sifflez, pierres et balles ! détonez, fusils ou pistolets ! les Faranguis sont sourds et invulnérables !

22 avril. — On signala ce matin le naïb et houkoumet sur la route de Dizfoul. Il arrivait suivi d'une escorte de banquiers. Le sous-gouverneur, fort ému des menaces de Marcel, a prétexté du pèlerinage pour régler les affaires pendantes entre lui et le chef de la mission. Les fonds déposés entre ses mains nous seront incessamment remis. Tout est très bien qui ne finit pas trop mal.

23 avril. — De verte la plaine est devenue jaune, les herbes portent des épines au lieu de fleurs, la chaîne des Bakhthyaris montre des crêtes roses là où s'étendaient d'interminables glaciers. Il semble qu'en huit jours la nature entière ait été passée au four.

Après la disparition des dernières neiges, Suse deviendra inhabitable. Le motevelli fermera la porte du tombeau et se réfugiera dans son *serdab* (cave) de Dizfoul ; les nomades se rapprocheront de la montagne ou camperont sur les bords d'un fleuve ; fauves et sangliers, à l'exemple de l'homme, deviendront amphibies ; seuls les serpents, les scorpions et de monstrueuses araignées fréquenteront les tumulus. Les morsures de l'été tueront même les insectes qui se relayent pour nous torturer. Que ne nous vengent-elles aussi des pèlerins ?

Les mouches vivent en légions si nombreuses, que casques et habits semblent couverts d'une carapace de jais noir ; les moustiques sont armés d'aiguillons si acérés, qu'ils percent les habits après avoir traversé la toile des pliants et ne laissent pas à leurs victimes le loisir de s'asseoir. Chevaux, ânes, mulets ont le cuir trop tendre pour se défendre contre ces vampires.

« Grâce, petit moustique! Je suis ton esclave, petit moustique.

« Le moustique se pose sur ma tête; la prendrait-il pour une pastèque?

« Le moustique se pose sur mon oreille; veut-il me rendre fou?

« Le moustique se pose sur mes yeux; les prendrait-il pour des raisins noirs?

« Le moustique se pose sur ma narine; veut-il m'ôter l'odorat?

« Le moustique se pose sur ma barbe; me prendrait-il pour un derviche?

« Le moustique se pose sur mes lèvres; veut-il me rendre muet?

« Le moustique se pose sur mon bras; le prendrait-il pour du pilau?

« Le moustique se pose sur mon nombril; veut-il me rendre enragé?

« Le moustique se pose au bas de mes reins; les prendrait-il pour un coussin? »

Dès le coucher du soleil on livre bataille à l'ennemi commun. Les soldats allument des broussailles coupées au bord du marais, jettent du fumier humide sur le brasier et entourent le campement d'un nuage empesté qui éloigne les insectes. Malgré les protestations indignées des yeux et de la gorge, bêtes et gens jouissent d'une tranquillité si parfaite dans cette situation réservée d'habitude aux jambons de tout pays, que les quadrupèdes eux-mêmes se serrent auprès du foyer et regardent avec une ineffable expression de béatitude les flammes lourdes. Comme l'âne de la fable persane, ils iront, un de ces jours, faucher les ginériums du Chaour et, faute de pincettes, activeront le feu du bout de leur sabot.

Le soir s'avance tranquille sur la plaine, qui s'endort dans ses bras ; tout se tait, même les flûtes suraiguës des vampires terrassés. La température plus clémente, la nature plus mystérieuse, invitent aux douces rêveries, tandis que la reine des nuits s'envole, empourprée, au-dessus de l'horizon, et jette un manteau d'argent sur le dos des ombres. Mais Hécate semble pâlir dans le voisinage des étoiles; la Voie lactée partage le ciel comme un grand chemin dallé de cristal ; des escarboucles aux reflets métalliques jonchent la voûte céleste.

Soudain la terre s'éclaire à son tour d'une flamme rouge, sanglante, épouvantable. De l'autre côté de la Kerkha se balancent les vagues d'une mer brutalement colorée. Les nomades incendient les herbages épineux désormais inutiles. Le sol, purifié, s'engraissera de leurs cendres et, dès les premières pluies, se couvrira d'abondants pâturages. L'incendie dure plusieurs jours ; il n'est visible que la nuit : la clarté de la flamme ne saurait lutter avec celle du soleil.

24 avril. — Depuis que nous avons appris le patois susien, la mission n'a pas de plus chaud ami que le motevelli Máchtè Popi.

Il y a quelques jours, Marcel lui fit part d'un projet qui nous tient singulièrement au cœur.

Ousta Hassan est un habile maçon : les briques cuites extraites des substructions arabes s'accumulent sur le tumulus ; les buissons ne manquent pas dans la jungle : il serait donc possible de construire une maison. Nous y trouverions, pour la campagne prochaine, un abri sain contre les pluies et la chaleur, une retraite sûre contre les nomades, partant une tranquillité d'esprit et de corps que la tente ne saurait offrir.

« Mohammed Taher est l'administrateur des *vakfs* de Daniel, répondit le vieux Popi ; lui seul peut vous autoriser à bâtir une maison. Pour ma part, j'approuve votre projet. Chaque nuit je monte sur la terrasse de l'imam-zadé afin de m'assurer que le camp farangui n'a pas été pillé. Si vous rendiez à Mohammed, — que la bénédiction d'Allah soit sur lui ! — la moitié de la vénération que nous professons pour Aïssa (Jésus), je ne vous aurais jamais permis de camper loin de tout secours. Que peut-on reprocher à des gens qui ne mangent pas de porc, vivent d'une nourriture semblable à la nôtre et ne boivent ni vin ni arac ? Vous obtiendrez certainement l'autorisation que vous sollicitez. Daniel ne protestera pas ; *je me charge d'arranger cette affaire avec lui.* D'ailleurs je veux écrire au Chah de France.

— Que souhaites-tu ?

— Un lustre pour éclairer le tombeau pendant le pèlerinage.

— Prépare ta requête ; elle sera bien accueillie. »

Le soir même de cet entretien, Ousta Hassan prenait la route de Dizfoul. Deux jours plus tard, il revenait avec ses baquets, sa truelle et une lettre qui autorise le chef de la mission à construire une maison sur les terres de Daniel. Faute de Français, cette habitation deviendra la propriété usufructuaire du cheikh ou des personnes qu'il lui plaira de désigner.

Le chef-d'œuvre, piqueté sur-le-champ, s'élève déjà au-dessus de terre.

Le château susien est rectangulaire, long de dix mètres, large de huit et divisé en deux corps de logis longitudinaux par un mur de refend qui doit porter les bois très courts de la toiture. Les façades seront percées de deux portes et de quatre fenêtres. Une épaisse terrasse couvrira l'édifice et l'abritera également de la pluie et du soleil. Les détails de l'élévation sont abandonnés à l'imagination vagabonde d'Ousta Hassan.

Plus que jamais nous apprécions, en expectative, les mérites d'une maison bâtie. La température fait des bonds de géant. Dès sept heures du matin, le soleil darde ses rayons de feu sur la toile transparente des tentes, la chaleur s'emmagasine à l'intérieur de ces abris comme autrefois l'humidité, et la température devient si haute, l'air si suffocant, qu'on ne peut y demeurer, sous peine d'étourdissements.

Nous ne souffrons pas seuls de la chaleur : les indigènes sont anéantis. Les outres d'eau, disparues dans leurs corps assoiffés, transsudent de leur épiderme en ruisseaux abondants, et comme ils dépensent, à jouer le rôle d'alcarazas, le peu de force que le ciel leur a départie, encouragements ou punitions se brisent contre une nonchalance d'autant plus invincible que le soleil ne nous permet pas de stationner tout le jour dans les tranchées. Le capar de la salle à manger est notre unique refuge ; c'est dans cet asile sauvage que chacun attend son tour de corvée. Après une absence de deux heures, l'infortuné revient, la tête congestionnée, les bras ballants, les jambes traînantes. Nous étions cinq à nous relayer ; Sliman a trouvé galant de faire l'esprit fort et de se moquer devant les ouvriers de « ce prophète de malheur qui fait tomber la pluie, confisque la lune et grille les gens pour achever de se faire aimer ». Le motevelli est venu supplier Marcel de rappeler ce *faux musulman*. S'il s'écartait du camp après le coucher du soleil, il serait infailliblement massacré. Menoud, chargé jusqu'ici de la garde du camp, remplace son confrère.

« Les ouvriers m'aiment beaucoup, est venu me dire l'heureux époux de *la trop chic* Aïcha. Cet imbécile de Sliman avait *insilté li* bon dieu des Arabes. Moi je leur *z'ai* dit : « *Li* bon Dieu des Arabes de Kabylie, ce n'est « pas tout à fait *li* même bon « Dieu *qui cili* des Arabes d'ici ; mais tous *li* bons dieux des Arabes *est* la même « chose. » Et ils *sont* été bien contents.

— C'est parfait. »

25 avril. — Marcel et moi espérions profiter de quelques jours de répit pour visiter deux forteresses antiques qui défendent un défilé de la chaîne des Bakhthyaris. L'arrivée d'un courrier de Mozaffer et Molk a coupé les ailes à ce projet.

Comme tout bon *cassed*, le porteur connaissait le sens du message et en a donné cette traduction imagée aux ouvriers couchés autour des tentes :

« Les marauds qui continueront à travailler sous les ordres des Faranguis auront les oreilles coupées. »

Marcel n'avait pas perdu un mot de la conversation de la nuit ; dès l'aurore il faisait assembler les Dizfoulis et, sans leur laisser le temps de se reconnaître, leur intimait l'ordre de se rendre au travail : « Les poltrons n'ont qu'à se retirer. » Tous ont saisi pelles et pioches et pris le chemin du chantier.

« Les hommes qui ont peur ! s'est écrié Ousta Hassan demeuré sur nos talons, tous ont peur ! Et moi, leur chef, je suis plus épouvanté qu'eux tous.

— Ne crains rien : une lettre te mettra sous la protection de la France, dont tu t'es montré l'ami. Connais-tu un *nadjar bachy* (menuisier en chef)?

— Certainement : Kerbelaï Mohammed.

— Va lui commander cinquante caisses; quand elles seront prêtes, nous emballerons les briques que nous avons trouvées.

— Y pensez-vous, Saheb? Acheter des caisses, louer des mulets, emporter ces vieux matériaux !...

— Je partage ton avis : c'est fou. Mais, quand je rentrerai à Paris, on me demandera compte de l'argent dépensé. « Voilà ce que cachait la terre de Suse, « répondrai-je ; il n'a pas dépendu de moi que ces objets ne fussent d'or fin. »

— Au reste le gouverneur ne vous abandonnera pas le moindre tesson. Lors de votre arrivée, j'ai fait sonder Son Excellence. Voici, en propres termes, sa réponse : « Hassan peut travailler sans scrupule et gagner de son mieux l'argent des « Faranguis. Les talismans de Daniel ne sortiront jamais du pays. » Saheb, vous ne voulez pas la mort d'un serviteur zélé? Ne m'ordonnez pas d'aller à Dizfoul et de commander des caisses : je serais lapidé. »

Sur ces entrefaites entre Mirza Abdoul-Raïm.

La lettre de Mozaffer el Molk contient la copie d'une pétition adressée au gouverneur par les mollahs de l'Arabistan. Elle est écrite en un persan mâtiné d'arabe et fort difficile à comprendre. J'y démêle que les orages, la destruction des récoltes, sont l'œuvre des Faranguis. De nouveaux malheurs s'abattront sur le pays si on enlève les talismans déposés à Suse pour le salut de la contrée. Mozaffer el Molk s'autorise de son *inaltérable amitié* pour prier le chef de la mission de clore la campagne. L'année prochaine il passera l'hiver à Dizfoul et sera mieux à même de nous protéger. Marcel a répondu qu'il tiendrait compte du désir de Son Excellence.

Il lui en coûtera d'autant moins que bon nombre d'ouvriers ont déposé la pioche pour la faucille, et que les chantiers comptent à peine une centaine de Dizfoulis. Viendrait l'heure où les derniers ouvriers déserteraient.

26 avril. — Ousta Hassan se cache depuis deux jours. « Que fais-tu? Saheb ne t'a-t-il pas ordonné de commander des caisses? lui ai-je dit ce soir, comme il pointait le bout de son nez près du *capar* des Loris. Nous n'avons plus besoin de tes services si tu n'amènes pas ici un menuisier. Tu désires une lettre de recommandation, tu veux être l'entrepreneur des travaux à venir : montre-toi digne de la confiance de Saheb et des faveurs que tu ambitionnes. »

Il est parti.

Nous allons enfin connaître les intentions du gouverneur. S'il cède aux réclamations des mollahs et s'oppose à l'enlèvement des *talismans de Daniel*, pas un ouvrier n'osera assembler deux planches. L'inquiétude qui nous accable est cruelle.

Marcel a perdu le sommeil dès le commencement du pèlerinage, depuis plusieurs jours il ne mange plus.

Notre ordinaire n'a jamais été tentant, mais les chaleurs l'ont rendu pitoyable. La viande se décompose en deux heures, le *mast* (lait fermenté) se transforme en acide butyrique, les chardons et les mauves, nos uniques légumes, rebuteraient des ânes.

Malgré son affaissement physique, Marcel a eu l'heureuse idée de faire tourner au profit de la mission la rapacité de Mirza Abdoul-Raïm et l'indélicatesse du gouverneur.

« Je vais écrire en France pour informer le gouvernement de mon prochain départ, dit-il négligemment au colonel.

— Confiez-moi vos lettres, elles arriveront plus tôt à destination, car je dois aller prendre les dernières instructions de Son Excellence.

— Profitez de votre passage à Dizfoul pour activer la fabrication des caisses et louer les cinquante mulets qui me sont nécessaires. »

Le mirza a souri, caisses et mulets seront payés dix fois leur valeur : qu'importe, si le diable devient notre avocat? Le soir même, le colonel emportait un rapport adressé à M. de Ronchaud. La rédaction de cette pièce nous a procuré quelques instants de gaîté.

Le chef de la mission annonce la ruine des espérances qu'avaient fait naître les premiers travaux. Seules les urnes funéraires ont une importance capitale, car elles servent de base à des études d'*archéologie funèbre* du plus haut intérêt. Il termine par un éloge dithyrambique des fonctionnaires persans et par un état détaillé des cadeaux, récompenses et décorations dont il convient de les accabler.

Si M. de Ronchaud prend cette épître au sérieux, il accusera le soleil de la Susiane d'avoir affolé mon mari, mais si le gouverneur lit notre correspondance !

28 avril. — J'enrage. M. Houssay et moi, les deux autruches de la mission, gardons depuis quarante-huit heures une diète sévère pour cause de dysenterie. Je ne puis mettre un pied devant l'autre, et l'on vient de découvrir un nouveau lion dans le prolongement de la première tranchée.

Marcel, aidé de M. Babin, ne suffit pas à la surveillance.

Exécutés dans de pareilles conditions, les travaux ne sauraient être fructueux. Mon mari a décidé que cette attaque ne serait pas poussée plus avant. L'éboulis a été soigneusement recouvert, et les ouvriers ont déserté, avec bonheur, une tranchée exposée tout le jour aux ardeurs du soleil. Le temps est venu de tenir compte des conseils du gouverneur. Deux hommes se sont évanouis hier au fond d'une excavation; le cabinet de consultation du *hakim bachy* ne désemplit pas. M. Houssay profite de la confiance de ses malades pour prendre des mensurations

anthropologiques. Les clients ont d'abord fait quelques façons. « Commen
apprécierai-je la dose de médicament que je dois te donner, si j'ignore ta force
et ta grosseur? »

3 mai. — La paix soit avec le gouverneur de la province! Le stratagème d
Marcel a été couronné d'un plein succès. Mirza Abdoul-Raïm, Ousta Hassan e
le nadjar bachy nous sont apparus comme le soleil se couchait. Des astres d
pareille grandeur ne pouvaient se rencontrer ensemble au-dessus de l'horizon
Un mulet chargé de quatre caisses échantillons fermait le cortège. Elles son
bâclées, je n'ose dire faites, en bois noueux, assemblées avec des clous forgés à
Dizfoul et si mous que, sans l'aide du vilebrequin, ils ne sauraient pénétrer le
planches. Nos lions sortiront de Suse, mais les urnes funéraires y resteront pa
ordre formel de Son Excellence. Quant à emporter les fragments de taureau, il n'
faut pas songer sans l'aide d'une chèvre et d'un charpentier européen.

9 mai. — Depuis une semaine nous emballons nos briques et préparons l
départ. Mirza Abdoul-Raïm, devenu souple comme un domestique la veille d
jour de l'an, nous présenta dernièrement un tcharvadar Beni-Laam. Attar, grâc
à sa parenté avec le chef de la grande tribu turque, traverse le désert entre Dizfou
et Amara sans que ses caravanes soient inquiétées.

Il vaudrait mieux prendre le chemin de Chouster, qui longe les grand
fleuves de l'Arabistan; mais la crainte de voyager en pays persan avec les talis
mans du prophète a dicté notre choix.

Attar viendra le 11 lier les bagages; le 12 mon mari et moi ferons no
adieux aux tumulus; nous n'osons confier à personne le soin de conduire au
Louvre nos précieux colis. MM. Babin et Houssay, qui ne sauraient sans dange
passer l'été en Susiane, gagneront la Perse centrale.

Avant de congédier les derniers ouvriers, Marcel leur offrit un banquet. Deu
cents convives s'assirent devant le pilau de Gamache; mouton, riz, eau du Chaou
furent servis à discrétion. Total de l'addition : 18 francs.

Les estomacs satisfaits sont enclins à la reconnaissance; après le festin, un
députation monta aux tentes et le plus beau parleur de la troupe harangua le
membres de la mission.

Les vertus auxquelles nous sommes redevables de ce bouquet oratoire valen
la peine d'être rappelées : Marcel, le *hakemé bozorg* (grand gouverneur), fut compar
à Salomon : il défendit les droits des ouvriers avec la fermeté d'un *monchteïd* e
ne fit pas appliquer un seul coup de bâton; M. Babin, le *hakemé koutchek* (peti
gouverneur), paya les salaires sans prélever de *mralakhel*; M. Houssay, le *hakim
bachy* (médecin en chef), distribua aux faibles comme aux forts soins et remède
gratuits. Je n'ai pas été oubliée dans ce palmarès.

Marcel répondit en fixant à l'automne la reprise des travaux, et, relevant l'orateur, qui venait embrasser la poussière de ses chaussures, il abandonna ses mains aux humides baisers de la députation. Ce fut un dur moment! Mais on n'est pas salué tous les jours *hakemé bozorg*, *mouchteïd* et Salomon!

13 mai. — Hier, au coucher du soleil, cinquante-cinq caisses quittaient le camp. Elle contiennent la frise des lions et la rampe d'escalier. Les objets qui ne pouvaient être emportés faute de moyens de transport ou d'autorisation, ont été enfouis dans des tranchées repérées sur un plan.

Nos jeunes camarades nous accompagnèrent; puis, comme la nuit tombait et que la jungle est plus hospitalière aux fauves qu'aux hommes, Marcel les

KELEK HORS DE L'EAU.

contraignit de retourner sur leurs pas. Ils disparurent derrière les hautes herbes, qui dissimulèrent bientôt chevaux et cavaliers. Nos cœurs se serrèrent : depuis six mois nous avons constamment vécu dans des conditions si pénibles et si difficiles que nos relations eussent pu en souffrir; jamais il ne s'est élevé un nuage entre nous. MM. Babin et Houssay ont rivalisé d'intelligence et de dévouement.

A la nuit close la caravane atteignait le bord du fleuve, où s'amoncellent depuis huit jours les bagages d'une nombreuse caravane dizfoulie.

14 mai. — Le fleuve est franchi. Nous et nos lions sommes campés en terre turque. Quelle émotion quand j'ai vu charger les caisses, quatre par quatre, sur un *kelek*, treillis de branchages que supportent neuf outres gonflées d'air!

Un Lori, armé d'une rame courte, mieux vaut dire une cuiller à potage,

monte sur le radeau, pousse au large, et le *kelek*, entraîné par le courant, atteint
bientôt les rapides. Le nautonier agite vivement sa cuiller et atterrit le plus près
possible d'une berge plate dépourvue de buissons. Des bateliers retirent du fleuve
le léger radeau, le posent sur leurs épaules et remontent l'embarcation à une
distance suffisante pour que les flots la ramènent à son point de départ.

Le transbordement des caisses et des gens sur la rive turque a duré deux jours :
deux jours d'oisiveté savourés avec délice, car ce sont les premiers instants de

KELEK SUR L'EAU.

calme et de repos dont nous jouissons depuis notre arrivée sur les terres de Daniel.
Campés à l'ombre des arbres, étendus sur une herbe encore verte, abreuvés d'eau
fraîche et limpide, bercés par le clapotis des flots, charmés par le paysage alpestre
qui se déroule devant nos yeux surpris, Marcel et moi absorbons à pleins poumons
un air que ne souille plus l'haleine d'un geôlier.

En même temps que la caravane une nombreuse tribu traversait le fleuve.

Dès l'aurore les nomades lancèrent à l'eau les animaux les plus rebelles.
Messieurs les chameaux, attachés à une corde qui relie la queue du premier à la

tête du second, entrèrent dans le fleuve, poussés par la tribu. Jamais je n'entendis concert si discordant. Jusqu'au moment où ils perdent pied, les animaux se contentent de hurler; mais à peine sont-ils enveloppés par le courant, que les derniers venus, saisis d'épouvante, se séparent violemment de la queue de leurs confrères et rebroussent chemin, quitte à planter leurs longues jambes dans les berges molles, d'où l'on doit les dégager à la bêche. Comme ils doivent regretter leur poltronnerie et envier le sort des camarades plus vaillants occupés à paître l'herbe des Osmanlous! Ne revenez jamais en arrière!

Après avoir escorté ces élèves indociles, les professeurs de natation saisirent un chapelet de moutons et eurent vivement raison de ces animaux pacifiques. Je ne parlerai pas des buffles : ils rendraient des points aux grenouilles. Le tour des bipèdes est venu. Tous traversent le fleuve sans même enlever leurs vêtements. Seules quelques mamans, très prudentes, donnent la main à des babys qui nagent mieux qu'ils ne marchent.

Une longue flamme brille sur le tumulus que nous abandonnâmes avant-hier. Nos jeunes camarades nous adressent un dernier salut. Adieu, Suse la déserte! adieu, mes chers tumulus! Bientôt mes yeux cesseront de vous apercevoir, montagnes factices où je souffris mille angoisses mêlées à des joies non pareilles. Je m'éloigne de vous le cœur plein de tristesse. Je m'étais identifiée avec le passé que vous représentez, je vivais d'une existence faite de rêve avec les Darius et les Xerxès, héros d'antan, amis qui ne pouvez m'être infidèles. Disparaissez, évanouissez-vous; mais que le bonheur de retrouver le paradis perdu ne me fasse pas oublier le charme poétique de vos sentiers pierreux, les mystères adorables de votre solitude, les sublimes harmonies d'une nature que j'ignorais. A vous je dus la gloire de réveiller les morts. Je ne vous quitte pas tout entière. Quelques parcelles de mon âme restent accrochées à vos buissons.

Jamais je n'ai touché en un temps si court aux extrêmes limites du bonheur et du découragement. Deux liqueurs se sont mêlées dans la coupe que la Providence m'a offerte, l'une douce, l'autre amère. Mais, après les avoir épuisées, devrai-je goûter à la lie déposée au fond du vase, ou s'épanchera-t-elle au dehors? Pourquoi mon cœur ne se complait-il jamais dans le présent et s'efforce-t-il de percer les brouillards de l'avenir?

Nous partirons à minuit. Avant l'aurore, la caravane atteindra un ruisseau d'eau saumâtre où les animaux pourront se désaltérer.

15 mai. — Voyagé toute la nuit dans une plaine désolée où ne croît ni un brin d'herbe ni une ronce. Dès huit heures du matin, la chaleur devient intolérable; les chameaux s'accroupissent à chaque instant, tandis que les mulets pressent le pas, désireux d'atteindre l'eau superflue à leurs camarades.

BATELIER ARABE. (Voyez p. 181.)

Querelle entre les tcharvadars : « Comment! s'est écrié l'un d'eux, douze misérables bossus feraient la loi à trente mulets magnifiques! »

Les chameliers ont relevé leurs bêtes : deux heures plus tard, nous atteignions
un ruisseau boueux.

16 mai. — En quittant la Kerkha, j'avais fait remplir quatre outres. J'ai voulu
ce matin les passer en revue; hélas! deux d'entre elles ont été vidées par les
muletiers; la troisième, que le cuisinier voulait défendre, a été crevée d'un coup de
couteau. Trente litres bus par le sable contre un verre d'eau absorbé par une brute!

LE HOR. (Voyez p. 186.)

17 mai. — Marcel a perdu le sommeil depuis trois semaines; même avant de
quitter Suse, il refusait obstinément notre affreuse nourriture. Les fatigues d'un
pareil voyage ne sont pas faites pour améliorer son état. Malgré une fièvre violente, il demeure à cheval pendant les étapes exécutées au commencement et à la
fin de la nuit; mais au prix de quels efforts de volonté et de quelles souffrances!
Il faut encore qu'il supporte les tortures de la soif!

Sliman, que nous rapatrions afin de lui conserver sa précieuse existence,
avait été chargé de veiller sur le reste d'une outre arrachée aux muletiers; j'ai
guetté cet aimable serviteur et me suis aperçue qu'il était impossible de placer
plus mal ma confiance. Je ne m'en fie plus qu'à moi-même et conserve, suspendue à l'arçon de la selle, une gargoulette qui ne contient pas deux litres d'eau.

18 mai — Les poulets et moutons portes a dos de mulet sont morts de chaleur et de soif, ils etaient bleus avant d'expirer. Nous marchons de puits saumatre en ruisseau fangeux sans decouvrir d'autre liquide qu'une boue chaude et corrompue. On ne saurait cuire le riz, mais il n'y a pas grand merite a garder la diete quand on ne peut se desalterer. Depuis notre départ des rives de la Kerkha, Marcel n'a mangé que trois œufs de dourajds (francolins), trouvés par un tcharvadar auprès d'un ruisseau desseche.

Le convoi ne marche pas il se traine sans avancer. Le soleil et la soif nous devorent, pas un etre vivant ne se montre à nos regards. Qui reconnaîtrait notre fiere caravane dans ces fantômes traversant le vestibule de l'enfer ?

20 mai — La derniere etape a duré quinze heures. Vaille que vaille, il fallait atteindre l'eau. Voila le *hor!* Le hor est un marais engendré par les pluies d'hiver, que se chargent d'entretenir les crues estivales du Tigre et l'incurie de l'administration ottomane. Les chevaux, extenues, relevent la tête, les mulets secouent leur charge comme s'ils voulaient se défaire des lourdes caisses qui les empêchent de prendre le galop, les muletiers, la face congestionnee, la peau luisante, les jambes gonflees, ont des ailes. Seuls les chameaux, qui se montraient au depart si débiles, n'accelerent pas leur marche et conservent une allure solennelle.

On atteint le marais, betes et gens entrent à l'envi dans l'eau saumâtre, boivent, se baignent, boivent encore et semblent reprendre une vie prête à s'echapper.

Nous camperons ici. Les caisses, disposées les unes au-dessus des autres, nous abriteront du soleil, tandis qu'un des muletiers traversera le *hor* pour aller querir dans un village les bateaux necessaires au transport des colis.

21 mai. *Sur les belems.* — Dieu soit loue! j'aperçois les feux d'Amarah. Après avoir vecu deux jours sur les rives du marais, exposes à l'intolerable réverbération du soleil harcelés sans trève par d'innombrables moustiques, nous avons fui cette terre d'élection des fievres paludéennes. Attar, ses chameaux et ses mulets nous ont tiré leur reverence, et la caravane navale, composee de neuf belems, s'est enfoncee dans une forêt de ginerimms et de roseaux, dedale aquatique dont les nomades seuls connaissent les detours. Les canots voguerent quinze heures sur les vases pestilentielles du *hor.* A la nuit ils atteignirent un canal endigue ou coule à pleins bords l'eau delicieuse du Tigre. Nos hommes, desormais satisfaits, declarerent qu'ils ne pouvaient haler ou galler plus longtemps. Quelques caisses sont transportees sur la berge, et nous nous mettons en devoir de préparer une installation sommaire. Sliman et le cuisinier prendront place à nos côtes, les bateliers dormiront dans les belems, près des bagages. A mon tour je suis devoree par la fievre. Vers onze heures passent trois Arabes armes de lances. Ils examinent le campement et se perdent dans la nuit. Puis j'entends des bruits lointains. Des

masses confuses, de grandes ombres semblent sortir de terre et s'approchent au galop. Ce sont des buffles. Excités par leurs gardiens, ils chargent à une allure impétueuse ; mais, arrivés devant les bagages, disposés comme un rempart protecteur, ils s'écartent et démasquent une trentaine d'Arabes à mines de forbans. Les nouveaux venus nous trouvent installés derrière les caisses, la carabine à la main. Notre contenance les surprend, ils reculent.

« Pourquoi ne dormez-vous pas? dit l'un d'eux.

— Pour mieux jouir de la fraîcheur de la nuit.

— Que tenez-vous à la main?

— Un fusil, des pistolets.

— Vos armes sont chargées?

— Pourquoi non?

— Et ces caisses, que contiennent-elles?

— Des pierres.

— Avez-vous de l'argent?

— Non.

— Comment payerez-vous les *belemchis* (bateliers)?

— Ils seront réglés à Amarah par le *moutessarref* (sous-préfet).

— Montrez-nous des pièces d'or faranguïes ; nous vous les rendrons.

— Nous n'avons point d'or.

— Vous nous traitez en ennemis.

— Non : en inconnus. »

Pendant ce colloque les bateliers se sont réveillés. Couper les amarres

CHEF DE LA ROLANE TURQUE. Voyez p. 188.

et s'enfuir, telles sont leurs premières pensées. Nous sommes seuls. J'oubliais le cuisinier, qui ne fait pas trop mauvaise figure, coiffé de sa marmite en guise de salade, sa broche à rôtir dans la main droite. Les nomades s'asseyent et causent à voix basse. Les mots de *f'lous* (argent), *matli* (fusil Martini), *tebelber* (revolver), qu'ils ont appris des soldats turcs d'Amarah, me prouvent qu'il s'agit toujours de nous.

Ont-ils supposé que les caisses d'argent et les objets précieux étaient demeurés dans les bateaux? ont-ils craint les balles? Ils se sont éloignés! Cette entrevue désagréable avait duré une heure environ, mais une heure composée de minutes d'une longueur exceptionnelle. Les *belemchis* rechargèrent les bagages avec une hâte fébrile et, le reste de la nuit, halèrent, ramèrent et gaffèrent sans se faire prier.

23 mai. Amarah — Nos chères caisses, que nous avions traînées si misérablement à travers les déserts anhydres et les marais fangeux pour les disputer aux sectaires persans, sont entre les mains des douaniers turcs. Comme nous entrions à Amarah, les colis ont été saisis, malgré nos protestations, et transportés dans les magasins de l'État. Avant de les retirer, nous devrons verser un droit de transit et un bakhchich évalués à une bagatelle de cinq mille francs.

Au sortir de chez le *gumruktchi bachy* (douanier en chef), vilain monsieur, vilaine tête, Marcel courut chez le juge, sans découvrir une formule conciliatoire. Le consul de Bagdad, prévenu par dépêche, se rendait, de son côté, chez le gouverneur Takied-din Pacha, l'instigateur des massacres d'Alep. Le valy renchérit sur les prétentions de ses subordonnés. Il osa prétendre que le contenu des cinquante-cinq caisses provenait de fouilles exécutées en terre turque et devait faire retour au musée de Constantinople. Néanmoins nous fûmes autorisés à transporter les faïences à Bassorah, où elles seront soumises au *conseil de l'instruction publique*, chargé de décider de leur provenance, de leur valeur et de leur sort.

JUGE TURC.

Les colis ont été embarqués sur le vapeur anglais qui fait le service du Tigre et nous les avons escortés jusqu'à Bassorah. Fort de son bon droit, Marcel comptait profiter de la nuit pour les porter sur un petit vapeur français en partance pour Marseille ; mais une canonnière turque croisait sur le fleuve, avec ordre de couler tout canot qui tenterait d'enlever nos trésors.

Chaque caisse a été cordée, scellée au cachet du vice-consulat de France et déposée en douane ; puis, le cœur bien gros, nous sommes montés à bord du *Normand*. Il s'agit de regagner la France au plus vite, afin de réclamer de la Sublime Porte la restitution des objets saisis contre toute justice.

Pas de cabines, pas de tente. Singes, perroquets, porcs, gazelles et moutons partagent fraternellement avec nous le pont du navire.

A travers les doigts crochus des douaniers ont pourtant passé trois malles réclamées comme bagages personnels. L'une contient la tête du lion que, par une

ROUTE DE CHAT-EL-ARAB A BASSORAH.

sorte de pressentiment, j'avais emballée à part; les deux autres, les statuettes de terre cuite ou de bronze, des verres, des cylindres et tous les petits objets découverts pendant la campagne.

Avoir tant souffert, tant travaillé, et laisser dans les prisons ottomanes le fruit de nos labeurs! Je pleure de rage!

FORTERESSE DE MASCATE. (Voyez p. 136.)

XII

Partis de Bassorah le 26 mai, mon mari et moi revoyions les côtes de France le 1er juillet. Des dépêches diplomatiques avaient devancé notre arrivée. Hélas ! leur contenu n'était pas de nature à nous procurer le repos moral qui nous eût été nécessaire après les vicissitudes d'une laborieuse campagne et les fatigues de deux voyages également pénibles.

Le ministre des Affaires étrangères de Sa Majesté le Chah annonçait à son collègue du quai d'Orsay le retrait des firmans royaux. Il se fondait sur la pétition des mollahs de Dizfoul, pétition dont Mirza Abdoul-Raïm nous avait déjà donné une lecture sommaire. Jamais instrument plus bizarre ne franchit les portes d'une chancellerie. Qu'on en juge !

« Pétition du clergé de l'Arabistan à Son Excellence Mozaffer el Molk, gouverneur de l'Arabistan, du Loristan, etc.

« Nous vous exposons....

« Il est certain que les croyances de chaque contrée sont différentes; mais, dans la Susiane, nous savons, depuis longtemps, que la cause de la cherté des vivres à Dizfoul, des pluies torrentielles et des nuages aux noires couleurs qui s'amoncellent chaque soir à l'horizon, doit être attribuée à l'arrivée des ingénieurs français installés auprès du tombeau de Daniel.

« Leurs Excellences fouillent les tombeaux de gens qui, depuis des milliers d'années, reposaient sous la terre, et qui, de leur vivant, furent de fervents disciples de leur religion; ils extraient des profondeurs du sol les talismans que nos prophètes y avaient autrefois enterrés pour la sauvegarde de la Susiane. Que de maladies vont désoler notre pays! Il est en effet prouvé que, toutes les fois que les Francs ont mis le pied en Susiane, des signes précurseurs de la colère divine nous ont été envoyés et ont précédé les plus terribles fléaux. Que Dieu protège notre cité et éloigne les auteurs de nos maux! »

Mozaffer el Molk, enchanté de se débarrasser sans bruit de voisins gênants, et, plus encore, d'éloigner de ses lèvres un calice bien amer s'il nous arrivait malheur, saisit l'occasion à ses longs cheveux. Le gouverneur raconta les scènes tumultueuses qui avaient signalé notre installation à Suse, il parla des vexations auxquelles nous avions été en butte pendant le pèlerinage, des fréquentes incursions des Arabes nomades sur le territoire persan, du fanatisme local, et, faisant bouquet de toute fleur, envoya ses élucubrations administratives à son supérieur hiérarchique, le prince Zellè Sultan, fils aîné du Chah.

Le gouvernement iranien s'avouait incapable de réprimer les sentiments hostiles de ses sujets et d'assurer notre sécurité; avec une humilité sans égale, il déclinait toute responsabilité dans le cas probable où la mission serait pillée ou massacrée.

Notre agent diplomatique joignait à ces divers documents son appréciation personnelle. « Nous nous trouvons, disait-il, en présence d'obstacles sérieux, suscités par la superstition locale, et contre lesquels, dans sa faiblesse, le gouvernement persan est impuissant à réagir. Que des coups de fusil soient tirés contre notre personnel scientifique, Son Excellence Mozaffer el Molk m'a formellement déclaré que le gouvernement de Sa Majesté n'en saurait être rendu responsable; cet incident peut parfaitement se produire avec des populations ignorantes et pillardes qui, il y a trois ans à peine, ont détruit la ligne télégraphique de Chouster à Ispahan sans qu'aucun châtiment ait pu leur être infligé. D'autre part, si les difficultés dont m'a entretenu le ministre des Affaires étrangères ne sont pas sérieuses et ne tiennent qu'à l'avidité de quelque gouverneur, j'en serai avisé par

M. Dieulafoy et je pourrai alors faire donner des ordres plus formels par S. A. Zellé Sultan ; mais les lettres, vieilles d'un mois, que j'ai seulement pu recevoir de M. Dieulafoy ne me laissent pas d'illusion : notre ingénieur me déclarait qu'il était déjà en butte à mille vexations. Je ne sais, étant donnée la difficulté des communications entre Téhéran et Chouster, s'il aura reçu mes réponses, dans lesquelles je lui recommandais la plus grande prudence.... »

Dès notre retour, les négociations furent activement reprises. La cour de Téhéran finit par autoriser la mission à séjourner encore quelques mois dans le voisinage du Gabré Daniâl, sous la réserve expresse que le gouvernement de la République ne demanderait ni explications ni indemnité si les agents français, comme tout semblait le faire prévoir, périssaient au cours de la prochaine campagne. En réponse à de nouvelles représentations, il fut pourtant convenu que le roi, sans assumer une responsabilité qu'il répudiait absolument, ne modifierait pas les termes des firmans octroyés l'année précédente et ne nous retirerait pas le bénéfice des recommandations officielles dont Mozaffer el Molk avait tenu le compte que l'on sait.

Encore le ministère des Beaux-Arts dut-il prendre l'engagement de rappeler la mission dans les premiers jours d'avril, afin de ménager les susceptibilités musulmanes au moment du pèlerinage annuel.

Lors de notre départ de Suse, les difficultés semblaient apaisées. Les ouvriers montraient de la déférence à ces *Faranguis*, tenus jadis pour les légitimes descendants de *Chitan* ; Cheikh Mohammed Taher nous autorisait à construire une maison sur les *wakfs* de Daniel et témoignait ainsi qu'il considérait la reprise des travaux comme parfaitement admissible. Dans ces conditions, mon mari avait pensé que MM. Babin et Houssay pourraient traverser les montagnes des Bakhthyaris, arriver à Suse vers la fin d'octobre, rassembler les ouvriers, diriger les premiers déblayements, tandis que, de notre côté, nous reprendrions en novembre la route du golfe Persique.

Les complications diplomatiques modifièrent ses projets. Si la mission revenait à Suse, elle devait y rentrer au complet et supporter, unie, la bonne ou la mauvaise fortune.

Un télégramme enjoignit à nos camarades de descendre au plus vite vers Bender-Bouchyr, où nous devions faire escale ; puis, comme la durée des fouilles était limitée au 1ᵉʳ avril, je bouclai sans délai les cantines. Nous emportions, avec nos bagages, un de ces grands engins de levage désigné dans les chantiers sous le nom de « chèvre ». Faute de cette machine puissante, il eût fallu abandonner les objets de grand poids, tels que les taureaux de pierre. Sliman était avantageusement remplacé par un charpentier militaire du port de Toulon.

Pour la troisième fois en moins d'un an j'ai traversé la mer Rouge, toujours aussi chaude et aussi humide ; pour la troisième fois j'ai revu les crêtes déchirées de Steamer-Point, ces rochers qui mirent leur front superbe dans les flots inconstants ; mais, grâce à Dieu, nous n'avons pas fait un long séjour au paradis de « l'Univers ».

Afin de hâter notre voyage et de nous éviter d'interminables transbordements, le ministère de la Marine avait mis une canonnière à la disposition de M. Dieulafoy. Depuis trois années le drapeau français ne s'était pas montré dans le golfe Persique ; aussi bien l'arrivée d'un bateau de guerre devait-elle témoigner de l'intérêt que notre gouvernement attachait au succès de la mission et à la sécurité de ses agents.

Un second motif militait en notre faveur. Sur la demande de Marcel, une action diplomatique se poursuivait au sujet des caisses indûment confisquées par les douaniers de la Sublime Porte. Dire qu'une solution satisfaisante était intervenue du premier coup serait altérer la vérité. Semblables aux pêcheurs trop mal outillés pour attirer les gros poissons qui mordent leur appât, les Turcs emploient la vigueur intellectuelle que le ciel leur mesure à noyer les adversaires puissants dans les eaux troubles de leur diplomatie. On discuta beaucoup, puis, comme on ne pouvait invoquer de précédent et que, dans les cas analogues, il n'est jamais question de droit de transit, le ministre des Affaires étrangères fut enfin autorisé à dégager la ménagerie de faïence en fourrière à Bassorah.

Mais ils sont bien loin de Constantinople les douaniers de Turquie d'Asie ! De quel droit les fonctionnaires de Stamboul priveraient-ils leurs subordonnés d'un juste bakhchich ! Sur les bords du Tigre, comme sur les rives du Bosphore, n'a-t-on pas harem, écurie, maison de ville et maison des champs ? Par quel miracle subviendrait-on à un train de vie de cinquante à soixante mille francs avec un traitement de trois mille, rarement payé ?

Chacun s'empressa de faire la sourde oreille. Le chef de la douane argua qu'il n'avait reçu aucun ordre de ses supérieurs hiérarchiques, bien qu'on eût adressé à notre consul, M. de Sarzec, une expédition officielle des firmans, et nos caisses continuent à se prélasser dans les bureaux de Bassorah. L'apparition du *Scorpion* hâtera la solution d'une affaire qui doit, l'honneur l'exige, se terminer sans délai.

Le lendemain de notre arrivée à Aden nous reprenions la mer.

La longue flamme des navires de guerre flottait à la tête du grand mât, le drapeau tricolore se déployait à l'arrière, la machine soufflait, les hommes viraient au cabestan en chantant une ronde bretonne, l'ancre noire s'accrochait sur les flancs blancs du navire, la sirène ronflait, et nous doublions l'un des montants de cette vaste porte qui met en communication la baie de Steamer-Point et la mer.

Le *Scorpion* est une canonnière longue de soixante mètres à peine, calant trois mètres cinquante. Elle est montée par un équipage de soixante-dix Bretons et placée sous le commandement de mon compatriote le lieutenant de vaisseau de Chauliac.

Armés de superbes canons, de hotchkiss disposés à l'arrière, à l'avant, de chaque côté de la passerelle, et que l'on peut même hisser sur la hune de façon à balayer le pont des navires ennemis (Nelson périt d'un coup de feu tiré par un des gabiers qui, dans la marine à voile, occupaient ce poste élevé), ces petits bâtiments sont disposés pour ranger les côtes et remonter les grandes rivières où les bateaux de fort tonnage n'oseraient s'aventurer. Tout dans leur construction est sacrifié à l'armement, aux soutes, à l'emplacement de chaudières, néanmoins insuffisantes, car la vitesse normale ne dépasse pas six nœuds et la vitesse maximum neuf ou dix.

Une chambre, tour à tour salle à manger, salon, cabinet de travail, est réservée au commandant, qui veut bien nous y accueillir aux heures des repas. Le carré des officiers est minuscule. On ne le croirait pas au premier abord, et pourtant deux étrangers sont inlogeables dans un espace aussi parcimonieusement mesuré. Le ciel est beau, la mer calme comme un lac. Une toile clouée autour d'un cadre constitue une tente que l'on installe le soir à l'arrière. Elle nous abrite de l'humidité de la nuit sans cacher les étoiles scintillantes et la lune argentée. À l'aurore cet asile disparaît et le pont devient aussi libre et aussi propre que s'il n'avait jamais été habité par des *messieurs*. Le mal est que nous demeurons exposés tout le jour aux réverbérations lumineuses de la mer ensoleillée, et oisifs comme des lazaroni. J'appelle à mon secours Sophocle, Euripide, vieux amis qui devaient charmer les longues soirées de Suse, et pendant les entr'actes je tâche de prendre goût à la vie du bord.

Dans ma jeunesse j'admirais, palpitante, le cylindrage grinçant d'une grande route, les progrès d'une pile en rivière, les remblais et les déblais d'une voie ferrée; plus tard je me pris d'une belle passion pour les vieux monuments des Achéménides, des Sassanides et des Sofis; je m'intéresse aujourd'hui à l'exercice du canon et du fusil, à la manœuvre des hotchkiss; je compatis à la douleur du second, privé de blanc de céruse pour badigeonner les bastingages; je m'extasie devant un pont bien briqué, des aciers brillants, des cuivres soigneusement fourbis. Je vois lancer le loch et couler la poussière du sablier, cet emblème des tombeaux, bien digne de la grande ensevelisseuse sur laquelle le navire se balance; je regarde hisser et carguer les voiles, dépasser les mâts de perroquet, larguer les écoutes, faire le point, régler les chronomètres, et d'un regard ravi je suis l'inspection dominicale, qui ne distrait que moi.

Il existe une lacune dans mon éducation : j'aurais voulu approfondir les mystères du loto maritime; mais les officiers m'ont si bien empêchée d'entendre l'appel des numéros, que je n'ai pas jugé utile de pousser plus loin mes études nautiques.

1ᵉʳ novembre. — Le *Scorpion* vient d'entrer en rade de Mascate. Le vigoureux estomac de la machine a dévoré tout son approvisionnement de charbon et réclame de nouveaux aliments. Depuis plusieurs heures nous côtoyions falaises rougeâtres et crêtes déchirées, quand, aux rayons du soleil couchant, apparurent, sur le fond cuperosé du ciel, des forts commis à la défense d'une profonde brisure. Quelques tours d'hélice et la brisure s'élargit. Entre deux grands bras de rochers s'ouvre une baie tranquille. Ses eaux vertes baignent les pieds d'une ville blanche, aux maisons percées d'innombrables fenêtres. Dans le lointain, un rideau de hautes montagnes; à droite et à gauche, les silhouettes de fortifications flanquées de tours crénelées. En rade se balancent la coque blanche d'un navire anglais et un yacht portant le pavillon rouge de l'Imam; les flancs de grosses felouques arabes laissent échapper par envolées les voix rauques de chanteurs accompagnées avec des battements de mains, ou les résonnances sourdes des peaux d'âne tendues sur des tambourins coniques.

L'étiquette maritime veut qu'un lieutenant de vaisseau du stationnaire anglais se mette à la disposition du commandement du *Scorpion*; toujours selon les usages, on le remercie, il se retire, et un officier du même grade rend la visite cinq minutes plus tard.

L'entrée d'un navire français dans les eaux de Mascate est un événement. L'ancre n'est pas jetée, que les officiers reçoivent une invitation collective des membres du *Mascate's Lawn-tennis Club*.

Où le cercle, cet établissement d'*utilité publique*, pourrait-il être placé, si ce n'est à l'ombre du consulat britannique, dont le pavillon lutte ouvertement avec l'étendard rouge de l'Imam? Les Romains apportaient en pays conquis leur folle passion pour les jeux et jalonnaient d'arènes et de théâtres leurs courses à travers le monde; nos voisins d'outre-Manche sèment sur leurs pas des crikets et des lawn-tennis. On n'a pas proclamé sans raison que le progrès est la loi de l'histoire!

En tout cas, je propose d'élever une haute statue à l'ingénieux inventeur d'une distraction assez goûtée de nos représentants diplomatiques ou consulaires pour les attacher à leur poste. Le drapeau tricolore est bien apparu, deux heures après notre arrivée, sur le faîte d'une maison ruinée; mais d'agent, point. Faut-il l'aller chercher aux Indes, à Bender-Abbas, en France? *Chi lo sa?*

C'est donc à l'agent anglais, doublé d'un marchand de charbon, que le commissaire du *Scorpion* doit acheter du combustible entre deux parties de cricket; c'est encore ce fonctionnaire qui traitera la question bien autrement grave du salut de la mer à la terre et la réponse du berger à la bergère. L'Imam de Mascate revendique, paraît-il, vingt et un coups de canon, qui seront rendus selon les lois de la plus stricte étiquette.

Les Anglais ne sont pas les premiers Européens qui aient protégé l'État de

Mascate : les fortifications de la ville, analogues aux enceintes construites par les ingénieurs de la Renaissance, tours, courtines, créneaux, rappellent à mon esprit ces temps glorieux pour la marine européenne où Albuquerque soumettait les villes du littoral de la mer des Indes depuis Goa jusqu'à Aden, et plantait dans tous les ports le drapeau portugais.

Bien que sujette d'Ormuzd, Mascate était déjà une place importante quand le grand capitaine s'en empara (1507). Les Arabes, marins habiles, soldats courageux, se défendirent longtemps contre l'ennemi de la patrie et ne se soumirent qu'après avoir fomenté une insurrection éteinte dans leur sang. Plus heureuse qu'Ormuzd, Mascate échappa aux convoitises de Chah Abbas, profita de la destruction de la grande colonie portugaise, tombée entre les mains du roi de Perse, accapara le mouvement commercial établi entre les Indes et l'est de l'Arabie et s'enrichit des dépouilles des vaincus.

Les Portugais possédèrent Mascate jusqu'en 1648. A leur sollicitude sont dues les fortifications qui défendent la ville contre toute attaque venant de terre ou de mer, les chemins couverts creusés entre les différents ouvrages, et, dans un ordre d'idées pacifiques, ces églises, ces édifices publics, ces palais de pierre, délabrés aujourd'hui, mais encore pourvus d'huisseries dont les sculptures et les garnitures de clous ciselés semblent venir de Grenade ou de Tolède.

La domination portugaise devint dure dès que la métropole cessa d'être puissante. Il faut être fort pour se montrer doux. Zeus est le maître sage et bon qu'adora l'Olympe lorsqu'il eut soumis les dieux à ses lois et réprimé avec rigueur toute tentative de résistance, eût-elle, comme celle de Prométhée, les plus nobles mobiles [1].

Les indigènes, maltraités, mécontents, se révoltèrent, battirent l'oppresseur et l'obligèrent à remonter sur ses bateaux. Plusieurs tentatives dirigées contre la ville demeurèrent infructueuses; les Portugais échouèrent devant les défenses élevées de leurs propres mains.

Devenus maîtres de leurs destinées, les Arabes de Mascate parcoururent durant quelques années une glorieuse carrière. Hardis, adroits, dès longtemps aguerris, ils contre-balancèrent bientôt les forces navales de leurs voisins et celles des marines européennes. Dès 1694, ils régentaient Gombroun, les divers ports du golfe Persique, et ne se contentaient plus d'attirer dans leur repaire les navires chargés des marchandises de l'Inde, mais inauguraient la course sur la mer d'Omân.

Le mal naît de l'excès du bien. La piraterie nuisit à la prospérité de Mascate. Pendant que les capitaines s'enrichissaient des dépouilles opimes de leurs victimes,

1. Henri Weil, *Prométhée.*

la péninsule s'appauvrissait, faute de pouvoir écouler des denrées trop abondantes
eu égard à la population qu'elle devait nourrir.

Vers 1730 l'imamat, constitué en gouvernement indépendant, remplaça l'oli-
garchie des capitaines et des pirates arabes. Dès lors Mascate releva haut et fier
le rouge étendard. N'était la répression des querelles religieuses suscitées par
le schisme wahabite, l'intervention de l'Angleterre, dont l'Imam eut la malencontreuse idée de solliciter l'appui contre ses sujets, l'État de Mascate n'aurait
connu depuis un siècle que des jours paisibles, et jouirait d'une indépendance
inconnue de ses pareils.

Le sultan Seïd-Saïd, père de l'Imam actuel, réclamait en Asie le sud-ouest
de la côte arabique depuis Aden jusqu'à Raz-el-Had, les territoires d'Omân, les
rivages et les îles du golfe Persique, y compris les îles Bahreïn. En Afrique, il
se déclarait roi de la côte depuis le cap Delgado jusqu'au cap Gardafui, souverain des ports de Mengallaw, Lindi, Quiloa, Mélinde, Lamou, Brava, Magadoxo
et des îles importantes de Mafia, Zanzibar, Pemba, Socotra. A lui encore la
longue et étroite zone persane formée par le Laristan, les îles d'Ormuzd et
de Kichm.

Il mourut.

Ses deux fils se partagèrent l'empire. L'un est aujourd'hui sultan de
Zanzibar et gouverne les îles et la côte d'Afrique ; l'autre, sultan de Mascate,
règne d'une manière toute platonique sur les provinces d'Asie. Bahreïn et ses
anciennes possessions persanes ont reconquis leur indépendance ou sont passées
sous le fouet d'un nouveau maître.

Aujourd'hui l'Imam ne saurait compter que sur les territoires arabes du
continent. Encore est-ce bien certain? L'empire britannique, ce Briarée dont
les bras innombrables enserrent l'univers, entretient auprès de lui un mentor
diplomatique placé sous l'intelligente direction du colonel Ross, et dans le port,
devant le palais, un stationnaire toujours à l'ancre.

L'agent consulaire cherche une distraction dans le commerce du charbon
et le change ultra-avantageux de la roupie anglaise acceptée des populations
côtières de la mer des Indes et du golfe Persique; mais les officiers de marine,
commis à ces fonctions de geôliers, trouvent souvent les heures bien longues;
les inscriptions rupestres gravées sur les falaises, en caractères monumentaux,
témoignent de leur oisiveté.

Malgré son état de sujétion, l'Imam est un souverain heureux. Ses revenus
excèdent ses dépenses, son harem se contente de privations et d'un maigre
pilau; il n'a même pas à redouter les lubies révolutionnaires de ses sujets, que
l'Angleterre s'empresserait de mettre au pas s'il était nécessaire. Une armée

peu nombreuse, une police payée par les négociants, suffisent à maintenir le pays et la ville dans le calme le plus parfait. Mascate est une des rares cités de l'Orient où l'on jouisse d'une sécurité complète et que l'on puisse parcourir sans danger à toute heure de jour et de nuit.

Le sultan mène de front affaires et plaisirs. Sa Majesté trafique, brocante, charge ses nombreux navires de denrées d'un écoulement facile, achète aux Indes les marchandises utiles à ses sujets et fait noblement concurrence aux négociants banians, obligés d'acquitter les droits de douane dont s'exonère leur rival.

Comme son propriétaire, la résidence a deux aspects : par la simplicité des façades et par son étendue elle ne diffère guère d'une habitation privée ; mais la demeure souveraine se décèle dès la porte, cette partie si essentielle des palais orientaux qu'elle paraît en résumer l'activité et l'influence. La baie monumentale, entourée d'une élégante archivolte de pierre sculptée, est fermée par des battants massifs ; une foule bariolée de gardes et de clients encombre les abords ; des lions bien vivants frappent de leur queue frémissante les barreaux de cages ménagées derrière les huisseries.

La tradition a les reins solides dans le pays du soleil ! Cette porte qui nous surprend par son aspect solennel n'est-elle pas la copie des entrées de Dour Sarioukin et des grandes villes assyriennes ou juives ? Sous ces voûtes épaisses s'assemblaient les vieillards qui rendaient la justice, les agriculteurs partant pour les champs, les soldats revenant de la guerre, oisifs et curieux aussi fiers de conter leurs exploits que d'écouter les nouvelles et les cancans. Les anges de Sodome y trouvèrent Loth ; Mardochée y apprit le complot de Bagathan et de Tharis contre la vie du roi.

Et ces lions, comme ils me rappellent bien les fauves conservés, pour les chasses royales, dans les palais d'Assour-banipal ! Comme elles paraissent vécues, les aventures extraordinaires de Daniel !

L'Imam accueille avec affabilité les étrangers. Dès leur entrée, les hôtes sont aspergés d'eau de rose avec une telle prodigalité, qu'ils ne sauraient échapper aux mains des serviteurs chargés de ce soin sans contracter une migraine de huit jours. L'état-major est gratifié de sorbets et de *halwa*, sorte de confiture analogue au *rahat-loukoum* des Turcs, tandis que l'équipage du navire reçoit, de la part du sultan, des moutons exquis, deux charges de cucurbitacées et enfin des gousses, semblables à celles du haricot vert, produites par un arbre indigène. Le quinquina paraît sucré auprès de ce légume rafraîchissant.

L'Imam habite Mascate pendant les mois d'hiver ; il n'y fait jamais un long séjour. Son harem, étroitement installé, préfère à une demeure insuffisante les bois de palmiers qui s'étendent au-dessus du port de Mattrah. Moins bien abrité que la capitale contre les vents de mer, mais pourvu d'une rade très vaste, ce port se prête au va-et-vient des barques indigènes et à l'installation de chantiers maritimes. Un bon chemin... arabe met en communication les deux villes, distantes de quelques lieues.

La population de Mattrah est composée de sémites musulmans ; celle de Mascate est formée d'éléments si divers, qu'il serait malaisé de trier les différentes races qui pullulent dans les bazars, les rues ou les huttes de feuillage voisines de l'enceinte. Les négociants banians ont seuls un type bien caractérisé. Vigoureux

NÉGOCIANT MUSULMAN DE MASCATE.

quoique menus de formes, de taille moyenne, habillés d'une peau olivâtre, dotés d'yeux noirs démesurément fendus, de cheveux plats et soyeux, ils ne sauraient être confondus avec les Arabes, superbes de constitution, blancs de peau, coiffés de cheveux bouclés, avec les métis formés d'Arabes, de Persans, de Béloutchs, ou avec les Juifs, purs de race, mais malingres et chétifs.

Aux parsis sont réservés les vêtements de lin et l'horrible tiare de toile cirée ; aux musulmans indigènes, la gandourah de laine blanche, la veste brodée et le turban de soie ou d'indienne bariolée de couleurs éclatantes. Les israélites revêtent une longue chemise et coiffent leur crâne rasé d'un petit rond de paille ; sur les tempes pendent de longues boucles rougies au henné. Qu'il y ait bataille entre musulmans et juifs, et les malheureuses papillotes deviennent l'objectif des opérations militaires de l'ennemi.

Il aura un réel mérite, l'auteur d'un long chapitre sur les dames de Mascate. L'élément européen est uniquement représenté par la femme de l'agent consulaire anglais. Condamnés à célébrer leurs rites au plus profond de leur cœur, les Indiens traversent l'immamat en voyageurs et n'amènent point leur famille ; le harem du sultan, enfermé derrière des murs élevés ou retiré à Mattrah, est d'autant mieux clos que les étrangers sont plus nombreux. Seules les femmes de basse condition,

sans jeunesse ni beauté, fréquentent les rues de la ville. Elles portent une che[ ]
courte retombant sur un pantalon collant et cachent leur visage sous un [ ]
qui laisse paraître les yeux et le menton. Un voile enroulé autour de la têt[ ]
du cou raccorde le masque avec la coiffure.

Mieux pourvu de marchandises que de jolies acheteuses, le bazar reçoit

FEMME DE MASCATE.

abondance les produits que lui apportent les navires de toutes provenanc[ ]
Goudjerate, Surate, Bombay, le golfe du Bengale, Ceylan, Sumatra, Madagas[ ]
Maurice, Java, la Perse, Bassorah ont ici leurs représentants commerciaux. Arr[ ]
à s'entendre est une laborieuse besogne quand on habite ce pandémon[ ]
maritime. De l'hindoustani mêlé à quelques dialectes indigènes s'est for[ ]

une langue, *lingua franqua*, qui est devenue l'idiome des transactions commerciales
entre Mascate et les ports de la côte. On s'illusionnerait profondément si on la
supposait, en raison de son titre, a la portée d'un Européen fraîchement débarqué

Le bas peuple parle arabe, mais il s'exprime aussi en hindoustani et entend
presque toujours le persan

Il est très difficile d'évaluer la population d'une ville musulmane Point de
registres de l'état civil, point de contrôle légal de l'existence des femmes cachées
dans le harem Attribuons cinq cent mille sujets a l'Imam de Mascate, évaluons a
soixante mille les gens de différentes nationalités vivant dans la capitale, et nous
serons peut-être bien généreux ou bien avares Mattrah aurait vingt mille âmes,
Sohar, port de mer situé au nord de Mattrah, neuf mille, enfin Rostak, ancienne
résidence de l'Imam, bâtie dans l'intérieur, se glorifierait d'une population com-
parable a celle de son heureuse rivale A part ces villes, le pays ne possède
aucun centre d'habitations stables Les Arabes, nomades ici comme partout,
s'installent l'hiver dans des huttes de feuillage, mais vivent le plus souvent sous
la tente   '

2 novembre — La poudre française et celle de l'Imam luttent de résonance et
de fumée La baie est obscurcie J'ai voulu visiter la batterie musulmane Un escalier délabré conduit au sommet de la citadelle, on ne saurait l'user davantage sans
une permission spéciale Je suis en règle La porte s'ouvre, et je gravis les degrés
entrecoupés de larges paliers qu'habitent, solitaires, de beaux moutons a l'engrais

Où sont les verts pâturages, les herbes tendres, les ruisseaux limpides, l'ombre
des babouls au feuillage délicat? Pauvre Robin Mouton ! tu n'entends plus le
chalumeau du pâtre ou la clochette de ton guide, le bélier aux longues cornes
L'odeur de la poudre, chère aux guerriers, a remplacé les senteurs des prairies
les pieds ne foulent plus les doux gazons, tes ongles s'usent sur la dure pierre et
l'on aiguise le couteau qui doit mettre un terme a ta triste existence Pauvre Robin
Mouton, es-tu assez mouton pour engraisser encore?

L'escalier de la forteresse conduit d'abord a une terrasse où se prélassent
six canons de noble origine Ils virent le jour sur les rives du Tage, comme en
témoignent les armoiries de la culasse Ces pièces, pointées dans la direction du
goulet, se chargent naturellement par la gueule Gare au maladroit placé derrière
elles a l'instant de l'explosion ! Les affûts de bois sont si vermoulus, le recul si
irrégulier, qu'on ne sait où se blottir Chaque salut coûte a l'Imam les jambes ou
les bras de quelque servant, mais qu'importe !

« Périssent tous mes artilleurs plutôt que ma réputation de gentleman, »
disait-il encore récemment. A leurs nobles pensées on reconnaît les grands hommes

Les derniers degrés de l'escalier, puis une méchante échelle, conduisent a une plate-forme établie sur le point culminant du rocher. La mer, calme, bleue, animée par les embarcations des navires français et anglais toujours en mouvement dans le port, semble fière de porter une paire de navires outre le bateau de l'Imam, pavoisé en l'honneur de je ne sais quelle fête musulmane. Au pied de la citadelle, les maisons blanches de Mascate; on ne les dominerait pas mieux si l'on chevauchait le vautour qui plane au-dessus de nos têtes. Derrière la ville,

JARDIN DE MASCATE

deux vallées, serrées entre de hautes montagnes, verdies de place en place par des jardins.

Une chapelle portugaise s'élève à l'angle de la terrasse. Sa coupole supporte sans fléchir un odieux croissant, mais les chapiteaux placés au-dessus des colonnes engagées, l'ornementation de la porte, ne sauraient laisser de doute sur la destination primitive de l'édicule. Les battants sont clos : d'impurs Faranguis souilleraient un temple bâti par des chrétiens.

Nous ne pouvions quitter Mascate sans visiter les jardins aperçus du haut de la citadelle. Ici, comme sur toute la côte, on achète chaque feuille au prix de copieux

27

arrosages. L'eau provient de puits entretenus par des infiltrations profondes. Une poche de cuir, manœuvrée soit à bras, soit à l'aide d'un attelage de bœufs, amène l'eau à la surface du sol.

5 novembre. *Bouchyr*. — Encore la rade de Bouchyr! Encore un nouveau gouverneur! La ville prospère sous la haute direction d'un jeune homme de vingt-six ans, le *maleké toudjar* (roi des marchands), fils d'un très riche négociant dont l'âme s'envola l'année dernière vers un monde meilleur.

PUITS A MASCATE.

Les désirs d'un Persan enrichi, fût-il soldat, domestique, mendiant, sont peu variés. Son père enterré et ses millions réalisés, le Nabab gagnait Stamboul, y demeurait six mois, et reprenait le chemin de la patrie escorté de douze femmes de race et de beauté variées, pour le transport desquelles il affrétait un navire spécial. J'oubliais : une machine à glace et quelques chevaux anglais faisaient également partie du convoi.

Cependant le prince Zellé Sultan comptait et recomptait les krans employés à cette admirable expédition. Une si belle conduite méritait sa récompense. A peine le voyageur avait-il débarqué, qu'il recevait, comme don de joyeux retour, la haute charge de gouverneur de Bouchyr. Depuis lors ce sont chaque jour bonheur inespérés. Dans l'espace de six mois le Malek a atteint le faîte de la hiérarchie civil et militaire : croix, rubans, plaques, médailles surchargent son cou, constellen sa poitrine, et le prince royal rêve encore d'un ordre nouveau pour son suje favori.

« Eutrapèle, aussitôt qu'il voulait nuire à quelque imbécile, l'affublait des plu riches habits, et voici son dangereux dilemme : « En se voyant si bien vêtu, mo
« drôle endosse aussitôt, avec l'habit des maîtres du monde, leur ambition et leu
« vanité ! Monsieur dormira jusqu'à midi. Monsieur, dédaigneux de l'honnêt
« emploi qui le fait vivre, ira sur les brisées galantes des petits-maîtres, dévor
« par l'usure, et puis, un beau jour, nous prendrons tout doucement le glaiv
« du gladiateur ou le licou du maraîcher. »

Horace avait vu juste.

Bouffi d'orgueil, le malekè toudjar répondit par des présents princiers à chaque faveur nouvelle. Tant plus sa poitrine s'étoilait, tant plus les vieux ba paternels se vidaient. En a-t-il vu le fond ? Je le crains. Si quelques milliers de tomans se cachent encore dans un pli, ils s'envoleront bientôt, car, aux ancien titres du Malek, le roi de son côté vient de joindre celui de grand amiral avec la charge de subvenir à l'entretien du *Persépolis*.

Qu'est-ce que le *Persépolis?*

Un aviso.

J'ai frotté mes yeux quand j'ai vu flotter le lion et le soleil à l'arrière d'un vaisseau ancré dans la baie; mais je me suis rendue à l'évidence. Oui, Sa Majesté possède un aviso armé de canons et pouvant naviguer... avec du charbon.

Depuis quelques années le *mudakhel* (malversation administrative était dans l marasme. On avait extorqué au roi, sous les prétextes les plus divers et les mieu justifiés, — usine à gaz, lumière électrique, casques en cuir bouilli pour l'armée grande route de Kazvîn, fabrique de bougies, — un certain nombre de million et Nasr ed-dîn se montrait circonspect. Toujours l'histoire du guillotiné par persuasion.

Quelques esprits inventifs décidèrent pourtant Sa Majesté à devenir le che d'une puissance maritime ; le règne de l'Angleterre avait assez duré. Mal instrui par les insuccès de ses précédentes tentatives, le souverain commanda une flotte Pourquoi l'aviso et la petite chaloupe qui la composent furent-ils construits à Hambourg ? Mystère et discrétion. Le Chah n'avait pas, j'imagine, la pensée d faire sa cour au roi de Prusse. J'aime mieux croire que les mandataires de Sa Majesté trouvèrent dans les chantiers de l'Elbe des complaisances que n'auraien pas eues les maisons françaises ou anglaises.

Lorsque les deux bateaux furent prêts, on les confia aux soins de marins allemands, chargés d'amener le plus grand en rade de Bouchyr et de conduire le plus petit, simple embarcation de plaisance, à l'embouchure du Karoun.

Le *Persépolis* ne saurait servir de vaisseau-école, car les officiers refusent d'instruire les marins indigènes; le roi n'ose remercier l'état-major, dans la crainte, peut-être fondée, de perdre sa flotte s'il la confie à ses favoris; faute de combustible, le navire ne manœuvre pas. La coque se couvre d'une végétation particulièrement touffue dans le golfe Persique, et l'un de ces matins on s'apercevra que le *Persépolis* a poussé de si profondes racines qu'il est solidement accroché au fond de la mer.

Dernièrement, le roi, fatigué de payer tous les mois la solde des officiers et de l'équipage, ordonna de mettre son aviso à la disposition du commerce.

Les immenses salons de l'*andéroun* occupent la plus grande partie du bâtiment; les cales sont fort petites, et, fussent-elles bondées, le fret ne saurait payer le charbon que consomme la machine. D'autre part, les négociants refusèrent de confier leurs marchandises au bateau de Sa Majesté : vers qui se fussent-ils retournés en cas de sinistre?

Seul le malekè toudjar pouvait sauver le monarque. Il est entré hier dans la bonne voie. La poudre manquait pour tirer en l'honneur de l'anniversaire de la naissance de Nasr ed-Dind Chah la salve réglementaire — autant de coups de canon que d'années — les magasins du nouvel amiral y ont pourvu.

Prends garde, malekè toudjar! Zellè Sultan te demandera bientôt tes douze femmes et ta machine à glace; et tu seras heureux si, ta vie durant, il te reste deux *chaïs* par jour pour te nourrir de concombres !

15 novembre. — Grâce à la poudre du malekè toudjar, aux canons de la France et de l'Angleterre, la naissance du roi fut fêtée bruyamment. Les trois navires étaient pavoisés de drapeaux multicolores, les barques indigènes parcouraient la baie; la ville elle-même s'animait sur le soir aux clartés fumeuses des lampions, et le télégraphe transmettait à Sa Majesté la nouvelle de la *superbe manifestation internationale* faite en son honneur dans le grand port de l'empire. Puisse cette dépêche rappeler à la *Kébla de l'univers* que nous attendons son bon plaisir!

Nos jeunes camarades nous ont rejoints, le temps passe, et l'autorisation de recommencer les fouilles s'attarde dans les cartons ministériels. Une lettre de la légation de France, une dépêche du docteur Tholozan assurent que toutes les difficultés sont levées…, mais nous conseillent de surseoir à notre départ.

17 novembre. *Bassorah*. — Nous nous morfondions à Bouchyr. Le *Scorpion*

avait hâte de reprendre sa route vers Madagascar. Marcel n'a pas hésité à franchir une nouvelle étape contre vent et marée et à se rapprocher du tombeau de Daniel, tout en gardant ses communications télégraphiques avec la Perse.

Novembre s'achève, le pèlerinage d'avril ne doit pas trouver les chantiers ouverts ; quel temps nous restera-t-il pour exécuter les fouilles, si l'on ajourne indéfiniment notre entrée en Susiane ? Marcel a changé les fonds dont nous disposons contre des krans persans, et, afin d'éviter les difficultés administratives ou financières qui se présentèrent quand nous dûmes extraire des coffres du gouverneur l'argent déposé chez Zellé Sultan, il a partagé le trésor entre les quatre cantines où sont enfermés nos vêtements.

Il s'agit maintenant de n'être point pillés. Chacun sachant que, l'hiver dernier, la fortune de la mission était déposée à Dizfoul, nous espérons franchir le *hor* et le désert sans exciter les convoitises des nomades.

Comme le *Scorpion* poussait ses feux, un navire de la Compagnie British India mouillait près de lui. Je ne pensais pas que ses larges flancs portaient la frise des lions confisquée par la douane de Bassorah. Dès notre arrivée à Bouchyr, une dépêche avisait MM. les Turcs de la venue prochaine d'une canonnière française, autorisée, disait-on, à réclamer, au nom du gouvernement de la République, les collections indûment saisies.

Le directeur de la douane fut pris d'une telle frayeur, qu'il oublia son serment de vendre à prix d'or la liberté de nos caisses. Un navire anglais était en partance : « Au nom de Aïssa, retardez votre départ ; nous vous portons les colis de M. Dieulafoy, s'écriait un officier accouru à force de rames. Débarrassez-nous de cette vermine française ; les *belems* accosteront dans quelques instants. »

Les frises seront déposées à Port-Saïd et rechargées sur un navire des Messageries. Marcel a écrit au consul de France pour le prier de veiller à ce transbordement. Si nos dépouilles terrestres engraissent le sol de la Susiane ou les poissons de l'Océan, la mère patrie conservera du moins un beau témoignage des travaux et des efforts de ses enfants.

18 novembre. *Bassorah.* — La venue du *Scorpion* produit ici la meilleure impression. Turcs et Arméniens semblaient croire que, depuis nos désastres, l'unique flotte du monde était celle de Sa Gracieuse Majesté ; tous le regrettaient sincèrement. L'Anglais n'est pas aimé de ces populations musulmanes, auxquelles il rend cependant de si grands services : le joug est lourd, la main dure, brutale. A l'étranger on respecte le fils d'Albion parce qu'il est fort et puissant, on estime son honnêteté commerciale ; nulle part je n'ai vu qu'il ait su inspirer de la sympathie.

« Que viennent donc faire les Français ? disaient derrière nous quelques gros turbans, tout en fumant le narghileh dans les cafés de Bassorah. Vont-ils nous débarrasser des *barbes rouges?* »

Tels ne sauraient être les desseins de pacifiques archéologues. Nos pensées sont concentrées sur Darius et Xerxès; notre diplomatie s'emploiera à faire des grands rois les fidèles alliés de la France. Ce sont là des menées souterraines qui, je l'espère, ne troubleront pas la paix du monde.

20 novembre. *Amarah.* — Un bateau s'apprêtait à remonter le Tigre jusqu'à Bagdad; il fallait dire adieu à nos compatriotes et gagner cette petite ville d'Amarah où nous éprouvâmes, il y a cinq mois, une si cruelle déception.

Divers motifs ont engagé mon mari à suivre, une troisième fois, un itinéraire si difficile. Il désire rester autant que possible en communication avec la légation de France; il veut cependant marcher de l'avant et se porter sur le point de la frontière persane le plus rapproché du tombeau de Daniel, afin d'indiquer ses intentions et d'imposer une réponse qu'on lui ferait peut-être attendre assez longtemps pour rendre impossible la reprise des travaux. Cette solution probable des difficultés pendantes doit être prévue et déjouée. Quoi qu'il advienne, nous partirons pour Suse avant la fin du mois. Le lion à la jaune crinière m'a donné rendez-vous; il m'attend; je tiendrai la parole que je donnai l'été dernier au roi des animaux.

Dès l'arrivée nous avons couru aux informations. Un soleil de feu a brûlé le *hor*, mais les premières pluies d'hiver vont alimenter les marais desséchés. Les caravanes de Dizfoul, dont le trafic est interrompu depuis six mois faute d'eau pour abreuver bêtes et gens le long du chemin, s'ébranleront bientôt et amèneront à Amarah les muletiers trop heureux de trouver un chargement de retour. La mission atteindra ainsi sans tambour ni musique les domaines du prophète.

En attendant cet heureux jour, nous avons tout le loisir de revoir les sites et les gens d'Amarah.

Le chef des douaniers, ma bête noire, est devenu un ami fidèle. J'ai trouvé le digne homme fort maigri : il paraissait avoir supporté de grandes privations et un jeûne trop rigoureux. Peu après notre départ, cette perle rare, ce bijou de fonctionnaire fut convaincu de vol, arrêté, emprisonné et enchaîné. Depuis une quinzaine de jours il respire de nouveau l'air pur de la liberté, mais ce délai n'a pas suffi pour faire refleurir sur ses joues les roses étiolées à l'ombre humide des cachots.

Poussé par le vieil homme, il a sauté, dès notre débarquement, sur un ballot de tapis que MM. Babin et Houssay avaient acquis pendant leur voyage; réflexion faite, il s'est montré bon diable et n'a exigé, en retour de son obligeance, qu'une lorgnette de spectacle et la photographie de sa malhonnête figure.

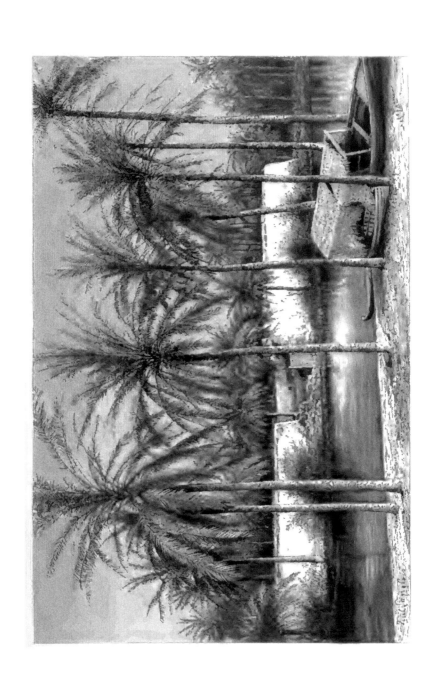

Vivent les fonctionnaires qui sortent de prison ! ils sont accoutumés aux privations et savent se contenter de peu.

26 novembre. — Amarah a l'heur de nous posséder depuis une grande semaine. De hautes murailles entourent l'étroite cour de notre maison; c'est à se croire tombé dans la fosse aux ours.

Les journées paraissent d'une longueur inusitée, la vie d'une monotonie désespérante.

A notre arrivée, le soleil brûlait encore de ses rayons de feu les jaunes plaines de Chaldée. Nous attendions le soir pour suivre l'étroit sentier qui longe la rive gauche du Tigre. Cette terre plate, condamnée par la nonchalance de ses habitants à une triste stérilité, revêtait alors une incomparable parure. Le fleuve coulait lent, doré comme le ciel qui se réfléchissait sur les ondes tranquilles; on n'eût pas distingué les eaux de l'atmosphère infinie sans les embarcations apparaissant inattendues au coude du fleuve, sans les panaches des vapeurs qui s'approchaient du port

Puis les plis vermeils du grand manteau endossé le soir par la nature frileuse prenaient des tons plus intenses et se perdaient dans une gamme violente; à mesure que le soleil lançait des rayons plus obliques, la transition s'accentuait. Les perles de Golconde se mêlaient aux saphirs d'un bleu céleste, à la jaune topaze, à l'escarboucle flamboyante, à la belle émeraude, arc-en-ciel descendu de l'Olympe pour compléter la parure de la nuit prête à franchir le seuil de ses palais. Un brusque changement atmosphérique nous interdit désormais la promenade.

En moins d'une demi-semaine nous avons été transportés des régions vouées à l'implacable été dans une terre sombre et brumeuse. Le ciel, abaissé, se fond en pluie ininterrompue. Phébus, anémié, lutte avec les brouillards qui agrandissent son énorme face. La ville est transformée en cloaque; on ne saurait s'aventurer hors de la maison sans enfoncer jusqu'aux genoux dans une fange fétide.

Causer avec une vieille mendiante installée sur le pas de la porte, suivre du regard les remous du fleuve, observer les tortues endormies au pied des berges, atteindre un jardin planté de beaux palmiers, sont désormais nos seules distractions.

Et pourtant, nous bénissons l'arrivée de la saison hivernale! la plaine de Suse va se rassasier d'eau, les caravanes apporteront aux négociants de Bagdad indigo, laines et tapis. Notre délivrance approche. Anne, ma sœur Anne, interroge le chemin du télégraphe! Anne, ma sœur Anne, ne vois-tu rien venir? « Téhéran se tait. »

27 novembre. — Allah Kérim! la maison est pleine de Dizfoulis. Ils nous eussent lapidés l'année dernière : ils nous traitent aujourd'hui comme un quatuor de Messies. A peine la caravane persane entrait-elle au bazar, qu'on lui annonçait

28

l'arrivée des Européens. Le tcharvadar bachy courait nous présenter ses devoirs, et bientôt il était suivi de tous les voyageurs.

C'est à qui s'intitulera le serviteur de *Saheb* et de *Khanoum* et voudra entrer à leur service sous n'importe quel prétexte, dans l'espoir de goûter le plus longtemps possible au pilau des Faranguis. Nous avons interrogé avec anxiété ces amis de

JEUNE DIZFOULIE.

fraîche date. Depuis quinze grands jours le bruit vague de notre prochain retour circule dans le bazar de Dizfoul : nomades et citadins emmanchent pelles et pioches demeurées inactives, et se tiennent prêts à reprendre les tranchées interrompues il y a six mois. La récolte a été mauvaise, le pain est horriblement cher (35 centimes les 7 kilogrammes) : nous aurons autant d'ouvriers que nous en voudrons occuper.

Nos inquiétudes calmées, je m'informe de tous et de chacun. Mçaoul, placé sous la protection de Cheikh Thaer, et commis à la garde du matériel de la mission, a bien employé ses vacances. Il possède aujourd'hui quatre femmes légitimes; Ali Achpaz, le cuisinier, promu aux suprêmes honneurs, assaisonne de ses cheveux les pilaus du naïeb et houkoumet; la maison de Suse a supporté, sans infortunes sensibles, la solitude et l'assaut des nomades. J'avais prédit que les Arabes incendieraient le toit, difficile à remplacer : ils se sont contentés de démolir des murs intérieurs, dans l'espoir bien légitime d'y trouver un trésor monnayé. Notre palais sera vivement réparé; des portes solides, d'épaisses murailles mettront les finances de la mission à l'abri d'une razzia. Bonne nouvelle pour des comptables dont les coffres-forts se confondent avec des caisses d'habits.

Marcel s'est empressé de télégraphier ces nouvelles au docteur Tholozan et l'a prié de faire lever l'interdit mis par la légation, d'accord avec le gouvernement persan, sur notre expédition en Susiane. Les jours perdus sont si précieux! Un dernier retard quadruplerait les difficultés à vaincre pour atteindre le tombeau de Daniel. Dans un désert sans route, les voyages ne sont possibles que durant un laps de temps fort court. Depuis six mois les caravanes ne pouvaient, faute d'eau, circuler entre Dizfoul et Amarah : viennent des pluies abondantes et nous nous heurterons à des rivières hivernales infranchissables, à la terrible Kerkha, si large et si rapide. Je sais bien que la détresse des naufragés laisse souriants les puissants personnages que leur grandeur attache au rivage!

Admettons d'autre part que le Chah, sans autorité dans cette province éloignée, abandonne à leur étoile les envoyés d'une nation amie, et que notre vie soit l'enjeu de l'entreprise; encore vaudrait-il mieux la risquer d'une manière opportune. Nul n'est plus intéressé que nous dans cette question, et nul, je puis l'affirmer, ne la connaît mieux.

Si mon mari, en sa qualité de chef de mission, ne craignait d'assumer une trop lourde responsabilité; si, comme il y a quatre ans, nous venions seuls à Suse, nous camperions déjà sur les tumulus; la pioche retentissante et la pelle active auraient repris leur œuvre révélatrice.

28 novembre. — Les Dizfoulis sont prêts à bien accueillir la mission; la traversée du désert n'en reste pas moins une opération périlleuse. La plaine située entre le Tigre et la Kerkha est la patrie d'option de nomades intraitables. La caravane persane a dû, pour échapper au pillage, satisfaire les exigences des Beni-Laam. Marcel est fort préoccupé du sort de ses kraus. A qui aurait-il recours si les Arabes, instruits du contenu de nos cantines, nous attaquaient en masse et s'emparaient du convoi? Faudrait-il demander justice au Commandeur des Croyants ou au Chahin-Chah? L'un et l'autre sont bafoués en ce pays.

Soucieux de prévenir un événement dont les conséquences pourraient être si graves, mon mari s'est décidé à aller voir M'sban, chef suprême des Beni-Laam, campé non loin d'Amarah.

La nouvelle de nos bonnes relations avec ce grand personnage volera au-devant de nous et assurera à nos finances le respect qu'elles méritent.

30 novembre. — Montés sur les chevaux loués aux Dizfoulis, nous nous dirigeâmes vers les tentes de M'sban. Au delà du canal qui forme vers le nord la limite de la ville se présente une plaine inculte, où poussent, dès les premières pluies, des herbes rares que dessèchent en mars les précoces ardeurs du soleil. A l'extrême horizon, la chaîne des Bakhtbyaris porte avec fierté sa virginale couronne de neiges; mais, dans l'immense contrée qui s'étend des rives du Tigre aux premiers soulèvements, l'œil le plus exercé ne saurait découvrir un arbre ou

une habitation stable. Seule la ligne télégraphique contraste, par les pensées que sa présence éveille, avec la solitude de ce désert. De distance en distance, cinq ou six poteaux renversés sur le sol laissent traîner leurs isolateurs dans la poussière. Les communications entre Amarah et Hamadan se font d'autant mieux.

Ces accidents sont le fait des innombrables animaux promenés dans la plaine par les pâtres de M'sban; nous avons pu le constater. Un chameau vigoureux, devançant un troupeau de plus de cent bêtes, s'approche d'un poteau, frotte sa grosse épaule et son cou, peuplés de parasites, contre le bois desséché, et le secoue si bien qu'il l'abat. Au bruit des isolateurs se brisant sur le sol, l'animal prend peur; il veut fuir; il s'empêtre dans les fils, tire violemment pour se dégager, occasionne ainsi la chute d'une série de supports, et quand, tout affolé, il a reconquis la liberté, ses compagnons — les chameaux se suivent comme des moutons — accourent et commettent de nouveaux dégâts, malgré les efforts des gardiens, impuissants à modérer leur course.

Au pied de cette ligne, témoignage de la civilisation humaine élevée à son apogée, court un humble sentier; il est l'œuvre des animaux et des piétons, toujours en mouvement entre Amarah et Naharçaat, campement actuel de la tribu.

A deux heures de la ville le télégraphe et le sentier divorcent : l'un continue sa course en ligne droite, l'autre prend à gauche. Quelques traces de culture se montrent sous la forme de minces sillons, et bientôt apparaît, dressé sur un point culminant, un énorme campement symétriquement disposé, séparé en deux parties par un ancien canal desséché dont le lit sert de grand'route.

La tente du cheikh domine ses voisines; elle est entourée d'une enceinte rectangulaire formée d'épaisses broussailles et rappelle, dans de plus vastes proportions, la demeure de Kérim Khan. Le mobilier du cheikh n'est pas plus luxueux que « celui de mon cher oncle » : les richesses d'un nomade se mesurant à ses troupeaux, tout meuble, tout objet d'un transport difficile constitue une gêne, un embarras.

Lazem, fils aîné du cheikh, nous introduit sous la tente paternelle. Le sol, mal nivelé, se montre partout à découvert. Pauvres gens! ils ne peuvent même pas se procurer ces nattes que l'on trouve dans les maisons les plus misérables. Cependant un mauvais tapis est étendu dans l'angle le mieux abrité de l'air, souverain maître de céans. Sur ce tapis s'empilent des couvertures, d'énormes oreillers calant un grand vieillard à barbe blanche, au nez crochu, qui tousse, crache, souffle, se mouche du bout des doigts et lance, sans souci des voisins, les reliques de son nez et de sa bouche. La robe du cheikh, de M'sban en personne, est sale, déchirée, sordide, comme celle d'un gueux. Qui soupçonnerait sous ces haillons l'homme

M'SBAN.

le plus riche de la contrée, le chef de la puissante tribu des Beni-Laam, l'arl
qui du plissement de son large front fait trembler le valy de Bagdad et tous
cheikhs auxquels il impose des tributs? Depuis les territoires de Cheikh M
jusqu'à Ctésiphon, depuis le Tigre jusqu'aux montagnes des Bakhthyaris, M'
est roi, roi redouté et chéri à la fois.

MENDIANTE D'AMARAH. (Voyez p. 215.)

LE JEU DES MOUCHES. Voyez p. 233.

XIII

« Gare! Je vous le dis une fois, je vous le dis deux fois. » — Le jeu des mouches.

Que deviendrait la Moutessarrefieh (sous-préfecture) d'Amarah sans les impôts que M'sban consent à payer comme locataire des plaines où paissent ses innombrables troupeaux? Il y a quelques années, le moutessarref se mit en tête de traire sa vache à lait un peu plus que de raison. M'sban, indigné, fit charger sur des chameaux trois millions d'or sa menue monnaie, ses femmes, ses tentes; puis, suivi des bêtes à poil, à laine, à cornes ou à bosses, dont la valeur dépasse dix millions, il prit le chemin de la Perse, franchit la Kerkha et, sans autre formalité, s'installa en terre iranienne. Instruit de ce fait et désolé d'une résolution qui le privait de tous les contribuables du district, le moutessarref n'hésita pas à négocier le retour du fugitif. Le vieux cheikh fit la sourde oreille : les herbages de Perse étaient sans pareils, prétendait-il; sa famille se plaisait dans sa nouvelle patrie. Bref, il ne consentit à reprendre le chemin de la Mésopotamie qu'après

avoir obtenu une diminution d'impôts et reçu vingt mille francs comme bakhchich
de réconciliation Depuis cette coûteuse expérience, le gouverneur d'Amarah se
montre moins âpre, M'sban de plus en plus récalcitrant, et comme le Turc
n'a pas plus envie de voir partir l'Arabe que celui-ci de quitter les terres
occupées depuis des siècles par ses ancêtres, ils passent leur vie à discuter
et à transiger.

    L'hiver dernier, leurs relations atteignirent un degré d'intimité inquiétant Un
beau matin le moutessarief fit annoncer sa venue à son puissant administré Le
cheikh ne pouvait se dispenser d'accueillir un fonctionnaire de la Sublime-Porte,
il le reçut avec magnificence et lui servit, entre autres plats, une sauce relevée
où nageaient six beaux concombres d'or, le sous-préfet trouva le mets à son
goût En quittant les tentes, il pria son amphitryon de venir lui rendre visite

    Les jours, les semaines, les mois passaient, le moutessarref attendait son invité,
lui faisait à tout instant rappeler sa promesse et, sous des prétextes plus ou moins
plausibles, M'sban s'obstinait à rester dans sa tribu Sans l'avouer, il redoutait le
coup de poignard ou la tasse de café qui facilitent l'entrée de l'autre monde Le
sort de plusieurs grands vassaux, ses voisins, le rendait méfiant

    Et le bon Turc insistait de plus belle   « Il voulait réjouir ses yeux de la
vue du plus parfait des amis, traiter dans l'intimité les affaires délicates qu'un
intermédiaire prendrait plaisir à compliquer » M'sban se décide enfin à quitter
son campement Il enfourche péniblement une merveilleuse jument, dit un adieu
solennel à ses femmes, adresse à ses fils désolés ses recommandations dernières
et, appuyé sur deux serviteurs, prend en gémissant le chemin de la ville Après
quatre heures d'une marche lente et solennelle, le cheikh et son escorte péné-
trent dans la cour du palais M'sban défaillant, s'abat entre les mains des zaptiés
accourus pour lui tenir l'étrier, il roule de la banquette où on l'allonge se pâme
dans une convulsion — la dernière peut-être — et les dents serrées, rejette les
cherbets les plus réconfortants

    Informé de cette singulière aventure, le moutessariel accourt épouvanté, il
voit déjà la tribu vengeresse des Beni-Laam massée aux portes de la ville, on le
rendra responsable de la mort du vieillard, on lui infligera la peine du talion
Que faire? Envoyer le moribond trépasser ailleurs

    Des ordres sont donnés   « L'air de Nahar Gaat sera salutaire au malade. »
M'sban, remis en selle malgré ses plaintes, quitte le palais une heure après y
être entré

    Cependant le cheikh à demi évanoui et son escorte désolée traversent le canal
Mais à peine le Beni-Laam a-t-il perdu de vue les maisons de la ville, qu'il revient
à la vie « Fils de chiens, voulez-vous bien me débarrasser de vos bras! vous

m'étouffez! » s'écrie-t-il en écartant les cavaliers chargés de le soutenir. Et, d'un seul galop, il franchit la distance qui le sépare de son campement.

Depuis lors M'sban a toujours évité de revoir Amarah. Lorsque le moutessarref le menace d'augmenter l'impôt : « Libre à vous, répond-il; je suis vieux; choisissez un autre cheikh plus habile. »

Le gouverneur se garderait d'entrer dans cette voie; quel homme en son bon sens oserait affronter la colère de M'sban ou de ses héritiers? Il ne verrait pas briller demain le soleil qui s'efface ce soir.

Pourtant les tribus ont vécu leurs beaux jours. Jadis Amarah n'existait pas; la contrée, dévolue aux nomades, était préservée de toute incursion étrangère par le *hor* infranchissable; cinq cents livres turques satisfaisaient le valy de Bagdad; mais, *depuis l'arrivée des exécrables bonnets rouges, l'ouverture d'un service de bateaux à vapeur et l'installation du télégraphe diabolique, la nourriture du cheikh des Beni-Laam n'est plus qu'un horrible mélange d'épines et de venin de serpent.*

A la vue des casques blancs, M'sban se lève, esquisse entre deux quintes de toux un salut bienveillant, et, par l'intermédiaire d'un interprète turc, souhaite la bienvenue à ses hôtes. Puis il se rassied et s'informe des titres et qualités de chacun de nous. A mon tour :

« Vraiment, c'est Khanoum! J'ai beaucoup entendu parler d'elle l'été dernier. Je suis content de la voir. M'apporte-t-elle un cadeau? Je reçus il y a quelques années la visite d'une grande dame du Faranguistan[1] qui me laissa un superbe présent.

— Y pensez-vous! Khanoum ne saurait déroger, répond imperturbablement notre guide Naoum Effendi. Ces Français sont gens de grande science, des *mollahs* fort connus dans leur pays. Votre renommée, votre réputation de chef puissant et de justicier intègre les ont engagés à vous rendre visite, mais... vous devez considérer cette démarche comme un honneur insigne.

— J'espère que mes hôtes voudront bien passer la nuit sous ma tente et accepter le pilau arabe. Ont-ils des remèdes?

— L'un d'eux est médecin.

— Que le ciel le protège et m'accorde de sa main une prompte guérison! Qu'il s'approche. »

M. Houssay, reprenant possession de ses fonctions de hakim bachy, quitte notre tapis pour celui de M'sban, applique avec courage une oreille solennelle contre les guenilles de son client, et entreprend un long interrogatoire. M'sban est âgé de plus de quatre-vingts ans; malgré l'apparente vigueur de son grand corps couronné

1. Lady Anne Blunt.

d'une tête encore puissante, il n'a point échappé au catarrhe des vieillards. Quelques tisanes composent l'ordonnance.

« De l'eau chaude, le beau remède! D'ailleurs tousser, cracher, n'est point ce qui me peine! »

Et s'animant, les yeux clairs, le geste rapide, il demande, il ordonne qu'on lui rende... la vie et la jeunesse. Faust a regardé Marguerite; il est en quête d'un Méphistophélès.

La vie des peuples pasteurs s'écoule dans des rives si uniformes, les années amènent avec elles si peu d'incidents nouveaux, le nomade, à part quelques envolées vers les sphères infinies, est si mal préparé aux nobles élans de l'âme, qu'une femme et un beau cheval, instruments d'amour et de guerre, résument son ambition et ses désirs. Ni l'âge ni la maladie n'éteignent l'ardeur qui brûle non le cœur, mais le corps de l'Arabe.

Ne cherchez point sous ces tentes brunes une belle aux blondes tresses, en robe blanche et l'aumônière au côté; on n'effeuille pas les fleurs au désert de Chaldée, on n'y file point au rouet, nul n'y connaît la chanson du roi de Thulé; on va droit au but. Si la fillette aux quatorze printemps qui tente les yeux du vieux cheikh songe un jour à se faire entendre des nuages qui passent et des oiseaux étonnés, elle dira peut-être comme la fiancée du *Cantique des Cantiques* : « Je suis noire, mais je suis belle, filles de Jérusalem, comme les tentes de Cédron, comme les pavillons de Salomon. Ne me dédaignez pas : si je suis un peu noire, c'est que le soleil m'a brûlée. »

Mais elle ne trouvera pas un amoureux qui lui réponde : « Oui, tu es belle, mon amie; oui, tu es belle ! Tes yeux sont des yeux de colombe sous les plis de ton voile. Tes cheveux sont comme un troupeau de chèvres suspendues au flanc de Galaad. Tes dents sont comme un troupeau de brebis tondues qui sortent du bain. Tes lèvres sont comme un fil de pourpre et ta bouche est charmante. Ta joue est comme une moitié de grenade sous les plis de ton voile ! »

Ce sont là jeux de poètes raffinés, de poètes comme il s'en trouve en germe chez les contemplateurs de l'infini, mais dont la tête seule travaille sans que le cœur s'engage jamais.

« Gardez-vous de montrer le moindre objet capable de tenter la cupidité du cheikh, avait dit Naoum Effendi avant de pénétrer dans le campement de Nahar Çaat : il vous le demanderait avec une insistance d'enfant mal élevé, et, si vous répondiez à ses désirs, il ne me gratifierait même pas d'une étrenne, tant il est avare. »

Ce conseil prudent, la tenue sordide du vieillard, l'installation mesquine

d'un homme aussi riche et aussi puissant, nous ont inspiré de sages réflexions. Divulguer le passage d'un convoi d'argent sur les terres de la tribu serait plus dangereux que de traverser le désert à nos risques et périls. Mon mari avait cru trouver à la tête des Beni-Laam un nouveau cheikh M'sel, il est en présence d'un rapace chef de bande. La difficulté a été heureusement tournée.

Le printemps dernier, un courrier expédié d'Amarah à Suse fut saisi par les Beni-Laam, maltraité et dépouillé de ses dépêches. Puis un cavalier vint aux

NADEM EFFENDI

tentes, raconta que son frère avait trouvé sur les bords de la Kerkha un paquet de papiers scellé d'un grand cachet et qu'il était prêt à nous l'apporter contre une rémunération honnête. Privés depuis six mois des nouvelles de France, nous ne résistâmes pas à la tentation d'acquérir nos lettres à chers deniers.

S'appuyant sur un aussi bon prétexte, Marcel a prié le cheikh de lui donner un sauf-conduit, afin que pareil fait ne se renouvelât plus.

« Les Beni-Laam ne savent pas lire.

— Ils reconnaîtront votre cachet.

— Pourquoi tenez-vous aux chiffons de papier qu'on vous expédie du Faranguistan ? Les seules lettres que je reçoive, les lettres du moutessarref, contiennent invariablement des demandes d'argent.

— Ils nous portent des nouvelles de nos familles.

— Mirza, écris : « Gare ! je vous le dis une fois, je vous le dis deux fois.
Que personne ne frôle les porteurs de ce sauf-conduit et n'arrête les lettres
adressées à ces Français. »

Cette pièce remise entre les mains de Marcel, nous avons suivi Lazem,
chargé par son auguste père de nous promener dans le canal desséché qui
divise les tentes de la tribu. Les brunes habitations des nomades se vident.
Hommes, femmes, enfants curieux et indisciplinés se précipitent vers nous. Tous
parlent ensemble, crient à tue-tête, dans l'espoir de se faire mieux comprendre ;
le soleil rougit l'horizon et nous n'avons encore pu nous débarrasser de notre
escorte.

Un dernier fils de M'sban, à peine âgé de sept ans, la peau brune, les cheveux
indociles, le cou paré d'un cercle d'argent aux grosses pierres rouges, l'oreille
gauche chargée d'un pendant en forme de huit, persiste à nous suivre et bondit
comme un jeune faon. Mais... je reconnais la batiste cachée entre la chemise de
Betman et sa petite poitrine ! Je saisis brusquement la pointe accusatrice. L'enfant allonge ses griffes pour la retenir : force reste à la loi et je reconquiers
mon propre mouchoir. Les curieux prennent la fuite à tire-d'aile. Inspectons nos
poches ; c'est un peu tard : elles ont été scrupuleusement vidées. Couteaux, mou-
choirs, menue monnaie se sont envolés avec les larrons. Nous rentrons ; M'sban
est radieux. Tout en se cachant de nous, Betman étale devant un père émerveillé
le mouchoir que, de guerre lasse, je lui ai abandonné et divers objets prélevés sur
les explorateurs de nos poches. « Tu es bien le digne rejeton de ma race, disent
les yeux humides du vieillard reportés sur l'enfant : bon sang ne ment jamais ! »

Le jour tombe, des racines noueuses sont posées sur quelques charbons
conservés dans la cendre, et bientôt une flamme claire, jaillissant sous le souffle
d'un serviteur, dessine de sa lueur brutale les profils des Arabes groupés autour
d'elle. L'assistance devient plus nombreuse dès la rentrée des troupeaux : elle
n'en est pas plus bruyante. Ce silence contemplatif présage son grave événement.
Voici le pilau destiné aux chrétiens ! L'adresse des Farangis jonglant, sans se
blesser, avec des pointes de métal, a seule été capable de provoquer quelques
témoignages d'admiration. Enfin arrive la montagne de riz réservée aux musulmans ; les yeux s'allument. M'sban plonge la main dans la pyramide, ramène
les extrémités de plusieurs manches de gigot, enlève la chair et, avec une générosité sans égale, lance les os décharnés vers ses plus fidèles sujets, dressés

à les saisir au passage comme des chiens de mauvaise compagnie. Le cheikh, rassasié, repousse le vaste plateau et l'abandonne à la gloutonnerie de ses clients. Une sébile d'eau passe de main en main, de bouche en bouche, puis les dîneurs, à l'exemple de M'sban, se lèvent et se retirent sous les tentes des femmes. C'est le signal du couvre-feu.

Les Faranguis s'enroulent dans leur couverture, appuient la tête sur les sacoches des selles métamorphosées en oreiller, et s'étendent autour du piquet porte-fusi qu'éclairent par instants les dernières lueurs d'une flamme mourante.

De la nuit je n'ai entendu autre bruit que les aboiements des chiens, les voix plaintives des chacals, le sifflement du vent sous les pans agités de la tente et les coups des pilons retentissant réguliers, dans les mortiers de fer où les femmes décortiquent le riz longtemps avant le jour.

Rudes habitudes de la vie nomade, hélas ! je vous ai perdues ; un horrible torticolis me condamne à l'immobilité. Quand les étoiles pâlissantes s'éclipsent à l'orient devant l'aube laiteuse et qu'un Arabe, chargé de bois, rallume le foyer éteint, mon corps semble rivé à la couche douloureuse qui l'a meurtri. Le premier réveil après une nuit d'hiver passée sur la dure est un glacial avant-goût du tombeau ; mais vienne l'étincelle brillante, parcelle arrachée par Prométhée au divin Phébus, et cette froidure se transforme en une sensation de bien-être, en un extatique retour à la vie. Encore un instant, la terre s'illumine aux rayons du dieu lui-même. Cours, ô mon être, va respirer la brise salubre du matin, laisse planer tes yeux sur cette plaine immense, plus vaste que l'Océan, plus irisée que la nacre ; sur ces montagnes, ruban de moire bleue et pourpre, lointain et dernier rideau d'un sublime décor. Suis ces longs troupeaux qui s'enfoncent dans le désert, ces agneaux bondissants, ces chevreaux qui s'essayent déjà front contre front aux luttes de la vie. Considère ces grandes silhouettes des chameaux et ces buffles aux cornes basses s'estompant dans les vapeurs agitées en vagues énormes, telles que les fumées de l'encens montant vers le ciel, et loue ton Maître suprême de quelque nom qu'il plaise à l'homme de le nommer.

Est-il un hommage plus digne de la Divinité que l'admiration muette provoquée par la contemplation de ses œuvres ? On ne communique pas avec le Créateur quand on voit le ciel entre de hautes murailles. Laborieuse tâche que de ramener vers des régions sereines la pensée égarée comme ces jeunes poulains échappés à la main des nomades, quand on vit sous un jour pâle et parcimonieusement distribué, écrasé sous un toit qui cache les espaces infinis ! Au désert, la bouche demeure silencieuse, mais du cœur s'élance, spontané, un hymne d'enthousiasme et de reconnaissance.

Vous qui doutez de tout et de vous-même, ne cherchez point la paix dans les raisonnements des philosophes, les théories d'école, les écrits des penseurs ou des théologiens. Éloignez-vous plutôt de vos semblables, oubliez-les, afin que l'œuvre divine ne vous apparaisse point amoindrie, venez vivre dans la solitude de la montagne, dans les plaines désertes. L'admirable beauté de la nature, sa majestueuse éloquence parleront mieux à votre âme que les affirmations des uns, que les négations des autres.

« Parmi ces hardis faucons, les uns ont les yeux cousus, les autres les yeux ouverts, mais ils se brûlent les ailes. Nul n'a pénétré jusqu'au trésor de Karoun, ou si quelqu'un est arrivé jusque-là, on ne l'a plus revu. »

Derniers adieux du cheikh des Beni-Laam :

« Le mulet qui portait vos couvertures s'est entravé malencontreusement cette nuit ; je vais vous prêter une autre bête.

— Merci.

— Auparavant donnez-moi deux krans pour sa location.

— Mahmoud, deux krans au cheikh.

— Sont-ils en bon argent? Ta bourse est ronde, petit cuisinier : ajoute encore deux krans pour le conducteur..., puis... deux krans pour la journée de retour de la bête,... deux krans pour la journée de retour du conducteur,... deux krans pour le bakhchich de l'homme et de la bête. Un, deux, trois, quatre, cinq, six, sept, huit, neuf, dix. Le compte y est. »

Ce n'est pas payer trop cher le mulet d'un homme qui possède une fortune de vingt millions et touche, indépendamment du *malyat* ou capitation d'un kran payée par toute barbe poussant sur un menton beni-laam, le *ouady*, contribution deux fois plus lourde, destinée à parer aux frais éventuels de guerre et, en cas de meurtre, aux indemnités exigées par les tribus voisines.

1er décembre. — « Monsieur! monsieur! s'écrie le charpentier Jean-Marie, gardien fidèle du trésor, les dépêches que vous attendiez avec tant d'impatience sont arrivées peu d'instants après votre départ pour Nahar Çaat. »

Le léger escalier gémit et s'ébranle, la terrasse tremble; pleins d'impatience, nous nous élançons à l'assaut des nouvelles. « De Suse les chemins sont ouverts! » disent, sous une forme à peu près identique, deux télégrammes signés du docteur Tholozan et de M. de Balloy, ministre de France à Téhéran. Enfin!...

« Mahmoud, Abdallah, Reza, alerte, courez! Des chameaux, des mulets! Nous partons demain. Comment, drôles, vous jouez encore aux mouches? »

Cette avalanche de paroles, si peu en harmonie avec le laconisme de leur maître, galvanise nos trois serviteurs; quittant la partie engagée, ils s'envolent à tire-d'aile vers le bazar.

Le jeu des mouches est fort goûté des Persans; il ne demande ni effort intellectuel, ni fatigue corporelle, ni matériel compliqué. Voici la recette. Inutile de l'importer au pôle Nord.

En été, étendez un tapis sous un *konar* touffu, asseyez-vous confortablement vis-à-vis de votre partenaire, que chacun de vous jette un kran d'argent devant lui.

Bientôt une mouche, dix mouches, un nuage de mouches, s'approchent en sifflant. Les voilà d'abord posées sur le nez, sur la barbe. Ces prémices d'une prochaine victoire doivent faire supporter sans colère ces familiarités ; le moindre mouvement éloignerait les insectes et les pousserait dans la direction de votre adversaire. Patientez et laissez-vous dévorer.

Rassasiée, mais toujours curieuse, la mouche, installée sur le promontoire qui vous sert de nez, examine la plaine. Soudain elle aperçoit les pièces d'argent et demeure immobile, étonnée.

« Serait-ce l'image de la lune en plein jour? Un ver luisant aurait-il égaré sa montre et allumé trop tôt son fanal? dit-elle en son étroite cervelle. Vite, courons aux renseignements. Demain je publierai la nouvelle dans la gazette des diptères ! Un coup de patte à la lune oublieuse de ses devoirs, une volée de bois vert au lampyre qui scandalise l'univers par ses promenades au grand soleil! Voici matière à un article retentissant. Quelle joie vont éprouver mes abonnées! D'ailleurs, quand il s'agit de les satisfaire, rien ne saurait me rebuter. Je ne puis, comme l'araignée, tisser de longues trames, mais je cours, je trotte, je vole, j'interroge ; tout m'est bon : serviteurs, portiers et balayeurs, pour avoir des renseignements exacts.

« Au demeurant bonne princesse et vertueuse, je défends avec une ardeur sans égale la morale, dont j'ai ouï parler dans mon jeune âge, et me contente de peler doucement les égarés, laissant aux grosses volucelles les plus vilaines besognes du métier de mouche. En route. »

L'insecte s'envole. Il hésite. Sur lequel des deux krans se posera-t-il? Surveillez-le, ne le perdez pas de vue, l'instant est solennel. *Ze.... ze,... ze...* Il a jeté son dévolu! A vous la victoire, avec l'enjeu de votre adversaire !

Quant à la mouche, elle reste confondue.... Pas le moindre rayon de lune sur le tapis, pas même un pauvre petit ver de terre, mais un métal dur, insensible, bon tout au plus à user ses pattes.

Croirait-on que le jeu des mouches, livré en apparence aux fantaisies de l'être le plus insupportable de la création, donne encore lieu à des tricheries? L'un des joueurs enduira sa pièce d'un sirop parfumé ; l'autre posera la sienne auprès d'une tache graisseuse à peu près invisible, mais dont l'odeur attirera les insectes à jeun. Machiavéliques adeptes du whist ou de l'écarté, soyez modestes : vous seriez battus au *magazèbaz*.

Mais voici nos larbins de retour. Un Arabe les accompagne ; ses traits ne me sont point inconnus; où ai-je donc vu cette figure? Le nouveau venu propose des chevaux excellents, des chameaux et des mulets vigoureux. M. Babin marchande pour la forme, car nous passerions sous les fourches caudines, pourvu que le départ soit prochain. Bêtes et gens s'ébranleront dès demain.

2 décembre. — Nous sommes tombés dans un piège, il est humiliant d'en convenir. Le muletier était un faux muletier, un émissaire de M'sban. Il se présenta, reçut notre parole, et courut chez Attar, le chef de la caravane dizfoulie : « Combien m'achètes-tu les Faranguis? J'ai le droit de les transporter, je te le cède. Sois raisonnable; il t'en coûterait gros de perdre la protection du cheikh. »

Attar s'est exécuté. M'sban, sans bourse délier, sans aventurer un mulet ou une corde, a reçu une prime bien supérieure au prix normal de la location. La tonte des brebis est une opération essentiellement pastorale.

CAMPEMENT DE SAF-SAF.

XIV

3 décembre. — La caravane est en route, mais elle ne marche pas. Vendredi soir, Attar nous embarqua sur six *belems*, qui descendirent lentement le canal Mahmoudieh. Quatre heures plus tard, les barques s'arrêtaient vis-à-vis des palmiers de Saf-Saf. Buvons à longs traits : l'eau du Tigre nous fera désormais défaut.

Les tentes de la mission sont restées au Gabré Danial; nous avons dû nous contenter de celle des muletiers, dont la moitié nous a été louée par contrat. Quatre lés d'une étoffe de poil de chèvre à carreaux blancs et gris sont cousus les uns aux autres : c'est le toit. On le pose sur les bagages amoncelés en forme de mur divisoire; sous les pans de la draperie, raidie par des haubans, s'installent les voyageurs. L'un des auvents est réservé aux chrétiens, l'autre abrite les musulmans. La maison d'Éole et notre domicile font la paire,

Les tcharvadars, venus à pied, étaient installés quand nous avons pris terre ; ils nous ont généreusement introduits dans le compartiment exposé au mauvais temps. Vers minuit une pluie abondante, fouettée par des rafales impétueuses, faisait une entrée souveraine dans cet asile aussi modeste que malsain. Nous avons tiré le toit à nous : hélas ! il était déjà trop tard.

Le brouillard et les ondées, phénomènes météorologiques également humides, se sont relayés durant vingt-quatre heures.

Pareil temps, pareille nuit devaient laisser un souvenir parmi nous. M. Babin étrenne avec un gros accès de fièvre. Il n'accuse point l'adverse fortune, sachant bien que chacun de nous payera son tribut à la fée des marais. D'ailleurs, à tous les maux s'offrent des consolations ; une belle négresse, venue d'un campement voisin vendre du beurre aux muletiers, parut s'intéresser au sort du malade et lui prouva sa sympathie en se bourrant consciencieusement le nez et les oreilles d'une peau d'orange qu'il avait épluchée. Puis, noble et majestueuse, parée de ce trophée, elle reprit la route de sa tribu.

A la noire laitière succèdent des troupeaux de buffles conduits par des pâtres demi-nus ; l'un d'eux, armé du trident, comme Poséidon,

PÊCHEUR ARABE.

le maître des ondes, nous offre un énorme poisson piqué dans les eaux fraîches du canal. Enfin, sur le soir, se présentent deux cavaliers. Ils comptent les bêtes de somme et réclament le tribut que toute caravane soucieuse de sa sécurité doit au cheikh des Beni-Laam. Cris, hurlements, pleurs, menaces, roulement d'yeux des victimes restent sans effet. Le péage perçu, les collecteurs

« Voici ces fils du diable sur le chemin de l'enfer qui les a vomis, m'a dit le fils d'Attar; je vais avertir mon père. Nous avons été dupes de M'sban, nous lui rendrons la chienne et ses petits.

— Depuis quand les louveteaux de votre taille dévorent-ils des lions?

— Je m'entends.

— Tu es malin. »

5 décembre. — Notre sort est pitoyable. Avant-hier matin, nous quittâmes le campement de Saf-Saf avec la moitié des bagages — Attar n'avait pu rassembler toutes les bêtes — et nous marchâmes jusqu'à deux heures à travers la lande déserte. Puis nous entrâmes dans le *hor* desséché, couvert d'une inextricable forêt de ginériums. La caravane traversait la partie la plus basse du marécage; sa marche était lente, la pluie de la veille avait détrempé la surface glaiseuse du sol. Les mulets glissaient, tombaient, se blessaient; les hommes, en les rechargeant, laissaient échapper les fardeaux souillés de boue, s'écrasaient les pieds, se déchiraient les jambes; les nuées accouraient semblables à des torrents de bitume; derrière elles s'avançaient les ténèbres et l'orage; les insectes volaient près de terre, poursuivis par les oiseaux qui, rapides, frôlaient le sol de la pointe de l'aile : un déluge semblait imminent.

Au sortir d'un épais fourré, nous débouchâmes sur une clairière qu'occupaient les tentes d'une pauvre tribu. Nous n'étions pas à cheval depuis quatre heures, et cependant les muletiers déclarèrent qu'il serait dangereux de prolonger l'étape. Mieux valait camper auprès des nomades, attendre le chef de la caravane et laisser passer l'ouragan. Le conseil était sage. Depuis deux jours les vents du nord et du midi luttent avec rage et ébranlent l'air de leurs grondements furieux, les nuages se précipitent contre les nuages, de leurs chocs jaillissent d'éblouissantes gerbes de feu qui jettent sur la nature très sombre de fugitives et aveuglantes clartés; on ne sait dans quelle région du ciel se livre plus acharnée la bataille des éléments. La voûte éternelle semble prête à s'abîmer, puis les éclusiers divins ouvrent toutes grandes les vannes célestes et, sous l'action dissolvante des eaux, la terre elle-même se liquéfie.

Instruits par l'expérience de Saf-Saf, nous avons présidé à l'installation du toit protecteur. Comme on fait son lit, on se couche. Les gros bagages forment le mur de refend; les petits, disposés en cloisons longitudinales, reçoivent la retombée de la tente et barrent le passage au vent et à la pluie. A part quelques gouttières, nous sommes au sec dans notre palais de poil de chèvre; mais les eaux tombées sur la plaine se sont précipitées vers le *hor*, où les conduit la pente naturelle du terrain, et ont si bien détrempé un sol couvert de vase desséchée qu'on ne peut s'aventurer au dehors sans enfoncer jusqu'à la cheville dans une boue empestée.

Sur le soir arrivent Attar et la seconde partie du convoi. Les retardataires sont exténués. Néanmoins nous partirons demain. Le campement est placé dans une cuvette ; si la pluie persiste, les eaux envahiront ce bassin, concédé à la fièvre paludéenne par l'incurie des hommes, et couvriront d'une nappe liquide, infranchissable pour des bêtes chargées, les glaises déposées sur le *hor* depuis des siècles. Vaille que vaille, voyageurs et nomades doivent gagner au plus tôt les plateaux supérieurs.

6 décembre. — Elle est passée la pluie d'orage. Ce matin l'air est doux et parfumé ; le ciel apparaît par instants à travers les buées amincies ; les roseaux s'agitent au souffle d'un léger zéphir et mêlent leurs indiscrètes chansons à celles de la brise qui passe. Depuis l'aurore, les tcharvadars parlent du départ : il est neuf heures, et les mulets ne sont pas encore chargés. Enfin nous nous ébranlons, abandonnant, comme avant-hier, la moitié des bagages. J'ai démêlé la machiavélique combinaison d'Attar. Elle est fort ingénieuse, mais nous sommes les premières victimes de l'industrie que déploie notre chef muletier pour frustrer M'sban du péage perçu sur chaque bête de somme.

Voici le procédé. La caravane se divise en deux groupes. Le premier, placé sous notre protection et comprenant les mulets et les voyageurs, gagne de l'avant, tandis qu'Attar, aidé de quelques compagnons courageux, garde les charges laissées en arrière. Le convoi marche quatre heures durant, puis s'arrête. Les animaux mangent, rétrogradent à la nuit jusqu'au campement précédent, reçoivent les derniers colis, reviennent, se reposent et repartent avec nous. Ils continueront ce manège jusqu'à Suse, si d'ici là il reste encore une ombre de tcharvadar pour fouetter une ombre de mulet. A pareil train atteindrons-nous jamais les bords de la Kerkha ?

10 décembre. — Au delà du *hor*, la caravane traversa une plaine ondulée. Puis elle atteignait un gros campement beni-laam, placé sous l'autorité du cheikh Menchet.

« Nous ne planterons pas la tente ce soir, me dit Baker, fils d'Attar : ce serait de la dernière imprudence. Entrez résolument chez le cheikh, saluez-le, asseyez-vous à ses côtés et entourez-vous des petits colis, tandis que nous empilerons les gros bagages devant l'ouverture de la tente, de façon que vous ne les perdiez pas de vue. Menchet est un brigand, un voleur, un assassin, chez lequel on ne saurait passer sans laisser poil ou plume, mais si vous l'obligez à vous recevoir, il n'osera enfreindre les lois de l'hospitalité. »

Les yeux perçants de Menchet, son nez crochu, sa figure d'oiseau de proie ne démentaient pas les paroles de Baker ; pourtant nous fûmes bien accueillis tout d'abord. Les charbons du foyer sont ranimés ; les grains de moka sautent

sur une plaque rougie et s'écrasent à notre intention dans le mortier de fer ,
Menchet prépare de ses nobles mains un café délicieux. Ces premiers devoirs
remplis, notre hôte nous fait subir l'invariable interrogatoire

« Comment t'appelles-tu ? D'où viens-tu ? Où vas-tu ? Quelle est ta religion ?
Combien as-tu d'enfants ? Combien as-tu de femmes ? Dans ton pays vis-tu sous
la tente ? Avais-tu déjà vu des chevaux et des moutons ? Les buffles sont-ils
aussi beaux chez toi que dans l'Arabistan ? Que portes-tu dans ces malles noires ?
(Nos cantines !) Pourquoi sont-elles si lourdes ?

— Elles sont pleines de cartouches »

La curiosité de Menchet paraît satisfaite. Marcel demande l'autorisation de
visiter le campement. Sacoches, selles, petites caisses empilées dans un angle
de la tente sont confiées à la garde de Jean-Marie. Le fusil sur l'épaule,
nous sortons. Plus de cent tentes s'alignent de chaque côté d'une large rue.
Hommes, femmes, enfants, vêtus de beaux *abas* de laine brune, sont nonchalamment accroupis sur des tapis gris égayés de pompons et de longues franges
aux vives couleurs. Ici on abat un jeune buffle pour le repas du soir, là on dé-
pouille de leur peau laineuse des moutons chargés de graisse ; sous chaque toit
murmure la marmite à pilau. Cette tribu de voleurs brevetés ne sème pas un
grain de riz, ne récolte pas un épi de blé : aussi vit-elle dans une abondance
inconnue des nomades plus laborieux. Je dois ajouter qu'elle paraît jouir sans
remords du produit de ses razzias. Les Arabes ont sur l'honneur des idées que
ne renieraient pas certains Occidentaux : la violence et la conquête justifient
toujours la possession.

À la nuit nous rentrions chez le cheikh en même temps que deux hommes
entravés dans une chaîne de fer.

« Quel est le crime de ces malheureux ? ai-je demandé à Menchet qui, d'un
signe, avait invité les prisonniers à s'asseoir auprès du feu.

— Ils ont tué trois pèlerins persans. Sur la demande du gouverneur de
Dizfoul, je leur ai infligé deux mois de chaîne. Ils se promènent le jour et
regagnent les tentes dès le coucher du soleil.

— Le Koran ne recommande-t-il pas de châtier les assassins ?

— D'accord ; mais pourquoi les Persans se sont-ils défendus ? Et puis,
qu'aurais-je gagné à tuer des gens aussi pauvres ? »

Ah ! le grand justicier que Menchet !

Peu habitué aux mœurs du pays, Jean-Marie s'éloigne instinctivement de ses
deux voisins.

« Ils n'ont pas plus mauvaise figure que le cheikh, lui ai-je dit.

— Oh ! madame, a repris notre brave Toulonnais, nous sommes tombés dans

un repaire de bandits. Voyez-vous ce petit drôle encore à la mamelle? Ne s'était-il
pas glissé sous une selle pour détacher la sangle et la voler? Peut-on se
méfier d'un enfant de cet âge? J'ai voulu taper sur les doigts du bambin : le vieux
cheikh a failli me dévorer. Quelles gens! Ils disaient tout à l'heure en me
regardant : « Celui-ci est Arabe ; il fait mine d'ignorer notre langue, mais il
« nous entend à merveille. » Sûrement ils grillent de nous tordre le cou et de
s'approprier nos bagages. »

Depuis quand Jean-Marie comprend-il l'arabe des Arabes? Mystère! En

PRISONNIERS ARABES. (Voyez p. 241.)

tout cas, il juge sainement de la probité du cheikh et de son entourage.

« N'avez-vous aucune crainte chez les nomades? nous a dit Menchet après dîner.

— Que craindrions-nous? Ne sommes-nous point sous votre tente?

— Vous êtes plus courageux que moi. Les malfaiteurs courent la plaine; j'ai
peur d'être attaqué cette nuit; mais je dormirais tranquille si vous me prêtiez vos
carabines et des balles.

— Dans quel pays un soldat abandonne-t-il ses armes? En cas d'alerte,
avertissez-nous ; vous verrez que les Faranguis reçoivent gentiment leurs
ennemis. »

Sur cette réponse, et afin de prouver au cheikh que ses appréhensions nous
avaient laissés très calmes, nous avons disposé une caisse en guise de table, allumé

deux chandelles et engagé des parties de dominos, qui nous ont tenus éveillés fort avant dans la nuit. Vers une heure, les mèches s'allongeaient fumeuses, quand la tente s'ouvrit brusquement sans que les chiens eussent aboyé. Trois coups de feu retentissent derrière la muraille d'étoffe. Nous sautons sur nos armes. Menchet se précipite le visage effaré :

« Les brigands sont là ! Prêtez-moi vos fusils.

— Non.

— Venez au moins à notre secours et marchez vous-même sur la trace des maraudeurs !

— Nous ne sortirons pas de la tente avant le jour. »

C'était un piège. Renonçant à nous tromper, Menchet se retire furieux ; la nuit s'achève sans incident.

Au matin, nouvelle antienne. Attar est arrivé, mais le nombre des bêtes, si disproportionné avec les charges, a diminué. Un chameau s'est cassé la jambe, on a dû l'abandonner ; un mulet suit la caravane sur trois pattes, incapable de porter son bât. Informé de ce désastre, Menchet se présente la bouche en cœur :

« Vous ne pouvez continuer votre voyage sans bêtes de somme ; je vais vous prêter des mulets excellents, et mon fils vous servira de guide.

— Je veux bien louer tes mulets, mais un guide m'est inutile, a répondu Marcel ; je te montrerais le chemin de Suse.

— Peu importe, Fellahyé vous accompagnera : sa présence assurera votre sécurité. Que lui donnerez-vous ?

— Cinq krans et ma bénédiction.

— Un demi-toman ! perdez-vous la tête ? vous moquez-vous de moi ? Je ne vous tiens pas quitte à moins de cent cinquante krans ; demain j'exigerai le double, après-demain trois fois autant ; s'il vous plaît de passer l'hiver ici ou de me céder vos bagages, libre à vous.

— Prends garde ! Avant de menacer, lis cette lettre de M'sban adressée à tous les cheikhs Beni-Laam.

— M'sban, M'sban ! Me fera-t-il grâce d'un *chaï* quand il enverra réclamer le *malyat* (impôt des barbes) ? »

Et Menchet s'est retiré fort perplexe.

Dix minutes plus tard se présente Mahmoud :

« Saheb, pendant mon sommeil on m'a volé le sac de riz ; la boîte à thé est pleine de cendres ; j'ai vainement cherché un mouton, des poulets gras ou maigres : pas un Arabe n'ose désobéir au cheikh, qui a défendu de vous rien vendre. Que faire ? que devenir ? Allah Kérim, nous sommes morts ! »

Il restait des dattes et du pain mouillé, nous avons dû nous contenter de ce maigre régal.

Vers midi arrive un cheikh du voisinage de plus honnête figure que ses pareils.

« Les Farangnis sont encore chez toi?

— Apparemment, » répond Menchet.

Puis les deux compères ont causé à voix basse. Quelques mots saisis au vol m'ont appris que le nouveau venu conseillait à son collègue de ne pas s'engager dans une méchante affaire. La crainte de M'sban est le commencement de la sagesse.

« Sais-tu ce qu'ils m'offrent, ces misérables, ces voleurs? répondait Menchet enflammé d'un noble courroux. Cinq krans! Entends-tu, cinq krans! Et ils sont cinq, et ils ont quatre fusils et plus de trente charges! Cinq krans!... »

Tous deux ont quitté la tente et se sont éloignés afin de causer plus librement.

Au même instant retentissait un joyeux bruit de grelots; un vieux mollah et quelques Persans montés sur des mules vigoureuses apparaissaient, hâtant le pas, timides comme roitelets condamnés à défiler devant les griffes du vautour. Les Dizfoulis nous aperçoivent : « Les Farangnis sont là! s'écrient-ils, échos inconscients du visiteur précédent; mettons-nous sous leur protection, nous ferons route ensemble. »

Les nouveaux venus sont les Kerbelaïs, c'est-à-dire qu'ils viennent de Kerbela, où ils sont allés prier sur le tombeau du fils d'Ali. Jamais je n'aperçus pèlerins plus gâteux, plus cacochymes; jamais je ne vis plus piteuses victimes de l'âpreté des prêtres musulmans. Nous les avons néanmoins accueillis avec égards : la Providence est toujours belle, même sous la forme d'un Kerbelaï déguenillé! Désormais les pèlerins feront route à pied, tandis que leurs bêtes, louées pour notre compte, emporteront l'excédent des bagages.

Le lendemain nous sortions de prison, non sans reprocher à Menchet les nombreux larcins dont la caravane était victime. « Je ne vous ai rien volé; Allah le sait. Les hommes de ma tribu sont d'honnêtes gens : ils conquièrent leur bien les armes à la main. S'il vous manque quelques objets, ils ont été pris par mes femmes ou mes enfants. Quels reproches adresser à ces êtres inférieurs, inconscients? »

Une brume épaisse couvrait la plaine; bientôt nous sommes entrés dans une claire forêt de tamaris dont les fleurs roses et le délicat feuillage, frangés de perles de rosée, scintillaient comme un limpide cristal. Dans ces pays infernaux, la végétation décèle toujours le voisinage d'une rivière; le cours d'eau où s'abreuve la tribu de Menchet apparaît à travers les arbres. Traverser un gué profond est toujours une rude épreuve. Les chevaux se laissent glisser les premiers le long de la berge et se lancent dans les flots ; les chameaux se montrent récalcitrants ; les ânes, trop petits pour avoir pied, doivent être soutenus à bras d'homme. Enfin Faranguis et Persans, animaux et bagages, atteignent la rive.

Un dernier cavalier aborde : le guide imposé par Meuchet auquel nous espérions échapper. Fellahyé est un vigoureux Arabe, très fier de ses longs cheveux nattés, bon diable d'ailleurs, mais élevé à l'école paternelle. Comme les muletiers déjeunaient, il s'est approprié, sans invitation, le meilleur de leurs provisions.

Deux heures plus tard les avaries de la caravane étaient réparées. Le soleil avait percé la brume et mis la joie au cœur des voyageurs ; les uns sifflaient, les autres chantaient; le vieux mollah lui-même avait entonné un cantique où se confondaient pêle-mêle de pieux souvenirs et des espérances bien profanes. Cette paix était à la mesure des événements de ce monde.

Depuis la rivière, la plaine s'étend plate, sans un buisson, sans une herbe, et jaune comme un vieux concombre. Soudain des points noirs, se mouvant avec rapidité, se montrent à l'horizon. Un, deux, cinq, dix cavaliers ! Ils fondent sur nous de toute la vitesse de leurs juments rapides. « *Dochmanha !* (Des ennemis !) » s'écrie Fellahyé. Les muletiers s'arrêtent, se groupent apeurés, se forment en masse compacte. On dirait qu'ils ont l'habitude de ce mouvement, tant ils l'exécutent avec promptitude. La défense du convoi nous regarde, car un vrai Dizfoulî ne lutte pas avec des armes ; il lutte de vitesse : en cas de défaite, nos gens comptent sur leurs jambes de cerf. Ils sacrifieront leurs bien-aimés mulets et sauveront à ce prix une carcasse tout au plus bonne à régaler des corbeaux.

Sur-le-champ nous armons carabines et revolvers, puis nous nous portons en avant de la caravane. Le brave Jean-Marie descend de son baudet, saisit un gourdin, la meilleure des armes de guerre, assure-t-il, et prend place dans nos rangs. Les cavaliers approchent, nous ajustons, Fellahyé s'émeut.

« Par Allah ! ne tirez pas ! Ce sont des amis ! Je les reconnais ! Ne tirez pas ! » Et, enlevant sa monture, il se précipite au-devant des nouveaux venus.

Le chef de la bande s'arrête ; les deux Arabes se baisent à plusieurs reprises.

« Les Faranguis ne se laisseront ni surprendre ni intimider, dit sans doute Fellahyé ; ils se défendront et, comme ils sont bien armés, la mêlée sera dange-reuse; mieux vaut attaquer une caravane de bonne composition. »

L'Arabe, d'ailleurs très brave, aventure rarement sa vie dans une razzia. Si le butin doit être disputé à coups de fusil, son ardeur se refroidit.

Les *ennemis* viennent au petit pas nous tirer leur révérence. Les uns sont armés de mauvais fusils, les autres de lances de fer emmanchées sur de longs bois. Marcel

répond aux politesses qu'on lui adresse. Parlez-moi d'un pays où de *bons amis* se
débitent des compliments *sucrés* la carabine armée et le revolver à la main !

Nous n'avons point encore bataille gagnée : un autre groupe se dessine au loin.

« Fellahyè! tu as trop d'amis dans cette plaine ! crie mon mari. Tiens ceux-ci
à distance, si tu as souci de leur vie. » Les lances, les abas s'agitent ; les retardataires comprennent que le coup est manqué et viennent joindre leurs protestations

ALERTE.

de dévouement aux salamalecs de la première troupe. Marcel se tourne alors vers
les muletiers :

« Prenez les devants, et ne vous endormez pas en chemin. »

Un soupir de soulagement s'échappe de leurs bouches, leurs visages rayonnent,
ils osent presque regarder les Arabes. Lorsque la caravane lui paraît hors de péril,
mon mari engage le fils de Menchet à profiter du départ de ses amis pour regagner
la tente paternelle.

« Non, certes; je serai votre guide durant tout le voyage ! »

Comment se débarrasser d'un homme aussi gluant ? Le désert n'est-il pas la

Au soleil couchant, les muletiers me montrent de grosses taches blanches semées dans un pré. Le bruit de nos pas semble leur donner la vie, elles s'agitent, s'émeuvent et prennent la fuite, ce sont des gazelles. Impossible de les atteindre. Le long du pré court un ruisseau alimenté par une source, nous n'irons pas plus loin.

La nuit s'est passée fort paisible, les chacals eux-mêmes ont gardé le silence, preuve certaine de l'éloignement des tribus.

Le lendemain, la caravane passait au pied du tell de Docelladj, suivait une série de vallonnements rapides, caillouteux, stériles, et pénétrait dans le bassin de la Kerkha. Hâtons le pas, le but est proche. Le soleil veut nous faire fête, il dissipe les brouillards, et soudain apparaissent sur ma gauche les eaux argentées du fleuve courant à travers la jungle verte, puis, en arrière de cette forêt vierge, la masse des tumulus susiens et la flèche blanche du tombeau de Daniel.

« Suse ! Suse ! »

Tels on voit d'audacieux navigateurs se hasarder à la recherche des contrées lointaines, jouets des vents infidèles, ils ont erré sur des mers inconnues et sous un pôle ignoré, ils aperçoivent enfin le rivage, ils le saluent par de longs cris d'allégresse, ils se le montrent les uns aux autres et oublient les misères et les périls du voyage.

A vol d'oiseau, douze kilomètres me séparent de la terre promise. De la main je vais la saisir. Il me semble découvrir au bout de ma lorgnette les déblais arrondis le long des tranchées comme de gigantesques taupinières, je vois se dresser les murs de la maison grise. Franchissons la rivière, le soleil est encore haut, ce soir nous coucherons à Suse. Le convoi longe la forêt. Les arbres cessent pour faire place à des bancs de gravier déposés par les crues. Ces éclaircies montrent les eaux grossies par les pluies, torrentueuses, lourdes de terre en suspension, charriant des troncs d'arbres noueux.

La caravane atteint le point où le fleuve était encore guéable il y a quinze jours. Hélas ! impossible de le traverser aujourd'hui. L'élargissement démesuré du lit prouve que les eaux se sont élevées de trois à quatre pieds et doivent atteindre au thalweg une profondeur de deux mètres cinquante.

Que faire ? Nous revenons sur nos pas. On décharge les bagages dans une étroite gorge comprise entre la falaise et un bois touffu, baigné par le fleuve. Demain un homme se jettera à la nage, gagnera la rive gauche et se rendra au campement de Kerim Khan, où se trouvent, paraît-il, les éléments d'un kelek.

La tente, mouillée depuis deux jours, est impropre à tout usage, avec les bagages nos muletiers construisent trois murailles, tandis que Marcel, MM. Babin, Houssay et Jean-Marie pénètrent dans les bois, afin de ramasser les branches feuillues nécessaires à la confection de la toiture.

Des cris, des supplications retentissent. Je cours. Fellahyé, après avoir dépouillé plusieurs Dizfoulis, assomme le vieux mollah. Celui-ci défend ses maigres provisions et tâche d'attendrir l'Arabe. « Donne-moi ton riz! » s'écrie Fellahyé; et il lui cingle le visage d'un coup de gaule. A cette vue je me sens saisie d'une invincible colère; je me précipite et j'arrache le bois des mains de Fellahyé. « Fermez vos besaces, ai-je commandé aux Dizfoulis, et ne donnez rien à ce brigand. Quant à toi, bourreau, je te défends de battre les gens de la caravane. »

Fellahyé se retourne, furieux comme une panthère blessée; il dégage de sa ceinture un pistolet long d'une aune, je saisis mon revolver, et nous voilà tous deux en présence.

« Khanoum-Saheb, Khanoum-Saheb, ne lui faites pas de mal! s'écrient mes pusillanimes protégés. Allah très grand! que deviendraient nos mulets?

— Vous vous mêlez de mes affaires! rugit Fellahyé revenu de sa stupeur. Cette caravane m'appartient; je vais chercher des amis et vous compterez sans l'aide de vos doigts ce qu'il en restera demain.

— Ah!... cette caravane t'appartient! Viens la prendre! »

Et je reste maîtresse du champ de bataille, tandis que notre guide enfourche sa jument et disparaît derrière la falaise. Les Dizfoulis perdent la tête et poussent des cris désespérés : « Fellahyé, ne pars pas, Khanoum te laissera prendre tout le riz du mollah! Khanoum, priez-le de rester, sinon nous serons battus et volés! Allah! Allah! Il part,... il s'éloigne!... » Ces appels éveillent l'attention de Marcel et de nos deux camarades; ils accourent.

« Qu'y a-t-il? demande mon mari.

— C'est la faute de Khanoum, qui a empêché Fellahyé de battre le mollah. » Et ils se mettent à pleurer : « Hi, hi, hi! Il a dit qu'il s'emparerait de la caravane, hi, hi, hi.... Saheb, montez à cheval, courez, rappelez-le, qu'il ne s'éloigne pas, ou nous sommes perdus!

— Êtes-vous fous? Me prenez-vous pour un chacal? Considérez ces armes et ces caisses de balles. Avez-vous été pillés hier, bien que vous vous soyez trouvés en présence de plus de vingt cavaliers? »

Puis mon mari m'a conduite à l'écart. Quel sermon m'a valu mon accès de don-quichottisme! Pouvais-je supposer que les Dizfoulis, comme la femme de Sganarelle, se plaindraient de n'être point assez battus? J'ai dû laisser passer l'orage.

En croirai-je mes yeux? Voici Fellahyé!

Comment! il n'est point à la tête de trente brigands! Il a bien mal employé son temps depuis une heure.

« Saheb, je m'en retourne ; donnez-moi les quinze tomans promis à mon père.

— J'ai signifié à Menchet que tes services m'étaient inutiles ; tu m'as accompagné malgré ma volonté. D'ailleurs, je suis très mécontent de toi ; n'as-tu pas honte de frapper des vieillards, des gens qui voyagent en ma compagnie ?

— Ah ! elle est jolie votre compagnie ! Ces misérables chiens valent-ils seulement

CAMPEMENT SUR LES BORDS DE LA KERKHA. (Voyez p. 219.)

la peine qu'on s'intéresse à leur peau ? Ils sont quinze et ne tiendraient pas tête à une femme courageuse. Les Dizfoulis ont de l'eau dans les veines, et un chiffon en guise de cœur. Les Faranguis sont des braves ; si ma tribu vivait près de Suse, nous deviendrions frères. Vous ne voulez rien me donner ?

— Demain je te compterai un *anam* de cinq krans, pas un rouge *chaï* de plus. Encore attendrai-je que nous ayions touché sains et saufs le territoire persan.

— Oui, afin que ces méchantes bêtes aillent avertir mes ennemis les Loris de Kérim Khan ! Bonsoir, vous aurez de mes nouvelles. »

Gravissons la falaise. Dans quelle direction Fellahyé porte-t-il ses pas ? Je l'aperçois courant sur quelques âniers. Ne nous sachant pas si près d'eux, ces pauvres diables étaient demeurés sous bois, et comptaient, dès la tombée du jour, poursuivre leur marche en toute tranquillité.

L'héritier de Menchet culbute les ânes, arrache le turban d'un conducteur récalcitrant, fait ouvrir les charges et s'empare de plusieurs objets que la distance m'empêche de distinguer.

« Cours défendre ces amis! » me dit mon mari.

« VOUS AUREZ DE MES NOUVELLES... » (Voyez p. 251.)

Mais que veut encore Fellahyé? Abandonnons notre observatoire, afin de n'être point saisis en flagrant délit d'espionnage. Voici l'ennemi. Il s'avance, ouvre un pan de sa robe et jette à mes pieds trois superbes grenades et des limons doux.

« Où as-tu trouvé ces beaux fruits?

— Là-bas, sur le chemin. Quelque voyageur les aura laissés tomber. »

Il disparaît aussitôt. Nouveau délire des Dizfoulis : « Allah ! Allah! que ne lui avez-vous donné l'*aman!* Hi! hi! hi! Que ne l'avez-vous supplié de rester!

— Il court chercher ses frères ! s'écrie Djafar, un vigoureux garçon de vingt-cinq ans, possesseur de quatre bêtes de somme. Il viendra cette nuit et emmènera Chirin, la plus belle mule de la contrée! Je suis mort! »

« — Voyons, Djafar, ne te désole pas. Que crains-tu? nous avons des armes ; n'es-tu pas un homme?

— Non, Khanoum, je suis un muletier !... »

Je n'étais pas quitte des reproches qui devaient m'accabler. Marius assis sur les ruines de Carthage n'était pas plus sombre que Mahmoud auprès de sa marmite froide.

« Eh bien, le dîner ? En est-il question ce soir?

— Le dîner ! je ne me fatiguerai pas à le préparer, ni vous à le goûter. Depuis deux jours nous n'avons plus un grain de riz. J'ai demandé au mollah de me vendre sa petite provision : « Elle n'engraissera pas des chiens de chrétiens! » m'a-t-il répondu. Ne sachant où donner de la tête, je me suis adressé à Fellahyé : « Vends-moi le riz du mollah, je te l'achète. » Et il allait se le faire... céder, quand vous êtes intervenue. »

Mahmoud avait encore de la farine, l'eau ne manquait pas à la rivière. On a délayé l'une avec l'autre et posé cette colle sur la cendre chaude. Les poules qui picorent de petits graviers les entremêlent d'herbes et de vermisseaux ; nous avons dû avaler notre pavé tout sec. Ce qu'il était lourd !

Cependant il s'agissait d'éviter une surprise. Trois arbres abandonnés sur la grève furent traînés au campement, on y mit le feu, et chacun à tour de rôle monta la garde. J'ai pris mon quart de minuit à trois heures ; la lune resplendissait claire, les étoiles brillaient ; rien de suspect, sinon le feuillage agité par la brise. Marcel entendit craquer des branches sèches et déchargea six coups de revolver dans le fourré. Le calme se rétablit. Dès l'aube il monta sur la falaise. Comme il atteignait la crête de l'escarpement, quatre cavaliers, sortis du bois, s'élançaient à toute vitesse dans la plaine.

13 décembre. *Suse*. — La matinée du 11 décembre s'est passée à suivre des yeux la confection du *kelek* libérateur. Enfin les outres sont pleines d'air, des branchages forment une claire-voie ; on y attache les flotteurs ; l'embarcation s'élance, pirouette sur elle-même et accoste le banc où les bagages ont été déposés depuis la pointe du jour.

Deux cantines contenant la moitié du trésor de la mission sont d'abord embarquées. Marcel s'assied sur l'une, je m'installe sur l'autre. En route !

« Le kelek est trop chargé ! il va couler! Saheb, santez ! » s'écrie le nautonier.

Marcel me jette son fusil et d'un bond atteint la grève. Le courant entraîne le radeau, et me voilà gagnant à travers les troncs d'arbres la terre de Chanaan. Nous échouons à vingt mètres de la berge ; le nautonier m'offre ses épaules, j'accepte ; mais, embarrassée de ma double artillerie, je me place mal et roule dans la rivière.

Mouillée de la tête aux pieds, il m'était indifférent de continuer le voyage par mes *propres moyens*, comme disent les marins.

Le *kelekchi* et son compère déchargent les cantines, placent l'embarcation sur leurs épaules et remontent assez haut vers l'amont pour s'en remettre au courant du soin de les ramener vers l'autre rive. Je demeure seule, séparée de mon mari par un fleuve large de plus de trois cents mètres, embarrassée d'armes trop nombreuses, commise à la garde de deux caisses précieuses. Instinctivement je surveille les alentours, j'interroge la profondeur de la jungle qui s'élève au delà du banc de gravier. Soudain les saules s'agitent : huit nomades apparaissent sur la grève déserte. Mon cœur se serre, un nuage passe devant mes yeux, mais il se dissipe rapidement. Je tourne la tête : j'aperçois M. Houssay et M. Babin dirigeant les canons de leurs fusils vers le groupe qui s'avance, tandis que Marcel le suit de sa lorgnette, prêt à commander le feu. Tirées d'une aussi grande distance, les balles destinées à mes ennemis m'atteindront peut-être ?

J'ai posé les carabines chargées à portée de la main, armé mon revolver; puis, prenant ma plus grosse voix : « J'ai quatorze balles à votre disposition : allez cherchez six de vos amis! »

Comme Mélingue eût été beau dans ce rôle !

Les Arabes m'ont regardée de travers et se sont brusquement arrêtés.

Trente minutes, trente siècles ! Enfin voici Marcel et Jean-Marie ! Ils n'avaient point accosté, que les nomades se repliaient derrière les saules. Jamais de ma vie je n'ai senti pareil isolement, jamais je n'ai eu conscience aussi nette d'un grand danger.

Mulets et bagages ayant passé le fleuve, MM. Babin et Houssay sont venus nous rejoindre. Quatre Beni-Laam — peut-être ceux que Marcel avait aperçus le matin — sortent aussitôt du bois, chargent les pèlerins demeurés sur la rive droite et se mettent en devoir de les ramener à l'état du père Adam... avant le péché. Les victimes poussent des cris désespérés. Je n'ai pas tourné la tête : Dizfoulis, mes amis, vous aimez à être battus; grand bien vous fasse !

Une heure avant le coucher du soleil on sonnait le boute-selle, mais la nuit nous surprenait bientôt en plein lacis de fondrières boueuses. Les mulets glissaient, tombaient; leurs maîtres perdaient un temps infini à les relever, et ils allaient échouer dans une autre mare vaseuse.

« *Khater teriaki*, hurlaient les tcharvadars, *peder soukhta, mader costa! batcha na dared!* (Mulet opiacé, fils d'un père qui brûle aux enfers, d'une mère... qui eut bien des faiblesses! il est heureux que le ciel l'ait privé de postérité !) »

Vers dix heures nous arrivions au bord du Chaour, grossi comme la Kerkha par les pluies hivernales. Impossible, avec la nuit, de trouver un gué tortueux et peu fréquenté. Il fallut attendre le jour. La lune s'obscurcit, les nuages l'enveloppaient

et la découvraient tour à tour, l'ouragan grondait au-dessus de nos têtes. Dès l'aube naissante nul ne se fit prier pour abandonner l'auberge du bon Dieu. Le passage du Chaour s'est effectué sans autre accident que le vol d'un coffre contenant les outils de Jean-Marie.

Quels étaient les coupables? Sans doute les gardeurs de buffles qui nous entouraient. Sous menace de tuer deux de leurs bêtes, ils restituèrent la caisse cachée dans les roseaux.

C'était le dernier épisode du voyage.

Bientôt nous avons atteint le frayé de Dizfoul. Informés de notre présence sur la rive droite de la Kerkha, nos meilleurs ouvriers étaient accourus au-devant de nous.

Ousta Hassan, Dor Ali son compère, les fils du motavelli, puis Mahady, Reza, Hassan, Mollah Ali, Baker et *tutti quanti* s'avancent joyeux. Ils baisent nos vêtements, s'accrochent aux selles et font route en jacassant comme des pies. Le retour des Faranguis prend les proportions d'une marche triomphale.

Salut au Gabr! Salut à mes chers tumulus!

Du tombeau de Daniel s'élancent les pâtres, ils apportent les tentes confiées à la garde du motavelli. Bientôt se dressent ces blanches habitations : nous voici chez nous!

« Saheb, acceptez ces francolins tués à votre intention! — Khanoum, voici le premier-né de mon troupeau! — Hakem koutchek, je vous apporte votre timbale qu'on vous vola l'année dernière. — Hakim bachy, goûtez ce lait délicieux! » Personne n'est oublié.

Le sommeil vient vite lorsque, après une abstinence prolongée, on peut se rassasier. « Dormez en paix, a dit Ousta Hassan, les ouvriers se relayeront pour monter la garde autour de vos tentes. »

Je m'assoupissais. Une image bien inattendue ressuscite dans mon cerveau à demi égaré. C'est celle d'une étrangère qui, peu avant mon départ de Paris, demanda à m'être présentée, l'apparition se dessine avec une étonnante précision : je vois des traits rajeunis avec art, une chevelure rutilante, des plis savants drapés sur une tournure élegante, j'entends encore le compliment que m'adressa, d'une voix dorée, ma charmante interlocutrice.

« Votre séjour en Perse, me dit-elle, n'est pas seulement utile à la France scientifique, le commerce et les industries parisiennes doivent bénéficier de votre présence dans ces contrées lointaines. Vous avez, j'imagine, étalé aux yeux éblouis des dames persanes ou arabes les élégantes conceptions des couturiers en renom et toutes, à l'envi, vous ont demandé l'adresse des meilleurs fournisseurs? »

Franchissez trois fois en moins d'une année la Méditerranée, la mer Rouge, l'océan Indien, le golfe Persique et les déserts d'Élam; passez des semaines

33

entières sans vous dévêtir, couchez sur la dure, luttez nuit et jour contre les
pillards et les bandits, traversez des rivières sans pont, endurez la chaleur, la
pluie, le froid, la brume, la fièvre, la fatigue, la faim, la soif, les piqûres des
insectes les plus variés ; vivez de cette existence rude et périlleuse sans être
guidée par d'autre intérêt que la gloire de votre pays, et l'on vous dira : « Si
vous vouliez,... vous feriez pourtant un mannequin fort présentable ! »

TCHARVADAR. (Voyez p. 254.)

LA CITADELLE VUE DU TUMULUS Nº 2.

XV

État des fouilles en décembre 1885. — Nouvelle situation faite à la mission. — Modification du plan de campagne.
Reprise des travaux.

15 décembre. — Quand la mission atteignit Suse, en février dernier, des pluies abondantes avaient déjà désaltéré le sol. La plaine revêtait une parure printanière ; les tumulus, à son exemple, se couvraient d'un épais tapis de velours vert semé d'anémones rouges ; les reliefs du terrain, les crevasses ouvertes aux flancs de ces surélévations artificielles, surtout celles exposées au midi, s'emplissaient de buissons et de broussailles qui rendaient l'examen des éboulis difficile, parfois impossible. Aujourd'hui la situation est tout autre. Six mois de dessiccation ont anéanti broussailles et chardons ; sur les sommets des tumulus, sur leurs escarpements déchirés, au nord, au midi, la terre est nue, décharnée comme le visage d'une douairière en rupture de fard. On peut compter ses rides, et ce soin nous absorbe depuis notre arrivée.

Les conditions dans lesquelles les fouilles doivent être désormais continuées, plus encore que cette étude, ont modifié les projets de mon mari.

Au début des travaux, nous croyions à la durée illimitée de nos firmans et nous possédions des crédits suffisants pour tenter une reconnaissance.

La vieille citadelle de Koudourlagamer, de Memnon, ce légendaire ami du non moins légendaire Priam, de Cyrus, de Darius, de Xerxès, cette forteresse qui, de l'avis d'Aristagoras, donnait à son seigneur une puissance égale à celle de Jupiter, cette acropole qui, sous Alexandre et l'Hormuzan, était encore si redoutable que la fuite du roi ou la trahison pouvait seule la livrer à l'ennemi, méritait d'être interrogée la première.

Deux tranchées I et J furent tracées sur le plateau : l'une s'allongeait en travers de l'isthme qui relie le chemin d'accès à la forteresse proprement dite ; l'autre partait d'une dépression presque centrale et se dirigeait vers l'est. Bien que descendues à quatre mètres de profondeur, toutes deux donnèrent des résultats négatifs.

Quelques fragments de taureaux de pierre, semblables à ceux de l'apadâna d'Artaxerxès, mais d'un module plus petit, une inscription bilingue gravée sur les deux faces d'une stèle de grès, les draperies d'une statue grecque de basse époque, quelques briques de terre cuite dont la tranche est couverte d'un texte cunéiforme archaïque, les fondations de murs puissants renforcés de tours circulaires, résument les découvertes de cinquante ouvriers occupés pendant deux mois. Nulle part on n'a rencontré un indice de nature à mettre sur la piste d'un monument. Les tranchées, profondes de quatre mètres, équivalent en ce point à des égratignures de chat. Peut-être la citadelle servit-elle de refuge aux habitants de Suse avant leur émigration vers Djundi-Chapour, Chouster et Dizfoul. Les maisons qui la couvrirent furent celles d'un peuple pauvre, malheureux, qui, de génération en génération, élevait murs de terre sur murs de terre et dissimulait sous un manteau de boue et de détritus, tous les jours épaissi, les souvenirs d'un passé glorieux.

Descendons jusqu'au tumulus n° 2, situé à l'est de la citadelle. Se détachant de sa masse presque rectangulaire, un grand éperon s'avance dans la place d'armes comprise entre les trois tumulus. L'axe de cet éperon enfile une dépression rectiligne qui aboutit à une profonde crevasse. Vus de la citadelle, éperon et dépression paraissent se succéder comme une grande avenue qui séparerait le plateau en deux parties égales. Une première porte donnait sans doute accès de la place d'armes dans l'avenue ; une seconde, ouverte à l'extrémité de la dépression, faisait communiquer le palais et la ville. Les trouver toutes deux, suivre la route qui les reliait, rencontrer les entrées de palais desservis à droite et à gauche par cette voie, tel était le but primordial des fouilles entreprises sur le tumulus n° 2.

La première attaque fut dirigée sur l'angle nord de l'éperon. Les tranchées L s'ouvraient dans une terre propre, nette de ces scories rejetées par les villes populeuses, et si dure qu'il fallait la briser à la pioche.

Un beau matin on s'aperçut qu'on traversait des murs de terre crue, très épais, formés d'énormes briques régulièrement disposées. Les parements se distinguaient mal des débris amoncelés à leurs pieds; ils furent isolés et révélèrent l'existence d'ouvrages défensifs.

Déblayer ces ouvrages fut d'autant plus difficile que le mur de terre était criblé de puits verticaux, foncés partie dans le parement, partie dans les éboulis, et de caveaux funéraires où s'empilaient des urnes tantôt debout, tantôt couchées. Un mortier de glaise aussi dur que les matériaux du mur liait les urnes entre elles; souvent encore leur base pointue s'engageait dans une gaine de maçonnerie. La démolition de l'un de ces supports donna les fragments épars de personnages modelés sur la tranche de larges briques. Des ossements pulvérisés se mêlaient à la terre. *Memento, homo, quia pulvis es, et in pulverem reverteris.* Parfois une boule de pierre était posée sur l'embouchure du vase et préservait de la destruction finale un squelette bien conservé.

La position de ces cimetières et la rencontre de petites monnaies arsacides, destinées, j'imagine, à satisfaire un Caron asiatique, prouvaient d'une manière incontestable qu'au temps des Parthes les remparts étaient déjà ensevelis sous leurs propres débris, puisque les habitants disposaient de leurs flancs comme d'une nécropole.

Après avoir dégagé cette première ligne de fortifications et retrouvé sur l'autre face de l'éperon des murs similaires, M. Dieulafoy avait tracé la position probable de cette porte si bien défendue, et descendu une excavation jusqu'à six mètres de profondeur.

On rencontra des murs de terre crue d'une épaisseur formidable, puis un carrelage soigneusement établi; mais les chaleurs ardentes de l'été nous chassèrent de Suse avant que nous eussions obtenu un résultat décisif. D'ailleurs des tranchées creusées à pic, non blindées, très profondes, — vraies tranchées de Damoclès, — devenaient inhabitables. Bien que les surveillants n'eussent d'autre rôle que d'observer les mouvements du sol et de faire évacuer le chantier au premier symptôme alarmant, on avait dû, par deux fois, déterrer, demi-morts, des ouvriers plus audacieux ou moins ingambes que leurs camarades. Un jour, mon mari et ses deux jeunes collaborateurs furent, comme ils remontaient sur le talus, frôlés par la chute d'un bloc de terre cubant plus de vingt mètres. Cheminer en galeries souterraines était également impraticable. Sur nos trois cents ouvriers, quatre seulement consentaient à creuser de petits tunnels longs de deux ou trois mètres; encore ne cessaient-ils de trembler et de se lamenter que pour poser la pioche et s'endormir à l'abri des regards indiscrets. On ne saurait pousser plus avant ces recherches sans exécuter de larges déblais.

Une seconde fouille, F, avait été ouverte dans l'axe longitudinal du tumulus. Destinée à couper le chemin hypothétique qui réunissait la pointe de l'éperon à l'ouverture de la crevasse, elle se dirigeait vers une cuvette presque carrée, indice probable d'une vaste cour. Au delà de cette dépression, sollicitée sans succès par Loftus, un peu à l'est de l'axe du tumulus, furent exécutées les excavations H. Elles avaient pour objectif une hauteur voisine des rudes escarpements dressés à pic sur le marais.

Peut-être trouverait-on sous ce point culminant le donjon où se réfugiait le roi lorsqu'il ne jugeait pas opportun d'abandonner le palais et de s'enfermer dans la citadelle.

Partout des murs énormes construits en briques crues, fondés à de grandes profondeurs, coupés de puits et lardés de cimetières.

A part les renseignements fournis sur la poliorcétique ancienne, les superbes émaux découverts autour d'une urne funéraire, de jolies poteries, une petite tête d'ivoire, des coupes de calcaire nummulitique, des formules magiques écrites en caractères hébraïques, des cylindres, des sceaux, des armes, des inscriptions, des fioles de verre, des monnaies parthes, les fouilles exécutées sur le deuxième tumulus furent peu fructueuses. Elles accaparèrent pourtant les deux tiers des ouvriers, exigèrent une surveillance constante et absorbèrent tous les efforts de la mission. La profondeur à laquelle il faudrait les conduire ne saurait aujourd'hui militer en leur faveur.

Reste le tumulus achéménide. Trois à quatre mètres de terre recouvrent le dallage de la cour ménagée devant la salle du trône ; sur l'apadâna lui-même, sur ces taureaux de pierre dont nous dûmes l'année dernière abandonner l'extraction pour les préserver du vandalisme des pèlerins, l'épaisseur du remblai atteint à peine deux mètres. Ce sont des conditions éminemment avantageuses. Au surplus, le tumulus achéménide, traité comme un paria, s'est vengé de nos mépris en nous fournissant une abondante moisson.

Telle qu'elle avait été réglée jusqu'ici, la direction donnée aux fouilles était parfaite. Il ne pouvait entrer dans les idées de mon mari de rechercher de petits monuments, comme le fait un marchand d'antiquités. Les grandes lignes d'une architecture, l'art constructif, suprêmes manifestations du développement intellectuel et économique d'un peuple, lui paraissaient seuls dignes de ses efforts.

La reconstitution du palais, de la maison, l'étude de la fortification importent bien autrement que des documents mal datés et d'origine douteuse. D'ailleurs, Marcel pensait que, l'édifice retrouvé, les objets de vitrine afflueraient par surcroît. La découverte des pylônes n'a-t-elle pas été le prélude de l'exhumation des lions ?

Que les temps sont changés !

En quatre mois, avec une somme bien minime — à peine quinze mille francs, — nous devons achever notre œuvre. Comment pourrait-il être question de poursuivre un travail d'ensemble? Peu importe à l'État que l'on multiplie des sondages et que l'on jalonne un chemin que des Français ne parcourront pas! Enrichissons nos musées, moissonnons la récolte semée l'hiver dernier.

S'il ne nous est pas permis de ressusciter les somptueux palais de ces Grands Rois, suprêmes arbitres de la Grèce, que l'on puisse au moins contempler leurs débris!

La citadelle sera abandonnée. Libre aux malvacées de l'ensevelir sous une arborescente végétation, libre aux bergers d'y conduire leurs troupeaux haletants, libre aux grands serpents qu'apeurait le bruit des pioches de dérouler leurs anneaux sur ses flancs décharnés. Les orgueilleuses tours et les remparts du Memnonium, splendeurs évanouies, resteront confondus dans la poussière des siècles.

« La terre est juste : l'abîme s'ouvre également au dernier d'entre nous et pour les fils des dieux.

« Plus haute est la tour, plus vaste est la ruine; le mont perdu dans les nues est voisin de la foudre. »

Les profondes et longues tranchées L et F du tumulus rectangulaire vont être délaissées. Au lieu d'entreprendre le déblayement de la fortification dans son ensemble, on se contentera de suivre les parements extérieurs.

La découverte de traînées de cailloux cachées l'année dernière sous les hautes herbes et mises à nu cet été par les ardeurs d'un soleil meurtrier éveilla les instincts constructeurs de mon mari. Pourquoi les ingénieurs perses, devançant leurs modernes confrères, n'auraient-ils point intercalé entre les remblais et les murs d'escarpe une *chemise* de cailloux ou de pierre concassée, afin de drainer les eaux pluviales et de prévenir les pernicieux effets de la poussée des terres humides sur les murs destinés à les soutenir?

Si les fouilles projetées justifient cette hypothèse, la chemise de gravier fournira par sa position les éléments du tracé et l'emprise des ouvrages défensifs, c'est-à-dire les grandes lignes de la fortification. Ce résultat acquis, il suffira de quelques tranchées, ouvertes dans une direction perpendiculaire aux murailles, pour restituer les enceintes. Peut-être ces travaux jetteront-ils sur la poliorcétique ancienne un jour tout nouveau.

L'hypothèse est-elle fausse, le mal ne sera pas sans remède, car vingt ouvriers suffiront à dénuder les drains et à faire couler la terre le long de l'escarpement.

Différents de ces mères qui s'attachent d'autant plus à un enfant qu'il se montre ingrat, nous allons réparer nos torts envers le tumulus achéménide; il sera désormais l'objet de nos prédilections. Le nouveau programme peut donc se résumer en ces termes :

1° Reconstituer l'enceinte et les ouvrages défensifs ;

2° Poursuivre le déblayement du palais d'Artaxerxès, que nous dûmes abandonner pour sauver les sculptures des entreprises iconoclastes des pèlerins ;

3° Chercher l'emplacement du grand escalier dont je découvris la rampe émaillée dans un mur de réfection sassanide ;

4° Prolonger l'excavation des lions.

Au total, étendre nos efforts sur le périmètre et les concentrer sur le palais.

LA MAISON ET LE CAMP FRANÇAIS. (Voyez p. 266.)

XVI

18 décembre. — « Dit le roi Artaxerxès, grand roi, roi des rois, roi des pays, roi de cette terre, fils du roi Darius, fils du roi Artaxerxès, d'Artaxerxès, fils du roi Xerxès, de Xerxès, fils du roi Darius, de Darius, fils d'Hystaspes, Achéménide. Ce palais (apadâna), Darius mon trisaïeul le fit; plus tard, du temps d'Artaxerxès, mon grand-père, il fut brûlé par le feu. Par la grâce d'Ormazd, d'Anahita et de Mithra, j'ai ordonné de reconstruire ce palais. Qu'Ormazd, Anahita et Mithra me protègent contre tout mal, moi et ce que j'ai fait; qu'ils ne l'attaquent point, qu'ils ne le détruisent pas. »

Il faudrait vivre deux fois, proclament volontiers les sages d'entre les sages.

En l'espèce, comme on dit au pays de basoche, si Artaxerxès revenait au monde, il n'aurait pas lieu de remercier les grands dieux d'avoir exaucé sa prière.

mais il se consolerait de la ruine de ses palais en admirant, à la place où s'élevait l'apadâna royal, la maison française et un potager plein de promesses.

L'homme, si destructeur par tempérament, aime à créer par instinct. Ce n'est pas une des contradictions les moins flagrantes de sa nature.

Depuis plusieurs jours la mission est toute au bonheur de semer et de bâtir !

Ousta Hassan brandit la truelle et répare les brèches que les Arabes firent dans les murailles de notre immeuble avec l'espoir d'y trouver le trésor des Faranguis : il divise en quatre compartiments le double corps de logis et prépare deux chambres, une salle à manger et un magasin où l'on enfermera chaque soir les objets précieux.

Pour couronner ce bel œuvre, les menuisiers vont placer les vantaux des deux portes extérieures, et poser de petits volets à des meurtrières orgueilleuses d'être traitées en fenêtres. Le mauvais temps nous condamne-t-il à garder la maison, on substitue aux volets un calicot baptisé, non sans raison, « verre dépoli incassable ».

Dès que nous aurons pris possession de notre palais, Jean-Marie et Meçoud-pacha s'installeront sous les tentes. Il sera interdit à ce dernier, récemment arrivé de Dizfoul, où il a passé l'été, vêtu à la persane, cousu de dettes, mais entouré d'un harem princier, d'introduire dans le campement les membres féminins de sa trop nombreuse famille. Le tombeau du prophète héritera définitivement de ces purs et précieux trésors.

D'ailleurs, aucune difficulté à prévoir. La machine, si pénible à mettre en marche l'hiver passé, s'ébranle sans effort. Abdoul-Raïm exerce ses merveilleuses facultés de garnisaire pochtê kouh (de l'autre côté de la montagne); les nomades, nombreux sur les bords de la Kerkha, ravitaillent le camp.

Nos anciens ouvriers, craignant d'être devancés par des rivaux plus alertes, sont accourus et ont déjà saisi la pelle et la pioche.

Non seulement la mission jouit d'un bien-être inconnu jusqu'ici, mais ses aspirations mondaines sont plus que satisfaites. Nous sommes accablés de visites. Pour parler franc, quelques-unes nous arrivent par raccroc. Avant-hier je vis s'avancer sur la route de Dizfoul plusieurs cavaliers. Étaient-ce des hommes, des femmes?... Peut-être un complément du harem de Meçoud? Quand ils furent à bonne distance, je reconnus les gros amamas bleus des descendants chiites du prophète; l'un d'eux ne coiffait rien moins que l'imam djouma de Dizfoul.

Comment ce pieux personnage venait-il si tardivement rendre ses devoirs à Daniel? Pourquoi le chef officiel de la religion voyageait-il dans ce mince équipage?

Ces jours derniers, Mozaffer el Molk eut l'audace de décréter la levée d'un impôt sur le bas clergé de la région. Pareil crime n'avait jamais été commis en Arabistan. Plumés vifs, mollahs et akhondes jetèrent des cris d'orfraie; mais, au

lieu de choisir pour avocat le mouchteïd de Chouster, pontife acclamé, ils s'adi
sèrent, sur le conseil de ce dernier, à l'imam djouma de Dizfoul, fonctionn
religieux nommé par le Chah. Celui-ci prit chaudement la défense des plaignan
l'autorité ecclésiastique entrait en lutte ouverte avec le pouvoir civil.

MOZAFFER EL MOLK.

Mozaffer el Molk persista dans sa décision. Deux heures après l'ouverture
hostilités, l'imam djouma, déclarant qu'il n'autoriserait pas de sa présence la l
d'une taxe sacrilège, partait pour Nedjef,.... mais s'arrêtait au tombeau de Dan
A peine le prêtre était-il sorti de la ville, que le peuple s'assemblait dans
mosquées ; une explosion de ce fanatisme qui transforme les paisibles Dizfouli

bêtes sauvages était imminente. De tous côtés arrivaient au palais des nouvelles menaçantes; Mozaffer el Molk tremblait. Il comprenait que ses fameux canons se tourneraient d'eux-mêmes contre lui. Mohammed Taher fut supplié d'*arranger une affaire* si mal engagée et d'obtenir, contre promesse de cesser la perception du nouvel impôt, le retour de l'imam djouma.

Les fils du cheikh, chargés de cette délicate mission, arrivaient au Gabr cette nuit même. L'imam djouma n'a point fait la sourde oreille à des propositions de paix. Sa rentrée à Dizfoul s'annonce comme un triomphe. Il sera nommé député aux prochaines élections.... Mais j'oubliais : la Perse n'est pas à la veille de s'offrir un gouvernement représentatif ! Doit-elle le regretter?

Imam et messagers vinrent nous saluer. La conversation roula sur les mérites d'un émule méconnu de Pasteur, le cheikh de Djeria, notre voisin. Ce digne seïd est demeuré en si bonne intelligence avec Nabi Mohammed, son aïeul, que ses seuls attouchements guérissent les morsures des chacals les mieux enragés.

Hélas! les pouvoirs du saint ne s'étendent pas jusqu'au soulagement des infortunés habitants de la Susiane, trop éloignés du pouvoir central, privés de toute communication avec la capitale, toujours livrés à des gouverneurs insatiables.

Puis sont venus sur le tapis les problèmes les plus ardus de l'économie politique, la cherté du pain, la misère générale, les pluies trop abondantes de l'année dernière, attribuées à notre intervention auprès du ciel, la sécheresse actuelle, due à une semblable origine.

« Sous ces tentes légères ne craignez-vous pas les attaques des nomades? a demandé l'imam djouma.

—— Dieu est grand ! nous avons de bonnes armes.

— Il n'y a pas un homme, fût-il Arabe, Persan ou fils du diable, qui oserait camper sur ces hauteurs désertes où courent la nuit les vents malfaisants et les mauvais génies. Que faire contre des légions d'esprits! Avez-vous des enfants?

—— Non.

—— Pas même des filles?

—— Pas même. D'ailleurs, en nos pays, nous estimons avoir des enfants quand le ciel nous envoie des filles.

— C'est naturel, a conclu un malin, très humilié de l'ignorance de son chef. Dans le Faranguistan la barbe est le signe distinctif de notre sexe; hommes et femmes vivent et s'habillent de la même manière, savent également lire, écrire, calculer, monter à cheval et manier fusil ou revolver. Il en va tout autrement dans l'Arabistan. Femmes ou filles né sont pas même bonnes à surveiller le pilau, et je doute qu'on puisse leur demander mieux de longtemps. »

Papi Khan et son neveu Mohammed Khan, fils de Kérim, se présentaient dès

le départ de l'imam djouma. Papi est le père de cet enfant épileptique a
quel j'ordonnai, faute de bromure de potassium, un régime régulier au li
des alcooliques et des excitants préconisés par le sorcier. Papi m'avait supplé
d'amener son fils dans le Faranguistan. Je déclinai cet honneur, mais je prom
d'apporter un remède souverain.

J'ai tenu parole.

Un chien confiant ses peines de cœur à la lune me semble ingénieux auprès (

JEUNE FILLE ARABE.

l'homme assez naïf pour compter sur la reconnaissance du prochain, ce procha
fût-il né au pôle Nord ou sous l'équateur.

Trois gros flacons de bromure m'embarrassent depuis deux mois; je leur
consacré le meilleur coin d'une cantine étanche et me suis privée, en leur honneu
de quelques bons livres qui feraient ma joie cet hiver.

Comme M. Houssay achevait les pesées et engageait Papi Khan à venir d'ici p
de jours chercher de nouvelles doses, Papi s'est récrié; il a déclaré qu'il voula
d'ores et déjà emporter les trois bocaux, afin de médicamenter son héritier le pl

vite possible. J'ai naturellement refusé de le satisfaire, et mon obligé s'est retiré en me dévouant aux dieux infernaux.

La visite de Mohammed Khan était tout aussi intéressée.

Le jeune Lori nous annonça d'abord la conclusion de la paix entre sa tribu et celle des Segvends. Ce succès diplomatique lui est dû, paraît-il. Que l'on cherche son pareil pour voler les buffles des Beni-Laam et dépouiller proprement une caravane! Les ennemis tremblent d'effroi à la vue de son kolah. Bref, Mohammed se sent désormais grand garçon, veut se séparer d'un père ingrat et entraîner plus de trente familles. Une difficulté l'arrête : il n'a pas de tente; puis les indiscrets se demandent où il prendra la semence nécessaire pour emblaver ses terres. Prier Kérim Khan de faciliter l'installation d'un fils insoumis serait indélicat et hasardeux. Mohammed compte donc sur notre générosité et vient emprunter cent tomans : « Il les rendra, foi de Lori, intérêt et principal », etc.

J'admire le flair de ce garçon! Les Faranguis transformés en banquiers, quel honneur! mais quel honneur immérité!

« Pourquoi quitter ton père? lui ai-je dit. Il vieillit, t'aime tendrement; auprès de lui tu vis calme, heureux, sans souci du présent et de l'avenir.

— Ma femme et ma mère ne peuvent se souffrir : elles se tueront. »

Au désert!

Vertus patriarcales, seriez-vous de vains mots?

19 décembre. — M. Houssay, accompagné de Mçaoud et de Jean-Marie, partit avant hier pour Dizfoul. Il vient de rentrer, suivi de quatre scieurs de long, d'une caravane chargée des colis emmurés l'été dernier dans une chambre du palais et de cent vingt caisses achetées aux épiciers de la ville.

L'ouverture des malles nous réservait une désagréable surprise. La chaleur a mis en liesse les tarets. Des vêtements de coutil il ne reste que les boutons de corne; papiers, livres, équerres, ont subi les derniers outrages; seuls les produits photographiques ont été traités avec une discrétion peu méritoire. Il n'est pas jusqu'aux roues de la prolonge d'artillerie, couvertes cependant d'une épaisse couche de peinture, qui n'aient éprouvé de tristes vicissitudes. La brouette boite, mais le mal est sans gravité, car nous n'avons jamais pu dresser nos ouvriers à se servir de ce petit véhicule; ils se mettent à quatre et le portent comme un brancard, deux aux bras, deux à la roue. O Pascal, si ton esprit, en quête d'aventures, court de par les mondes sublunaires, ne t'arrête pas ici! Ton ombre rougirait des scandales mécaniques que tolèrent tes compatriotes.

Jadis l'emballage des objets découverts fut le cauchemar de la mission ; aussi bien le premier soin de Marcel a-t-il été de préparer les caisses. Ici mieux qu'en Europe la tortue devance le lièvre.

Nous allons emballer d'abord les objets provenant des dernieres fouilles urnes funeraires base de colonne, emaux et bas-reliefs de terre cuite

Ce travail achevé, Jean-Marie et ses acolytes gagneront la jungle voisine de la Kerkha, couperont des buissons noueux et procederont à la confection des coffres de charpente destines aux taureaux

20 decembre — Marcel avait bien raison de penser à la confection des caisses avant de donner un coup de pioche Depuis hier les briques emaillees reapparaissent sur le prolongement de la tranchee des lions. L'étrange position des pieces ne facilitera pas leur extraction Ici la pioche rencontre des denticules ou des palmettes, là des reliefs provenant du corps de l'animal, plus loin un fragment de crinière, une patte, un œil C'est un fouillis indescriptible

Le bas-relief et ses frises decouverts pendant la campagne precedente etaient tombes sur le carrelage en gardant une certaine cohesion, tandis que l'extremité du pylône aurait tournoye avant de s'abattre dans un conglomérat desordonne, longtemps utilise comme carrière

Il est impossible de deblayer avec methode ces amas de matériaux enchevêtrés au point qu'on ne peut les separer sans demolir l'ensemble du tas Deux jours ont été perdus en tentatives vaines Faute de pouvoir mieux faire, je degage les fragments au couteau et j'envoie le tout au camp Le croquis du lion déjà ressuscite permettra sans doute de remettre chaque morceau à sa place Passe encore pour les frises : leur dessin est invariable Le mal est que les reliefs, coules pourtant dans un moule uniforme, ne presentent pas les mêmes couleurs Nous savions qu'un lion à crinière fauve precedait ou faisait suite à notre premier enfant encapuchonne dans une belle palatine verte; mais, complications inattendues, une patte apparue ce matin donne vert un muscle que le fauve portait jaune, voici les cuisses et la mâchoire d'un lion marchant en sens contraire de ses frères

La robe de l'animal est toujours blanche, les fonds du bas-relief toujours turquoise morte les couleurs de la musculature et de la crinière se modifient seules L'email parait avoir souffert Quand je soulève un fragment, j'aperçois, sur les decombres avec lesquels il etait en intime contact, une fine pellicule infidele à la faïence qu'elle recouvrait jadis, parfois la glaçure désagregée, mais encore adherente, se détache au premier lavage On ne saurait pourtant emballer les pièces sans enlever la terre et les gros mortiers, qui formeraient émeri et risqueraient de tout detruire. Les bleus turquoise des fonds l'emportent en fragilité sur les autres couleurs neanmoins, sous la vitrification disparue, la faïence garde, dans une gamme rompue, sa couleur primitive

Il n'en était pas de meme des terres emaillees decouvertes pendant la dernière campagne. Après la chute de l'émail superficiel, le support ne conservait des traces de couleur que dans les parties concaves. Peut-être cette fragilité fit-elle renoncer les céramistes achéménides à la terre cuite et les détermina-t-elle à lui préférer une matière poreuse avec laquelle les oxydes fusibles se liaient mieux.

Afin de fixer les émaux trop friables, j'avais eu l'idée de les tremper dans une dissolution de gomme arabique. Une brique, ainsi traitée, a été sauvée d'une perte complète et m'est apparue intacte après six mois de séjour dans la terre.

D'un autre côté, j'entends encore les échos de certaines conversations de cet été :

« Les objets antiques, disait-on, doivent être respectés au point qu'il vaut mieux les laisser perdre que de les toucher. » Meure la France plutôt qu'un principe !

Et quelques jours plus tard :

« Les objets antiques n'appartiennent pas à un pays ou à une génération, mais au monde et à la postérité. Aucune responsabilité ne doit paraître trop lourde quand il s'agit d'en sauver la moindre parcelle. »

Bref, j'ai renoncé au traitement gommique.

Ce n'est pas que les critiques de Paul ou celles de Jacques aient le don de m'émouvoir : quand, plusieurs années durant, on joue sa vie pour une noble cause, on élève son âme et l'on traite avec la plus parfaite insouciance les qu'en dira-t-on.

J'agirais, et l'opération serait déjà parachevée, si j'avais la certitude du succès.

21 décembre. — La maison est close, une haie limite notre enclos ; les murs et les toitures de roseaux qui constituent la cuisine et l'atelier de Jean-Marie se dressent ondoyants. Les ouvriers employés à ces travaux d'aménagement ont été ramenés aux fouilles.

La cour rectangulaire comprise entre la salle du trône et les pylônes devait être limitée à l'est et à l'ouest par deux bâtiments, reliés, l'un avec des terrasses et les jardins traversés sans succès par Loftus, l'autre avec les palais du tumulus n° 2, réservés, j'imagine, à l'habitation privée du souverain. Quatre-vingts pelleteurs ou piocheurs ont attaqué l'emplacement hypothétique de l'aile orientale.

La position des nouvelles excavations ouvertes dans le prolongement des tranchées C me semble d'autant mieux choisie que le sol se gonfle d'une manière très apparente entre le pylône et l'apadâna.

Quand je craignais de ne pas revenir à Suse, combien de fois n'ai-je point rêvé de ce point culminant ! Pourquoi ne l'avions-nous pas attaqué avant tout autre ! Enfin me voici satisfaite.

TRANCHÉE ANNEXE DE LA FOUILLE C.

Le déblayement extérieur des enceintes se continue avec succès. On avait pro
fondément sapé un mur voisin de la chemise de gravier; il s'éboula, roula dan
une crevasse, et mit à nu la coupe idéale d'un caveau funéraire et du puits qu
y conduit. A l'est comme à l'ouest les fortifications servirent de cimetière au:

PUITS ET URNES FUNÉRAIRES.

Parthes. L'orifice du puits apparaît à quarante centimètres environ au-dessous d
sol actuel; le conduit, bouché avec de la terre et des poteries pulvérisées, aboutit
à un tunnel foré dans le mur de brique : les urnes, plus ou moins fêlées et pleines
de terre, sont debout.

Le mortier de glaise qui les unit est dur, compact; la pioche seule le désa-
grège.

Quatre urnes ont été dégagées, mais derrière elles on en voit d'autres. Deux de nos meilleurs ouvriers, Agha (Maître) et Barouni (Pluvieux), ainsi nommé parce qu'il vit le jour sous un arbre par un grand abat d'eau, commenceront dès demain le déblayement du cimetière, à moins que le nom du terrassier ne nous porte malheur. Le temps se couvre, le ciel est sombre, pourtant le vent du golfe Persique, convoyeur ordinaire des nuages, ne souffle pas.

22 décembre. — A peine arrivions-nous à Suse, que Cheikh Mohammed Taher, le digne mollah à qui nous dûmes jadis d'échapper à la lapidation, nous écrivait une lettre affectueuse. Elle était confiée au soin d'un grand bonhomme, d'honnête figure, coiffé d'un turban volumineux et nommé, depuis peu, deuxième *motavelli* ou régisseur suppléant des biens vakfs de Daniel.

Le cheikh priait Marcel d'occuper ce personnage en qualité de surveillant. Machtè Mohammed Ali reçut donc le titre et la solde qu'il ambitionnait et fut commis au soin de regarder travailler ses camarades.

Hier, comme nous rentrions du cimetière parthe, Mçaoud se présentait très ému. Il a vu les ouvriers de la tranchée nouvelle se précipiter vers un même point; il est accouru, mais on lui a barré le passage, afin de laisser à Mohammed le temps de cacher sous son aba un objet volumineux.

Nous n'éviterons jamais le vol, mais les ouvriers doivent savoir qu'on ne le tolèrera pas. Un grand nombre de monuments précieux exhumés de Babylone par les agents du *Bristish Museum* ont pris la route de musées rivaux. M. de Sarzec se plaignait d'être victime, pendant les fouilles de Tello, de semblables larcins; il faut couper le mal dans sa racine. Un exemple est indispensable.

Mohammed Ali comparaît devant l'aréopage.

« Tu as dérobé un objet découvert dans l'excavation dont je t'ai confié la surveillance. Tu es doublement coupable.

— Je n'ai rien pris.

— Tu mens.

— Je ne suis pas un voleur.

— Jean-Marie, Mçaoud, liez les mains de cet homme, conduisez-le dans la maison et enfermez-le. Il sera privé de nourriture et de tabac jusqu'à ce qu'il ait avoué sa faute. »

La journée s'acheva sans incident; mais, au moment de la paye, les travailleurs dizfoulis demandèrent l'élargissement de Mohammed. Sur un refus formel, ils regagnèrent le Gabré Danial, où s'organisent les complots tramés contre nous. Toute la nuit j'entendis des bruits inaccoutumés. A l'aurore nous étions debout. Pas un des deux cent cinquante ouvriers ne demanda une pelle ou une pioche; les chantiers étaient déserts.

Une heure plus tard les trois entrepreneurs comparaissaient à la barre. Marcel prenait la parole

« En punition de l'inexactitude de vos hommes, je diminue de quatre chaïs les salaires quotidiens, je congédie les paresseux, les vieillards et les enfants Enfin, il sera pourvu au remplacement des terrassiers qui n'auront pas repris le travail quand le soleil passera au méridien »

Le voisinage d'une nombreuse tribu arabe et des Loris de Kerim Khan rendait cette menace sérieuse Avant qu'il fût midi, les mutins attaquaient à coups redoublés les parois des excavations Désormais la mission sera maîtresse du personnel qu'elle occupe Pareil succès est le meilleur indice de son ascendant moral Depuis vingt-quatre heures, un homme revêtu d'un caractère quasi religieux, relevant d'un chef vénéré, subit dans une geôle chrétienne un jeûne rigoureux L'année dernière nous eussions payé de la vie, ou tout au moins du pillage du camp, une action aussi téméraire

L'émeute était calmée, mais il nous restait sur les bras un locataire bien gênant Condamner le prisonnier à mourir de faim eût été peu généreux, d'un autre côté, on ne pouvait le relâcher sans prétexte

Mon mari songea alors à *jeter sous les pieds du coupable le tapis de l'explication*

« Jureras-tu sur le Koran que tu es innocent de tout vol ?

— Qu'on aille chercher « le Livre »

Deux ouvriers se rendent à l'imam-zade et rapportent un volume empaqueté dans une étoffe de soie Le voleur va prêter serment, son attitude est si calme et sa faute si certaine, qu'un doute s'élève dans l'esprit de Marcel. Le livre est saisi, ouvert

« Le *Chah-Nameh* (le Livre des Rois)! Est-ce là ton Koran ?

— Vos gens ne savent pas lire, ils se sont trompés. »

On retourne à l'imam-zade, mais le Koran est en état de vagabondage « Des nomades campés à deux heures de Suse l'ont emprunté. »

J'avais une partition des *Huguenots* « Gens sans piété, musulmans sans vertu, ai-je dit d'un ton solennel, reconnaissez la traduction de *votre livre !* Et toi, misérable, jure que tu n'as rien pris dans la tranchée. » Mohammed Ali porte avec respect les *Huguenots* à son front, baise une des pages où les quadruples croches et les accidents se multiplient avec le plus de noirceur, tandis que sa physionomie tourmentée reflète l'agitation d'une âme coupable

Un petit casuiste du Gabr, accouru pour l'assister dans cette délicate occurrence, lui souffle enfin une formule prétéritoire et digestible, taillée sur le patron de l'*opinion probable* Mohammed prend brusquement son parti, et s'exécute

Nous avons tenu le serment pour bon et valable : les cordes paraissaient moins lourdes au coupable qu'à nous la garde d'un prisonnier.

Aujourd'hui 23 décembre, date à jamais mémorable, la mission a pendu la crémaillère dans son palais. Je m'étonne de voir se dresser autour de moi des murailles étanches, solides, verticales, au lieu des parois d'une tente toujours imbibée d'humidité. Un feu brillant pétille dans l'âtre ; la table, faite de vieilles caisses, s'éclaire d'une lumière tranquille, qui contraste avec la lueur des lanternes fuligineuses auxquelles nous condamnait l'atmosphère agitée de nos précédentes demeures. Mieux garantis des brusques variations de température, les exilés ne salueront plus en grelottant le lever et la tombée du jour. Enfin le repos de leurs nuits sera d'autant meilleur qu'ils ne tendront pas l'oreille « au moindre vent qui d'aventure fait rider la face de l'eau. » Les portes, j'en fais serment, ne s'ouvriront jamais sans motif.

J'achevais mon déménagement ; un vieil Arabe s'est approché.

« J'arrive peut-être bien tard ?

— Que veux-tu ?

— Je vous apporte un talisman précieux, une pierre qui écarte de son possesseur toutes les embûches. En sa compagnie vous pourrez dormir sous la voûte du ciel sans redouter les vivants et les morts, les dives ou les fées malfaisantes.

— Tu te trompes d'adresse : la crainte de l'humidité, non la peur, cette pâle compagne des Dizfoulis, me fait préférer quatre murs de terre à une maison de toile. Garde ton talisman, je ne connais pas de meilleure amulette que les balles d'un revolver.

— Examinez le mien : il est si *sucré !* achetez-le, au nom d'Allah. »

Le bonhomme dénoue la pointe de sa longue manche, dégage un chiffon sale, et du chiffon surgit, comme une fleur au milieu des orties, une ravissante turquoise représentant un masque diabolique modelé avec un art consommé. La pierre précieuse forme le chaton d'une bague d'argent. Ce *talisman* fut découvert, il y a trente ans, dans les éboulis de la citadelle. L'usure du métal, une fissure déjà fort ancienne qui traverse la gemme, attestent la vérité du récit.

J'ai acquis le bijou sans discuter ses mérites magiques.

Une crainte me tourmentait, celle de voir son possesseur refuser de me le céder après s'être assuré qu'il était vendable ; les nomades sont coutumiers du fait et prennent volontiers les Européens pour d'infaillibles commissaires-priseurs.

24 décembre. — Je suis morte de fatigue, mais j'ai bien mérité de la patrie ! Quand le terrain du potager fut travaillé, épierré, ratissé du bout des ongles, la mission s'assembla. L'ordre du jour de la séance était palpitant d'intérêt : « De la meilleure manière de semer les pommes de terre. »

J'ai pris possession de la tribune et disserte avec tant d'aplomb sur la section des yeux, la forme des billons, le sarclage, le binage, le chaussage de la jeune solanée, qu'à l'unanimité on m'a octroyé la direction du département des plantes potagères

Les Dizfoulis, mis a ma disposition, sont d'abord restés les spectateurs inactifs de mes travaux, la première planche achevée, ils ont pris la bêche, sous la réserve que je planterais moi-même ce tubercule inconnu dont le contact pourrait les souiller

C'était bien la peine de me briser les reins et de me donner des ampoules Cheikh Ali, accompagné de plusieurs amis, vient de pénétrer dans l'enclos, et le voilà piétinant sur mon chef-d'œuvre. Je crois que, dans ma fureur, j'ai dit de bien gros mots au cheikh Personne heureusement ni lui a donné la traduction de mon apostrophe J'en eusse été désolée, car ce brave homme est le seul fils du Prophète auquel je puisse pardonner pareil forfait Jamais il n'est venu, comme Kerim Khan, nous importuner de protestations amicales, exordes obligatoires d'une péroraison intéressée Après nous avoir traités avec une extrême froideur, il mit jadis a notre disposition six mille krans Pendant que nous vivions sous la tente et que le trésor de la mission était séparé des mains crochues des nomades par une simple toile, il envoya, de son initiative propre, des cavaliers battre les alentours du camp et faire la chasse aux rôdeurs de nuit De pareils services ne s'oublient pas

Le cheikh parle peu, mais les renseignements tombés aujourd'hui de sa bouche valent leur pesant d'or

Les difficultés inhérentes à l'emballage du chapiteau bicéphale sont résolues par la présence de Jean-Marie et la découverte de buissons centenaires dans la jungle voisine de la Kerkha Je n'en saurais dire autant des transports Point de route dans ce pays désert, point d'animaux de trait C'est donc aux fleuves de la plaine, c'est *a ces grands chemins qui marchent*, comme les définit Pascal, qu'il faut demander secours

Jamais mieux qu'en Susiane la nature ne se montra prodigue de ses dons, jamais elle n'arrosa plus libéralement des alluvions plus fertiles Il semble que le régime des eaux soit combiné pour développer cette riche végétation, qu'excitent encore les rayons ardents du souverain maître de la vie

Les auteurs anciens nous disent que la Susiane était traversée par de grands fleuves le Pasitigris, le Coprates, le Choaspe et l'Eulæus Ces cours d'eau ont changé de nom mais il est aisé de reconnaître dans le Karoun, l'Ab-Dizfoul et la Kerkha, le Pasitigris, le Coprates et le Choaspe ou Khoubasp (rivière des Beaux-Chevaux, nom que les Perses appliquèrent a un grand nombre de fleuves) Seul

36

l'Eulæus n'a pas de correspondant moderne, car on ne saurait identifier la célèbre rivière dont les eaux reflétaient les murs de Suse avec le Chaour qui sourd au nord du tombeau de Daniel et longe le versant méridional du Memnonium

Au nord des ruines et à un farsak du palais, se dressent encore les digues puissantes d'un canal abandonné, des tumulus semés de distance en distance, semblent placés comme des forteresses commises à sa garde

C'est l'Eulæus, assure Marcel, c'est une dérivation du Choaspe qui faisait communiquer ce fleuve avec le Coprates Ainsi la capitale de l'Elam était comprise entre trois cours d'eau, formant autour d'elle comme la gigantesque maille d'un filet le Choaspe ou Kerkha à l'ouest, le Coprates ou Ab-Dizfoul à l'est, l'Eulæus au nord, tous capables de porter des bateaux

Que les temps sont changés ! Sur les rives de la Kerkha, soit en amont, soit en aval de Suse, on ne saurait découvrir une ville ou même un misérable hameau Le pays, inculte, désert, battu par des nomades réduits à consommer le produit de leur industrie ou de leurs rapines, n'offrirait aucun élément de transactions commerciales Depuis des siècles nul ne songe au Choaspe, à la rivière des Beaux-Chevaux Ce fleuve, jadis célèbre, perd ses eaux sur les plaines de Chaldée, infectées de miasmes paludéens, et se fond en canaux vaseux, impraticables

Le Karoun, moins délaissé, est navigable l'hiver jusqu'à Chouster, l'été jusqu'au barrage d'Ahwaz Mais, avant d'atteindre cet ouvrage, il faudrait passer le pont insolide et trop étroit jeté devant Dizfoul, traverser avec les *talismans* de Daniel cette ville fanatique, gagner Chouster, affronter la rivière de Konah, puis rompre charge en amont du barrage, pour peu que la saison fût avancée Mieux vaudrait encore, si nous sommes forcés de charroyer nos caisses, les expédier directement sur Ahwaz Que la plaine est large d'ici là-bas !

Reste le Chaour, souvent encaissé, ridiculement sinueux, coupé de barrages semblables aux tunages du Rhin

Cheikh Ali a nettement déclaré que la véritable voie, la seule qui pût nous convenir, était celle de l'Ab-Dizfoul, navigable depuis les rochers de Kaleheh-Bender, situés à huit farsaks de Suse, jusqu'à son embouchure dans le Karoun.

« Attendez-vous, ajouta-t-il, à rencontrer d'immenses difficultés Les Arabes ne se lanceront pas volontiers sur un cours d'eau torrentueux, compris entre des jungles peuplées de fauves terribles, bordées de buissons qui gênent le halage et obligent les bateliers à se servir constamment de leur gaffe La descente n'est pas moins dangereuse que la montée, car les tourbillons sont violents, les bancs de sable et de cailloux aussi traîtres que mobiles »

Serait-il vrai ? On amènerait des bateaux dans le voisinage de Suse ! Nul renseignement ne pouvait nous être plus précieux

D'autre part, Machté Papi, Ousta Hassan, les ouvriers nomades, sont unanimes à déclarer que l'Ab-Dizfoul n'est pas navigable. Qui croire ?

Deux cavaliers expédiés sur Ahwaz, deux piétons dirigés vers Chouster, reconnaîtront le cours du fleuve, essayeront de se procurer des bateaux et traiteront de leur location s'il est possible.

Les jours se succèdent paisibles et uniformes depuis l'expulsion du sous-motavelli. Mohammed Ali s'est gardé d'aller rebattre de ses doléances les oreilles de Cheikh Taher ; il a jugé prudent de ne pas courir au-devant des réprimandes que lui vaudraient sa conduite déloyale et le faux serment dont il paya sa liberté. Pelleteurs et piocheurs n'ont jamais montré plus de zèle et ne cessent de requérir mon intervention auprès de Marcel.

DUSTA HASSAN.

« Sur nos yeux, Khanoum, obtenez le pardon de vos esclaves fidèles et le rétablissement des anciennes payes. »

Cette faveur m'a été refusée, mais des gratifications équivalentes à la diminution des salaires sont accordées chaque soir aux hommes les plus vaillants. Jamais le bruit sourd des pioches attaquant les tranchées, et les grincements des pelles au passage de la terre n'ont retenti aussi réguliers.

Dès l'aurore le camp s'agite et s'anime. Les ouvriers, perdus dans le brouillard, montent du Gabr, en longues files, reçoivent les outils déposés le soir sous le hangar de Jean-Marie, prennent le chemin des excavations. La scie chante dans les buissons noueux, les marteaux meurtrissent la tête des clous et les fichent dans les caisses, les étrilles se promènent sur les flancs des chevaux, bruyantes comme des ciseaux de tondeur. Chacun est à son poste. Nous rentrons au logis. Mon mari par des dispositions prises, des points qui demandent une surveillance spéciale.

Le samovar bouillonne, le thé fume, ces messieurs saisissent leur kalyan, puis c'est une envolée générale.

Marcel fait tous les matins une tournée complète. Je l'accompagne lorsque la découverte des lions ne nécessite pas ma présence constante sur le chantier. Descendons les pentes raides du tumulus achéménide, traversons la grande vallée comprise entre les trois surélévations, gravissons les éboulis de matériaux et de détritus dont se composent les flancs séculaires du tumulus oriental et suivons la dépression que prolonge le contrefort si vigoureusement attaqué l'année dernière : elle nous conduira directement à une large crevasse, pénétrant fort avant dans le massif.

Les fouilles exécutées sur ce point présentent un intérêt particulier. Depuis le début des travaux, douze ouvriers nettoient les parois de la crevasse. Hier ils rencontraient, au milieu de nombreux débris de poteries, une statuette d'Anaïta ; aujourd'hui apparut une dalle de marbre noir couverte de cunéiformes perses. La traduction du texte sera entreprise dès que la pluie nous confinera au logis. Près de cette inscription se dressait un mur mal construit, où les matériaux de terre se mêlaient avec des tronçons de colonnes et des pierres sculptées, divisés en menus éclats. Plusieurs fragments appartiennent aux encadrements d'une porte et rappellent, sous des profils plus grécisants, les montants et les linteaux des baies persépolitaines. Deci, delà, on rencontre quelques émaux, détachés, semble-t-il, de la frise des lions.

Le monument est détruit, saccagé. Sa découverte ne serait pas décisive si le hasard ne s'était chargé de compléter les renseignements fournis par un travail méthodique et patient.

Les pâtres du tombeau de Daniel conduisent volontiers leurs bêtes dans les fondrières humides, où l'herbe nouvelle commence à montrer ses feuilles vertes tandis que la plaine est encore sèche. Entre toutes, celles où ils ont l'espoir de trouver des amis sont les préférées. On causera de la pluie, du beau temps, des Farauguis, thèmes inépuisables ; puis le nouveau venu appliquera ses lèvres à l'orifice de la plus primitive des pipes. Cet ustensile, composé d'un fourneau et d'un conduit creusés en terre, remplace le kalyan, interdit pendant les heures de travail, et disparaît caché sous une motte de terre quand on signale l'approche d'un membre de la mission. Saisis de la plus louable émulation, il est même des bergers qui ont entrepris pour leur compte personnel des fouilles contemplatives. Les yeux travaillent seuls, mais quels yeux ! Ils perceraient la croûte terrestre sans pioche ni tarière.

Aussi bien n'ai-je point été surprise quand le gardien de nos moutons, les mains pleines de morceaux de bronze, vint m'apprendre que ces fragments provenaient

de la grande crevasse et qu'il les avait découverts a soixante mètres en arrière du
point ou travaillaient les ouvriers. Il nous servit de guide.

L'emplacement designé fut attaqué, et bientôt apparut un énorme galet, cubant
plus d'un mètre. A la partie supérieure une excavation, taillée au ciseau, recevait
la crapaudine de métal ou se mouvait le vantail. L'ensemble du monument repo-
sait sur une fondation de gravier. A droite gisait l'urne d'albâtre qui contenait
les textes commémoratifs. D'autres avant nous creusèrent sous la pierre un étroit
chemin, violèrent ce vase et retirèrent les cylindres ou les sceaux gravés au nom
du souverain qui ordonna l'érection de la porte. Mêlées aux terres, se trouvaient
des feuilles de bronze repoussé, revêtement incontestable des huisseries de cèdre
dont les fibres adhèrent encore aux clous.

Le dessin est simple, charmant, franchement déduit de l'emploi des matériaux.

Imaginez un blindage composé de plaques carrées, d'un pied de côté. Chaque
carré est réuni à son voisin par trois listels de bronze creusant dans le vantail
ces larges rainures si chères aux décorateurs assyriens et que l'on désigne sous
le nom de refend. Le milieu de chaque plaque est orné d'une double marguerite,
dont les contours sont repoussés au marteau.

Comme il fallait river ces lames de bronze et les relier aux ais, on les entoura
d'une rangée de clous a tête ronde, puis on fixa des clous au sommet des pétales
de la marguerite et au centre de l'ovaire.

Le fragment retrouvé forme un carré complet et présente tous les éléments
de la décoration.

Crapaudine de grandeur colossale, debris de belles huisseries, double carrelage
rencontré derrière la baie, inscription cunéiforme, linteaux et colonnes brisés,
démontrent clairement que nous avons découvert l'emplacement de l'une de ces
portes monumentales, orgueil des souverains de l'Orient. Cette porte mettait en
communication médiate les demeures royales et la ville.

L'année dernière, malgré trois mois de pénibles efforts, nous ne parvînmes
pas à déchirer les voiles des grandes entrées du palais : aujourd'hui une baie
s'abandonne sans fausse honte ni coquetterie. Les vieux édifices auraient-ils une
âme de femme?

Le style des émaux et des ornements, les caractères de l'épigraphe, la crapaudine géante scellée au niveau du palais d'Artaxerxes, indiquent que le monument,
comme l'apadâna, appartient à la période achéménide.

25 décembre. — *O patria! O Divum domus Ilium!*

L'homme transporte en tous lieux une patrie idéale, composée de ce qu'il a vu
et aime, et il s'y blottit sans cesse, alors même qu'il parcourt et semble habiter
un monde étranger.

Hier au soir, l'evocation du toit paternel fit pâlir le palais des Grands Rois
C'etait comme un tableau qui se deroulait, visible a travers des milliers de lieues

Sous un lourd manteau de neige la terre est couverte, là-bas, très loin La bise
fait brunir les chenes seculaires qui ploient sous le fardeau d'une mousse cris-
tallisee, d'immenses pelouses s'etendent, semblables a des lacs polaires A travers
les hautes cimes des sapins pointus courent des rubans d'argent qui se tordent,
s'enroulent et se deroulent pour atteindre une ceinture de forets sombres Aucun
pied n'a foule ces chemins immaculés

L'heure est tardive, la nuit noire, tout est calme, paisible silencieux auprès
du grand castel ou j'ai passe mon enfance On ne distinguerait meme pas ses tours
hautes et massives, si la terre pâle n'envoyait sur les murs des reflets transparents

Les tourbillons de neige ont cache les fosses, derniere defense de la citadelle,
sous les plis traitres d'un linceul eburneen Plus de pont-levis a baisser devant
l'unique porte du chateau, plus d'appel au gardien du donjon De pesantes huisseries s'appliquent sur les montants de pierre mais elles ne tournent jamais sur
leurs gonds rouilles

Que les moissonneurs passent en une claire nuit d'ete, gagnant les champs
longtemps avant l'aube, qu'un mendiant cherche l'hiver un abri, et toujours ils
trouveront ouverte la baie hospitaliere Entrons La cour parait immense dans sa
froide nudité, entourée de murs percés et reperces de fenêtres d'âge et de styles
disparates, voiles sous les guirlandes de lierres deux fois centenaires Comme dans
la campagne, un tapis de neige couvre le sol, comme dans la campagne, tout est
silence, tout est sommeil

Soudain les vitraux des croisees gothiques s'eclairent des lueurs fugitives
courent dans la galerie du premier etage. Au rez-de-chaussée les portes s'ouvrent,
des paysannes, la coiffe blanche serree sur de petits bandeaux argentes, le visage
ridé par les annees, le travail et les soucis, avancent prudemment la tête, surprises
d'etre debout par un temps si rigoureux a une heure aussi tardive

Mais voici la tour ou s'enroule en une longue spirale l'escalier de pierre Un
vieux pretre apparaît, tout frileux, son breviaire à la main, il murmure, dans un
demi-sommeil, une courte priere Il se reveillera en entrant dans la chapelle

Je vois ma petite niece, une adorable enfant, la fleur de la maison Les grandes
marches qui resonnaient sous les pas des chevaliers bardés de fer sont trop étroites
pour elle elle en saute toujours deux. (C'etait jadis mon ambition, et je ne
reussis à la satisfaire qu'apres m'être fendu la tête) Puis viennent la mère et la
grand'mere, avec ses grands yeux clairs Le visage charmant de l'aieule s'illumine
d'un sourire, et pourtant le grand corps majestueux qu'il couronne s'appuie peni-
blement sur des serviteurs fidèles

Les clochettes tintent, carillonnent, la grosse cloche prend part au concert, l'orgue vibre sous la voûte gothique semée d'étoiles d'or, rayée de nervures qui viennent reposer sur les froides têtes des sires de Terride.

Métayers, villageois, hommes et femmes, grands et petits, entrent, se pressent, et la messe commence, la messe de minuit.

Quelle placidité sur les figures tannées de ces paysans vêtus de bure, tenant à la main le bonnet phrygien des Languedociens ou le béret des Béarnais, les yeux fixés sur l'autel flamboyant, suivant, sans le comprendre, un office où tous les versets sacrés respirent la joie et l'allégresse!

Pourquoi Jésus est-il né pendant un froid hiver? pensent-ils. Pourquoi n'eut-il pas, comme nos châtelaines, bon feu, bon gîte? Pourquoi, s'il préférait l'étable au château, ne vint-il pas au monde en la chaude saison de la moisson dorée, sur une gerbe encore parée de ses épis entremêlés de bluets et de coquelicots?

Comme vous, paysans au cœur compatissant, je me posais ces questions et je les laissais sans réponse. Ici je reconstitue tout autre le tableau de la Nativité, il m'a suffi de sortir un instant de notre maison et de promener mes regards autour de moi.

De la solitude où Suse cache ses malheurs, de l'uniformité ininterrompue de la plaine, du silence et de l'abandon aussi solennels que le tumulte, aussi vastes que les bruits humains qui retentissaient jadis sur ce sol, semble s'accroître l'immensité du firmament. La voûte céleste est claire, limpide, argentée, la Voie lactée la traverse. Jupiter scintille tel qu'un soleil nocturne, l'air est doux. Si les Mages eurent un souci dans leur voyage à la recherche de l'enfant, ce ne fut pas de traverser des plaines neigeuses et glacées, mais de retrouver tous les soirs leur guide stellaire au milieu des millions de mondes, fleurs de feu suspendues au dôme infini, et des météores filants qui parcourent l'espace comme d'éclatantes fusées.

C'est par une nuit sereine, sous un climat clément, que Jésus naquit.

« Or il arriva qu'en ces jours il parut un édit de César Auguste pour le dénombrement des habitants de toute la terre. »

Joseph et Marie partent, ils vont se faire inscrire à Bethléem, parce que tous deux sont de la maison de David.

Un soir ils s'arrêtent dans un de ces caravansérails si communs en Orient.

Marie et Joseph sont pauvres, ils n'oseraient prétendre aux chambres closes ménagées près de la porte; elles sont réservées aux voyageurs riches, accompagnés de serviteurs. Qui veillerait sur l'âne chargé de leurs bagages? Les deux étrangers entrent, tels que des gens de leur condition, dans une de ces longues galeries qui entourent la cour. Une nef occupe le centre, à droite et à gauche des collatéraux voûtés. Ceux-ci, où se pressent, voraces, mulets, ânes et chevaux, ceux-là élèves

de quelques marches au-dessus du sol et reservés aux propriétaires des bêtes
de somme

Les temps sont venus, un enfant vagit C'est la loi commune des Orientaux de
naître ou de mourir au grand air, sous le ciel en été, sous une tente ou un caravansérail en hiver L'Evangile nous montre la Vierge calme et sereine, couchant son
fils dans une crèche pourquoi se troublerait-elle? Joseph et Marie ne souffrent
point du froid, parce que les animaux entretiennent dans les galeries une douce
chaleur, ils ne rougissent point d'habiter une étable, parce que leur esprit n'a jamais
conçu l'idée d'une hôtellerie telle que l'entend le touriste occidental Contents
sont-ils d'avoir atteint le but de leur voyage et un abri où l'eau et la paille ne
manquent pas

Quand les Mages se présentent pour offrir l'or, l'encens et la myrrhe, un sentiment de fausse honte traverse-t-il l'esprit de la Vierge? Non, elle leur montre Jésus
couché dans une crèche « Et, prosternés, ils l'adorent » Puis ces voyants regagnent
leur pays sans modifier l'état de ce nouveau-né auquel ils viennent de rendre un si
étonnant hommage C'est que cet état n'avait rien d'anomal

L'été dernier j'arrivai au bord de l'Ab-Dizfoul comme une tribu achevait de le
traverser Pasteurs et brebis, chameaux et mulets chargés, avaient gravi la rive
voisine Seule une femme, fort affairée, demeurait assise sur la berge où le hasard
m'avait conduite Je m'approchai et la vis donner une forme savante à un paquet fort
bruyant C'était un vigoureux nomade qui se plaignait d'être venu au monde une
demi-heure plus tôt Quand la mère eut allongé les petites jambes, décollé les doigts,
elle enveloppa le nouveau-né de lambeaux d'étoffe, le regarda avec la satisfaction
de tout auteur pour une œuvre faite en conscience, baisa le bébé, puis, disposant
son âba sur ses épaules, elle y coucha l'enfant comme dans une barcelonnette.

Ces devoirs remplis, la jeune femme descendit la berge, entra dans la rivière,
franchit le gué avec de l'eau jusqu'à la ceinture, gravit le talus opposé et, après
m'avoir envoyé un dernier salut se dirigea vers sa tribu, que l'on apercevait dans
le lointain sous la forme d'un nuage de poussière

Jésus naissant ne dut pas causer plus de souci à Marie Les climats modifient
les aptitudes physiques, de même que les conditions de l'existence

Une scène cruelle, si l'action est transportée sous un ciel inclément et repré-
sentée par des acteurs amollis ou anémiés, est simple et poétique dans les serres
naturelles de l'Orient, au milieu d'êtres qui ont gardé la vigueur des races primitives

11 décembre — Hosanna! Que d'événements, que de joies, que d'espérances
réalisées! Une admirable, une miraculeuse découverte m'a passionnée au point
que depuis l'aurore jusqu'à la nuit close je ne pouvais me décider à quitter la
tranchée. Il me semblait, ô fatuité extrême! que, moi partie, la mine d'or allait

subitement s'épuiser. Mais aussi, le soir venu, j'étais si lasse, que mes yeux
refusaient de se tenir ouverts. J'avais beau leur livrer bataille, j'étais toujours
mise en déroute par un invincible sommeil, et le cahier restait immaculé.

Il pleut depuis vingt-quatre heures ; me voici reposée. Hâte-toi, ma plume, de
conter nos joies, car le *maître de la pluie*[1] annonce le retour du beau temps, et
sans regret je te jetterai pour courir à mes nouvelles amours et faire revivre de
mes mains le passé glorieux des Grands Rois.

ATTAQUE DE LA TRANCHÉE DES IMMORTELS.

Comme Petit-Jean, commençons par le commencement. Il y a quinze jours à
peine, Marcel acheminait ses ouvriers vers une tranchée nouvelle. Destinée à couper
des corps de logis hypothétiques construits entre l'apadâna et les pylônes, elle se
dirigeait vers une éminence dont l'image inviolée nous avait tourmentés comme
un remords. On creusa, on pelleta, on piocha plusieurs jours de suite sans qu'aucun
indice vînt justifier nos espérances. Pourtant un matin, les ouvriers exhumèrent une
urne funéraire renfermant un squelette encore bien conservé. C'était une trouvaille

---

1. *Barons gaheb* (baromètre), mot de fabrication susienne.

intéressante sans doute, mais peu réjouissante de sa nature. Nous approchions du
niveau de l'apadâna. Marcel croyait l'atteindre le lendemain et abandonner ensuite
cette attaque malheureuse. Comme nous charriions misérablement le tronc d'une
statue de grès découverte au pied des tumulus, Dor Ali se précipita : « Je trouve
un objet qui est beau! s'écria-t-il tout essoufflé; les ouvriers prétendent que
c'est de l'or; moi je dis : c'est un *kachy!* » Les Persans désignent sous ce nom
les revêtements de faïence fabriqués à Kachan au douzième siècle.

Marcel court et me laisse la statue sur les bras. Enfin la voilà hissée sur le
tumulus; je rejoins mon mari.

Il tient un bloc de faïence blanche comme neige; sur une des tranches apparaît,
en haut-relief, une demi-sphère d'un bel émail jaune, semée d'étoiles bleues, vertes
et blanches, comprises dans un cloisonné. Un liséré blanc longe la saillie. Le
morceau est incomplet, mais, tel quel, c'est un chef-d'œuvre de céramique. Que
peuvent bien représenter cet étrange modelé, ces couleurs magnifiques?

« Nos lions, me dit Marcel, portaient robe blanche, crinière verte et ventre
bleu; ce fragment doit appartenir à une panthère apocalyptique.

— Peut-être :... les étoiles bleues et vertes me gênent.

— Madame la sorcière, a repris mon mari, faites vos incantations habituelles :
vous serez demain mieux renseignée. »

Je n'ai apporté à Suse ni cornue, ni crocodile, ni lézard empaillé; le chaudron,
la baguette magique, les grimoires diaboliques me font absolument défaut; mais
j'ai une recette infaillible pour retrouver la place d'un fragment d'émail. La voici,
sans dissimulation ni traîtrise.

Autour de ma chambre sont ménagées une série de niches, utilisées comme
bibliothèque, armoire, vitrine où s'empilent les menus objets. Quand j'oublie
d'inventorier un des innombrables émaux apportés au camp, je pose la pièce égarée
sur une planche voisine de mon lit, de telle sorte qu'au réveil elle frappe directement le regard et attire mon attention.

Je la vois alors avec une intensité extrême; elle grandit; ses lignes, ses
déchirures se dessinent nettement, et il est bien rare que, deux ou trois minutes
plus tard, je ne découvre pas l'origine de l'erreur commise.

La belle brique retrouvée par Dor Ali a été placée sur l'étagère fatidique.
Je doutais qu'elle fît partie d'une panthère, mais je n'avais nulle idée du sujet
qu'elle représentait; le lendemain matin elle s'offrait à mes regards telle que
l'épaule d'un être humain revêtu d'une robe aux splendides couleurs.

Ma sorcellerie, je l'espère, ne me fermera pas les portes du paradis.

La nouvelle tranchée a été approfondie jusqu'au niveau des fondations en
gravier de l'apadâna. A sa grande surprise, Marcel s'est aperçu que le carrelage

TRANCHÉE DES IMMORTELS.

faisait defaut et que le lit de gravier, interrompu par places, livrait passage a des murs de terre fondés a un niveau inférieur. Les pelles, les pioches s'acharnèrent dans les parties depourvues de cailloux, et bientôt se montrèrent d'énormes massifs lardés de magnifiques briques emaillées. Ils s'appuyaient eux-mêmes sur un mur de briques soigneusement bâti, soutenu par des fumes solides. On avait atteint le palais de Darius, incendie au temps de Xerxès et enseveli quatre-vingts ans plus tard sous la puissante couche de gravier qui portait le palais d'Artaxerxès Mnemon.

Tous les soirs le magasin recevait de trente a quarante dalles blanches, compactes, solides, dont la tranche est couverte d'emaux merveilleux. D'abord apparurent trois briques qui, superposées, donnaient le dessin d'une longue manche, plus tard des pieds noirs chausses de brodequins jaunes, des jambes et des mains noires.

Aide du sujet et de la découpe des joints, Marcel a reconstitue des fragments de personnages, puis, réunissant ces fragments, il est arrive a remonter deux guerriers de grandeur naturelle. Par malheur, deux assises, l'une au milieu de la poitrine, l'autre a la hauteur du visage, font encore defaut.

Le tableau represente des archers vus de profil, en marche, la javeline à la main, l'arc et le carquois sur l'epaule. Les uniformes, de couleurs différentes, sont tailles sur le même modele : jupe fendue de côté, chemise courte, serrée à la taille par une ceinture, veste fermee sur la poitrine. Les manches de ce dernier vêtement, ouvertes du poignet au coude, laissent passer les plis nombreux de la chemise. Un riche galon court autour des etoffes. La tête est couronnee d'une torsade verte rappelant la corde de chameau qui ceint encore le front des Arabes. Oreilles, poignets, sont charges de boucles et de bracelets d'or; des chaussures, d'un beau jaune, se boutonnent sur le cou-de-pied. Les etoffes des uniformes sont d'une etonnante richesse. Le premier de nos guerriers porte, sur la chemise pourpre foncé une veste et une robe jaunes, brodees de marguerites bleues et vertes, le second est vêtu d'une etoffe blanche semee d'ecussons noirs sur lesquels se detache la citadelle de Suse. Des pieces isolees donnent les echantillons de robes blanches semées de fleurs ou d'etoiles, des chaussures bleues et des manches jaune uni.

Seul le type du personnage ne varie pas : la peau est noire. La barbe, a reflets bleutés, encadre de ses boucles des levres minces, liserees de carmin. les cheveux sont ondules.

Quel admirable modele! quel noble et large dessin! quelle technique surprenante de simplicite et de puissance! Le developpement de la tete, des epaules et du thorax, le dessin des pieds, la jupe qui se drape sur la jambe, les grands tuyaux des manches, rappellent a mon souvenir l'art egmetique. Quand les sculpteurs grecs s'avisèrent de détacher les plis des draperies ils agirent et procéderent, semble-t-il, comme les modeleurs perses Cette analogie n'est pas fortuite, étant donné que l'art de Persépolis et celui de Suse sont nés au lendemain de l'entrée des armées iraniennes en Ionie et en Hellade mais elle est des plus instructives, car les formules empruntées à l'étranger par les Achéménides se figèrent dans des moules hiératiques le jour où elles furent acquises à l'art national

Hérodote en main, nous avons suivi la nomenclature des troupes qui passèrent l'Hellespont sous les yeux de Xerxes, et, cette lecture faite, trois détails du costume de nos guerriers nous ont frappés la couronne, les bijoux d'or et, surtout, la grenade d'argent qui termine la javeline

C'étaient, au dire de l'auteur grec, les trois insignes distinctifs des dix mille *Immortels*, gardes des Grands Rois On les qualifiait d'Immortels parce qu'ils n'étaient jamais plus, jamais moins de dix mille, et qu'un immortel disparu était sur-le-champ remplacé par un autre immortel

Les *Quarante* n'ont pas trouvé mieux

Déjà nous avions fait connaissance avec ces guerriers célèbres, à Persépolis et au tombeau de Darius Mais là-bas leur couronne était métallique et de forme droite

Des différences plus importantes que cette légère modification de la coiffure devaient cependant exister entre les archers de Suse et ceux de Persépolis Ceux-ci étaient Aryens et de race blanche, ceux-là sont noirs, comme les archers que Memnon, fils de l'Aurore, amena au secours de Priam

Les intéressantes études anthropologiques de M Houssay sur les squelettes découverts dans les urnes funéraires et les mensurations des habitants actuels de la Susiane concluent à l'existence d'une ancienne race négrito en Elam Nos Immortels appartiendraient au contingent susien des gardes royaux La pensée nous était tout d'abord venue que les enlumineurs perses, à l'exemple des Grecs, avaient pu brunir intentionnellement la peau des guerriers, pour blanchir par contraste celle des femmes mais une main moulée dans le même creux que les mains noires, tenant comme elle la javeline, et pourtant couverte d'un bel émail blanc, réfute sans longs discours cette hypothèse séduisante

Quoi qu'il en soit de leur race, nos Immortels apparaissent beaux de lignes, beaux de formes, beaux de couleur, et constituent une œuvre céramique infiniment supérieure aux bas-reliefs si justement célèbres de Lucca della Robbia

Et cependant les matériaux mis à la disposition de l'artiste sont des plus vulgaires comme support, une faïence grossière, moulée dans de bons creux et sans doute retouchée à l'ébauchoir ; comme palette, le bleu turquoise, le manganèse, le jaune, le blanc et une pointe de pourpre

Soyez artiste, vibrez au souffle du divin Apollon ces moyens restreints vous

suffiront pour engendrer des œuvres puissantes et d'une vigueur extrao

Il me semblait, quand les pièces émaillées sortaient de terre, encore de la fraîcheur du sol, assister à la résurrection de saphirs et de turquoi velis dans les rayons d'or du soleil susien. Le bas-relief pare notre pau et l'éclaire comme un astre radieux.

Nous ne sommes au bout ni de nos joies ni de nos fatigues. La min d'être tarie : « C'est un magasin », disent les ouvriers; mais divers indiquent que le filon de pierres précieuses va toujours s'approfondiss une couche de terre plus épaisse.

Il faut déblayer largement les stratifications supérieures, afin d'attein danger les émaux.

BARRÈ BACHY.

XVII

Barré bachy. — Les tumulus de la plaine de Suse. — La saison des pluies. — L'espadina d'Artaxerxès Mnémon.
Arrivée d'un courrier de France !

1ᵉʳ janvier. — Le soleil s'est levé radieux et chaud pour sourire aux Faranguis et leur souhaiter une heureuse année. Heureuse, bien heureuse année ! Les profondeurs de la terre nous livrent sans regret des trésors !... Le jardin potager montre les germes verts des semences que ma main lui a confiées et fait loucher Barrè bachy ! Barrè bachy ! j'ai bien bien tardé à présenter ce nouveau membre de la mission ! C'est cependant un personnage d'importance ; il fait ici la pluie et le beau temps. A lui toutes les licences.

« Qu'est devenu le pain de sucre ?

— Barrè bachy l'a mangé.

— J'avais une énorme provision de tabac ?

— Barrè bachy l'a fumé.

— Hier on a porté de la ville un paquet de bougies ?

— Barrè bachy en a fait joujou.

— Et le savon destiné à la prochaine lessive?

— N'avez-vous pas ordonné de laver Barrè bachy?

— Donne-moi du lait fermenté?

— Nous l'avons offert à Barrè bachy; il avait grand'faim. »

Barrè bachy est adorable; maîtres et serviteurs s'accordent pour le chérir. Il couche dans la salle à manger, circule de chambre en chambre, car toutes les portes lui sont ouvertes, prend place à table sans y être invité, et apprécie avec un discernement parfait les mérites d'un pilau nourri ou d'un rôti de mouton cuit à point. Puis, après le repas, il fume, se grise d'opium et, la tête un peu prise, saute des barrières, traverse des cerceaux et, tel qu'un clown bien dressé, exécute d'étourdissantes cabrioles. Barrè bachy est un agneau — non de caractère, l'éducation l'a perverti — mais de forme et de race. Il avait à peine quinze jours quand Papi Khan me l'apporta dans un pan de son manteau. Sa jeunesse le sauva du couteau du cuisinier; son amour pour sa mère, dont il cherchait avidement les mamelles sous le ventre de nos moutons, me le fit prendre en pitié; je l'adoptai et le baptisai: *Barrè bachy* (Agneau en chef), parce qu'il était le seul agneau du troupeau et avait l'honneur d'être attaché à nos personnes.

Ouvriers, âniers, cuisinier, laveur de vaisselle, qui tous, plus ou moins, se targuent du titre de *bachy*, ne purent entendre, sans ouvrir des yeux grands comme leur bouche, traiter avec de pareils égards *le fils d'une brebis*.

Le premier émoi passé, ils trouvèrent le qualificatif plaisant et s'attachèrent à Barrè bachy, qui, parfait courtisan, se montrait déférent avec les hommes et réservait son orgueilleuse arrogance pour ses confrères les moutons. Aujourd'hui il n'y a plus qu'un agneau dans la plaine de Suse: c'est Barrè bachy. Jamais satrape ne fut traité avec plus de respect et de considération; jamais on n'accumula sur une toison blanche et noire tant de caresses; jamais tant de fautes ne restèrent impunies. Mais aussi quel puits de science!

Ce matin Mahmoud, accompagné de notre élève, qui méprise les horloges et connaît sans pendule l'instant du déjeuner, s'avança et, d'un ton solennel: « Madame est servie! »

Je me serais crue à Paris, si une merveilleuse cabriole de l'Agneau en chef n'était venue me rappeler à la réalité. J'ai remercié nos deux camarades de la double surprise qu'ils m'avaient préparée, et baisé les oreilles noires de notre clown favori. Depuis, Barrè bachy est enflé de vanité. Il a déclaré qu'un personnage de son mérite ne pouvait plus frayer avec de vulgaires moutons dont la vie s'écoule entre une botte de foin et un billot; un berger spécial lui est nécessaire; il en viendra bientôt à réclamer la garde du troupeau.

Nous avons célébré la fête du 1ᵉʳ janvier par une longue promenade à cheval
Après la paye, nous courûmes dans la vallée et suivîmes la ligne des tumulus, qui
s'étend le long de l'Euléus, depuis le Takhtê Soleïman jusqu'à une surélévation
située au nord-est de Suse

Des pierres blanches avaient été signalées en ce point trois bases de
colonnes de style achéménide, d'un module plus petit que celles de l'apadâna

Deux tombes sont fraîchement creusées sur la hauteur

Quelle singulière tradition engage les Arabes à choisir comme sépulture des
tumulus antiques et à dormir le dernier sommeil sur les œuvres détruites des
générations disparues! Selon que les troupeaux paissaient à droite ou à gauche,
au nord ou au sud, les pères ensevelirent les aïeux sur le site de Djundi Chapour,
auprès du tombeau de Daniel, sur les sommets de Doeelladj, du tell Soleïman, de
Suse, de Sendjar ou sur de petits mamelons qui passeraient inaperçus si de temps
à autre on n'y voyait une butte de terre fraîchement remuée et de la longueur
d'un être humain Les urnes funéraires parthes exhumées des tumulus susiens
durant nos dernières fouilles prouvent combien il faudrait remonter dans le
passé pour retrouver l'origine de cette coutume, qui survivra encore à de nombreuses générations Pour moi, j'ai la conviction qu'en la plupart des cas les
hautes nécropoles choisies par les Arabes de la Susiane dissimulent des édifices
antiques Les tombes d'aujourd'hui reposent sur les ruines d'hier et les protègent des profanations humaines

Marcel voudrait tenter une attaque auprès des bases de colonne, le mal est
que la surveillance sera difficile Lancés au galop de charge, nous avons mis trente
minutes pour regagner la maison On verra plus tard!

2 janvier — Aujourd'hui n'est pas fête comme hier. Les cavaliers envoyés
à la recherche de bateaux et de bateliers ont visité sans succès Chouster, Bend
Akhil, Kaléhê-Bender et Ahwaz En rentrant, ils ont unanimement déclaré que
leurs efforts avaient été infructueux Nul ne veut s'aventurer sur un fleuve aux
vapeurs pestilentielles, dont les eaux sont peuplées de monstres marins et les
rives de fauves terribles

Je crains bien que nous ne soyons forcés de charger sur des charrettes les
divers fragments du chapiteau, et de les acheminer successivement sur Ahwaz

Jean-Marie travaille au bâti qui réunira les quatre roues apportées l'année
dernière, mais les animaux de trait et les harnais, où les trouver?

M Houssay partira demain pour Dizfoul et priera le gouverneur de nous
prêter, contre rémunération les chevaux de ses deux canons. En cas de refus, il
ramènera les cordonniers de la ville nous leur ferons coudre des harnais, tandis
que l'on dressera mulets et charretiers

Sur le soir, des funérailles ont été célébrées au pied de la citadelle ; elles m'ont paru grandioses, toutes pauvres qu'elles étaient. Les Orientaux comprennent mieux que nous la majesté de la mort. Aucun de ces décors si chers aux nations latines, aucune de ces guirlandes de fleurs, dérisoire contraste avec la fin dernière.

La poussière est rendue à la poussière avec respect, mais avec simplicité et tranquillité d'âme, car le musulman considère la mort comme une des conséquences de la loi fatale qui régit l'univers. La destinée de l'enfant est fixée dès son premier souffle ; d'immuables décrets règlent le nombre des jours, des minutes, des secondes qui lui sont accordés ; les efforts des humains ne sauraient prolonger ou raccourcir la durée de la vie. C'était écrit ! Seuls les impies donnent à la disparition des êtres une importance qu'elle n'a point dans l'œuvre divine.

Pleure-t-on après le printemps et l'été, quand vient l'hiver ? Il faut savoir quitter la vie comme tombe l'olive mûre, en bénissant la terre qui l'a nourrie, l'arbre qui l'a portée.

Mourir, c'est renaître. N'ont-elles pas une tradition éternelle, ces générations d'oiseaux qui depuis des milliers d'années traversent la plaine, obscurcissant le ciel comme un nuage vivant, plus nombreuses que les sables du désert chassés par l'aquilon ? Les voilà formées en colonne : éclaireurs, avant-garde, corps d'armée, traînards, invalides ou paresseux, rangés en ordre de marche. La trombe passe, rien ne la fera dévier de sa route. Hélas! comme ces oiseaux, l'homme est un voyageur. « Garde-toi de t'attacher à ce monde. C'est un étranger qui reçoit chaque jour de nouveaux convives. Est-il permis d'aimer la vie, cette fiancée qui change sans cesse d'amants? Sois bon et bienfaisant; l'an prochain ta maison aura un autre maître. »

4 janvier. — La saison des pluies vient d'être inaugurée à grand orchestre. Depuis deux jours nous sommes sous l'eau. Afin d'occuper mes loisirs, j'ai commencé l'emballage des archers. Chaque pièce reçoit un numéro d'ordre inscrit dans un répertoire. Il suffira désormais de reconnaître les briques et de les rapporter sur une aquarelle générale, pour posséder l'inventaire de nos richesses, sans les exposer aux regards indiscrets. Vingt caisses s'empilent ce soir dans le magasin et la salle à manger ; la pluie passée, il faudra les évacuer au dehors, sous peine de ne pouvoir loger les nouvelles découvertes.

Tout en emballant, je prête l'oreille. Jean-Marie et Ousta Hassan ne cessent de causer. L'un s'obstine à ne pas apprendre un mot de persan et prétend être compris ; l'autre s'efforce de saisir les finesses du *mocro*, mais ne peut dompter les difficultés de ce merveilleux idiome.

« Quelles bourriques que ces charpentiers persans ! disait notre Toulonnais :

je n'ai jamais vu de gens aussi bouchés ! Et ce maçon, ce Parisien de Landerneau, je lui ai dit trois fois de ne pas toucher à cette planche, je tourne le
dos, la voila fendue en deux morceaux ! »

Réplique d'Ousta Hassan

« Le brave homme que ce Jean-Marie ! Je suis sûr qu'il me félicite de
l'imperméabilité de mes toitures ! »

Comme j'achevais une toilette sommaire après la fermeture de la vingtième
caisse « Pan, pan ! — Qui est là ? — C'est le percepteur des contributions
directes, » crie Marcel

En quel pays sommes-nous tombés,,bon Dieu !

Un vieux cheikh, dont les tentes se dressent au nord du tumulus, prend la
parole dès mon entrée dans la salle commune ·

« Khanoum, j'ai déjà expliqué à Saheb le but de ma visite Dans le Faranguistan, quand vous bâtissez une maison en un lieu bien exposé, vous payez
une redevance au padichah ?

— Sans doute

— Vous êtes venus à Suse, vous avez construit un palais sur les terres que
pacagent mes troupeaux · vous me devez un dédommagement

— Quelles sont tes prétentions ?

— Je veux un couteau

— Distinguons · si tu veux un couteau à titre de contribution foncière, tu
ne l'auras pas, parce que tu n'es padichah ni du Faranguistan ni d'autre lieu;
si tu le réclames comme don de bonne amitié et d'excellent voisinage, tes
souhaits seront exaucés !

— Khanoum, vous raisonnez aussi bien qu'un mollah mais donnez-moi
donc le couteau ! »

8 janvier — Le déluge a cessé, l'arc-en-ciel est apparu, jetant l'écharpe d'Iris
sur un horizon encore lourd de vapeurs humides La tranchée des Immortels
est noyée, inaccessible

Depuis le commencement de la semaine, les Dizfoulis ont été reportés sur
l'apadana, dont on découvre les dallages à deux et trois mètres de profondeur

D'abord attaqué sous la colonnade de l'est, le sol s'est montré plus prodigue
de buissons aux énormes racines, de débris de poteries et de matériaux pilés
que de marbre sculpté

Dieu merci, la colonnade ouest a été plus généreuse · non seulement on a
retrouvé trois bases de colonnes placées à la suite de celle que nous avions
déblayée l'année dernière, mais encore un fragment de fût cannelé et, auprès

de lui, le corps et la tête de l'un de ces taureaux accouplés qui formaient l'élément principal des chapiteaux de l'apadàna.

Ces pièces sont couchées là où elles s'abîmèrent il y a deux mille ans.

« Je ferai venir contre les peuples d'Élam, dit le Seigneur, les quatre vents des quatre coins de la terre, et disperserai les nations dans tous ces vents, et il n'y aura point de contrée où les fugitifs d'Élam n'aillent chercher leur retraite. »

Quand je passe auprès de ces monolithes énormes, je me sens prise d'un

LA COLONNADE OUEST DE L'APADANA D'ARTAXERXÈS.

profond respect pour les hommes qui les amenèrent des monts Bakhtyaris, taillèrent ces marbres noirs d'une finesse et d'une dureté sans pareilles, et eurent l'audace d'asseoir des colosses sur des fûts hauts de vingt mètres.

Cette fouille, d'ailleurs fort intéressante, est une source de soucis et de regrets : le corps du taureau, taillé dans un seul bloc de marbre, pèse plus de douze mille kilos; nous n'avons pas même cubé le fût, tant ses tronçons dépassent le poids que nos ressources restreintes nous permettent d'ébranler et d'amener

9 janvier. — Le retour de M. Houssay ne développera pas chez nous un enthousiasme immodéré pour les sculptures pesantes. Le gouverneur de Dizfoul reçut froidement notre ambassadeur. Il l'entretint de statues d'or, de trésors et de firmans. A l'entendre, nous déroberions au Chah d'immenses richesses. Pour parler net, il refusa les chevaux d'artillerie et leur harnachement, parce qu'il ne peut nous autoriser à emporter les pierres des palais.

« M. Dieulafoy n'a pas trouvé une parcelle de métal précieux, répliqua

CHAPITEAU ET FÛT DE COLONNE.

M. Houssay ; d'autre part, il restera sur le tumulus beaucoup plus de *pierres* que nous n'en pourrons emballer. »

Il n'est pire sourds que les sourds volontaires.

La ville était d'ailleurs fort émue. Plusieurs grands personnages sur lesquels Mozaffer el Molk s'est dédommagé de sa mésaventure avec les prêtres de Dizfoul ont été saisis et enchaînés ; Aga Reza, l'un des plus gros bonnets de la cité, demeurera sous les verrous jusqu'au complet payement d'une contribution arbitraire de quatre-vingt mille francs. Ces faits n'étaient pas de nature à mettre en joie le

sous-gouverneur, mais, de l'avis de M. Houssay, ils ne lui ont pas dicté sa
détermination.

Il fallut se rabattre sur les cordonniers de Dizfoul. Suse se glorifiera bientôt
de les posséder tous. Ces artistes viendront discuter avec mon mari l'avant-projet,
le bordereau et le détail estimatif des harnais qui nous sont nécessaires. Comment
fabriquera-t-on les colliers et les traits? Le bazar ne saurait fournir ni cordes
résistantes ni cuirs épais.

11 janvier. — La pluie nous fait faux bond; j'en suis ravie : la résurrection des

CORPS DE TAUREAU. (Voyez p. 306.)

Immortels va reprendre son cours régulier. Puis, quand il fait soleil, les barbes
de la mission ne se mettent pas en frais d'inventions culinaires.

Hier M. Babin se vengea de deux jours de claustration en confectionnant une
crème; afin d'adoucir le lait un peu sur, mon mari et le hakim bachy décrétèrent
qu'on y devait ajouter la graisse d'une queue de mouton. Ce laitage était exquis...
à rendre l'âme. Barré bachy lui-même s'est récusé. A ce propos, je suis en froid
avec l'Agneau en chef; il n'a qu'un souci : croquer les radis, les épinards et les
salades; moi, qu'un désir, lui inculquer un peu de respect pour notre potager.

Aujourd'hui d'autres pensées nous assiègent; Marcel court du tumulus achemenide aux fortifications, des fortifications aux fouilles du petit monument que nous reconnûmes le 1er janvier dans la plaine. Vingt Louis déblayent un édicule dont il est difficile de préciser la destination.

Les ouvriers dégagèrent d'abord une quatrième base de colonne. Marcel, se départant de sa réserve première, traça une tranchée qui amena la découverte de larges degrés. Au bas de ces marches se présentait un dallage, au centre de ce dallage une cour carrée, au milieu de la cour des gradins.

L'édifice était porté sur un soubassement haut de deux mètres. La rampe d'accès aboutissait à un porche qui rappelait ceux des petits palais persepolitains. On doit exclure l'hypothèse d'une salle hypostyle : les bases retrouvées appartiennent à un ordre toujours employé au dehors.

Derrière le porche, une salle rectangulaire, une tribune à deux colonnes, les degrés intérieurs et une cour encadrée par un promenoir dallé. Les élargissements de ce promenoir correspondaient à des seuils de porte, et deux petits escaliers à des vestibules symétriques qui s'ouvrent sous le porche extérieur. Des massifs de cailloux placés à droite et à gauche des degrés supportaient sans doute des stèles ou des statues, les gradins situés au centre de la cour, un autel semblable aux atechgas représentés sur les bas-reliefs de Persépolis, les minces couches de gravier signalées sur la face postérieure de la cour, des objets d'un faible poids, tels que sièges ou bassins à ablutions.

La construction était trop pauvre pour un palais. D'autre part, l'aspect du monument, son porche hypostyle, son soubassement élevé, sa rampe d'accès, sa forme typique indiquent qu'il ne s'agit pas non plus d'une demeure particulière. Dans quelle catégorie ranger notre petit édifice? Il est impossible de méconnaître le plan, les caractères essentiels des temples gréco-asiatiques et des *ziqourats* babyloniens. On devrait peut-être considérer cette œuvre comme un composé des édifices religieux de la Hellade et de la Chaldée, mélange aussi complexe que la nature des dieux qui y étaient adorés.

Strabon aurait parlé avec raison des temples de la Perse. Est-ce à dire qu'Hérodote eut tort de nier leur existence? Au moment où écrivait l'historien des guerres médiques, le mazdéisme ne donnait pas asile à des dieux adorés dans des enceintes couvertes, tandis que plus tard l'atechga lui-même fut caché aux regards des profanes. Le porche intérieur remplacerait le takht ou trône sur lequel se tient le roi dans les bas-reliefs de Persépolis.

En ce cas les petits tumulus de la plaine seraient les derniers débris de temples construits les uns dans la période élamite, les autres à l'époque d'Artaxerxès Mnemon et des princes achéménides qui favorisèrent l'introduction des cultes

semitiques Notre monument representerait un de ces edifices religieux, une simple
eglise de faubourg

Le projet d'attaquer plusieurs surelevations artificielles avait ete abandonne apres
l etude de l une d elles, affouillee depuis des siècles par le Chaour Sur la coupe
verticale, aussi nette que si elle etait l œuvre de Durandal, on apercevait le sol d'une
cour, des murs eboules, mais nulle trace d habitation elegante Chacun des monti-
cules de la plaine correspondrait a des constructions en pise qu il nous est interdit
de deblayer, etant donnees notre détresse financiere et la brievete de notre sejour
Pourtant l'evenement a prouve qu il eût ete regrettable de n'en interroger aucun

14 janvier. — M. Babin dresse un plan, fidèle image du terrain, M Houssay
etudie une araignee geante et des serpents omnicolores trouves dans les deblais
Jean-Marie entreprend deux charrettes nouveau modele, *Dieulafoy invent* Roues,
essieux, bati, sont de bois Des harnais miraculeux dus a la collaboration des
membres de la mission et des cordonniers de Dizfoul serviront à trainer ces carrosses magiques Avec du coton on fabriquera des cordes, avec des cordes des
traits dans le cuir reservé aux semelles de bottes on taillera des bricoles
Crochets, anneaux, chaînons, seront, tant bien que mal, forges a Dizfoul

Le harnachement de douze betes doit être livre dans les premiers jours de
fevrier Quelle saignée a la bourse de la mission!

Aussi bien Mirza Taguy, doublure du célebre Abdoul-Kaïm, qui venait prier
Marcel de payer ses dettes, n'a-t-il pas ete accueilli avec les egards dus a l eleve
favori de notre ancien tortionnaire

Il faut songer aux fouilles avant de penser aux creanciers de ce cher ami!

La frise des archers s'allonge Les lacunes se garnissent la poitrine, qui
s etait derobée a toutes les recherches, est enfin apparue, nous désespérions de
rencontrer une figure — le visage est toujours la cible preferee des destructeurs
— Depuis hier elle est representee par une brique émaillée donnant la paupiere
inferieure d'un œil dessine de face, le nez, la joue et une chevelure verte soigneusement calamistree

Des emaux de mème couleur et de meme style que les precedents reproduisent
des archers venant au-devant de leurs freres Tous les détails du costume nous sont
ainsi connus jusqu'a la ceinture serrant la chemise, et que dissimulait le carquois
passant sur la hanche gauche.

Sur une mème brique apparait la main d'un Immortel, séparée d un caractere
cunéiforme blanc par une large raie jaune

Ainsi qu'a Persépolis, les guerriers montaient la garde devant une large
inscription relatant la généalogie royale et la dédicace du palais place sous la protection d'Aouramazda, le plus grand des Dieux

Près de cette main fut découverte une inscription trilingue, où nous lûmes le nom de Darius roi et celui d'Otanès le chef des conjurés contre le mage Smerdis. Ce dernier document confirme Marcel dans la pensée que les Immortels proviennent du palais du fils d'Hystaspe. Le nom de Darius se retrouve dans la généalogie de tous les souverains achéménides; mais Otanès est le compagnon fidèle de Darius Ier.

A la suite des émaux en relief sont venues des frises fleuronnées dont les dessins, de style grec, rappellent les ornements qui entourent les bas-reliefs des lions. Seul le couronnement diffère : au lieu des créneaux ajourés, émaillés sur leurs faces

TUMULUS COUPÉ

latérales, se présentent des merlons, bleus sur fond blanc, percés d'une archère verte.

12 janvier. — Bonne journée! Le premier courrier expédié par le consul de Bassorah faisait au coucher du soleil sa bienheureuse apparition. Chacun se précipite sur ses lettres et les commence toutes avant d'en achever aucune. Il est si doux de rentrer en communication avec la patrie! Pendant quelques heures nous revivons d'une vie extérieure.

Allah Kérim! les nôtres sont en bonne santé.

Puis vient le tour des journaux; je ne m'étais jamais doutée qu'ils fussent aussi intéressants.

Pour achever de me mettre en joie, j'ai fait deux acquisitions plus faciles à transporter que le chapiteau bicéphale.

Il ne se passe pas de jour que les femmes nomades ne viennent me proposer quelque pierre antique. J'achète, sans m'inquiéter de leur provenance, amulettes et talismans. Ce soir on m'apporta deux cylindres charmants, propriété, peut-être contestable, d'une belle femme apparentée à un cheikh dont la tribu fournit la majeure partie de nos ouvriers arabes.

J'ai accueilli la visiteuse avec une considération marquée. On croirait qu'elle a emprunté aux teinturiers de nos archers la recette des jaunes de sa chemise, la

SIDI MBAREKA.

couleur pourpre du voile et du turban qui drapent sa tête, et à leur tailleur le patron de longues manches pointues traînant jusqu'à terre. Mes efforts pour la déterminer à me céder sa toilette ont été infructueux : quoique fille d'un haut fonctionnaire du désert, elle n'avait qu'une chemise.

L'un des cylindres, gravé sur cristal de roche, représente un taureau ailé, à face humaine, couronné d'une haute tiare. Une inscription de quatre lignes, en caractères susiens, donne le nom du personnage auquel appartint ce bijou et celui d'une divinité protectrice. Autour du second court une scène d'un réalisme transcendant.

Le style, hélas! charmant, de cette singulière intaille, décèle la main déli
le burin artistique d'un graveur grec.

Comme j'enfilais ces petites merveilles sur la longue ficelle où prenne
tous « mes talismans » :

« Enrouleras-tu ce beau collier autour du cou ou des poignets? » m'a de
Bibi Mçaouda.

Elle ignorait que les abeilles ne travaillent pas pour elles.

TRANSPORT DES CAISSES DANS LA VALLÉE. Voyez p. 324.

XVIII

L'école des mulets. — Les derniers Immortels. — Emballage du chapiteau. — Seïd Ali. — Mirza Taguy.
Visite de Mozaffer el Molk. — Voyage à Dizfoul.

27 janvier. — Mon enthousiasme pour mes douze fils les Immortels n'a d'égal que la crainte de ne pouvoir montrer à la France cette merveille artistique, ce surprenant spécimen de la céramique antique.

Il est des heures de découragement où je regrette les efforts accumulés pour mener à bien une œuvre trop difficile, et où je m'avoue, très bas, qu'il vaudrait mieux courir la plaine à la recherche des fleurs mi-écloses et des joyeuses alouettes que de vivre dans un puits au risque d'être ensevelie vivante sous des centaines de mètres cubes de terre. Pour conclure, je regagne mon trou émaillé et n'en sors qu'avec le dernier ouvrier.

Des émissaires ont offert aux tcharvadars de Dizfoul un prix double de la location habituelle; des cavaliers se sont dirigés vers les tribus importantes. Les uns revinrent prétendant que l'on ne saurait trouver en ville une bête de somme disponible; les autres assurèrent que les nomades, au moment de semer l'orge, ne se dessaisiraient de leurs animaux sous aucun prétexte. Papi Khan se présentait le lendemain de leur retour. Son fils renaît à la vie. Depuis trois semaines cet enfant n'est pas retombé dans les horribles crises qui le tuent. Il monte à cheval, reprend appétit et viendra un de ces jours nous rendre ses devoirs.

Je pensai aussitôt à exploiter la reconnaissance emphatique de Papi Khan.

Dame ! quand on a un chapiteau et des Immortels sur les bras ! Bref, je lui demandai de nous louer des mulets.

« Ceux que je possède sont trop maigres et ne pourraient traîner vos charrettes, » répondit-il.

Un mot d'ordre sévère a été donné, personne ne l'entremdra. Papi Khan est aussi reconnaissant qu'un nomade peut l'être et il ne s'exposerait pas, sans de bien graves motifs, à voir tarir la source du médicament qui rend la santé à son fils unique.

Nous ne pouvions demeurer plus longtemps dans l'incertitude. Marcel fit appeler Ousta Hassan, notre grand augure, et lui ordonna de se rendre à la ville, afin de tenter un suprême effort auprès des muletiers.

Le digne maçon rentrait deux jours plus tard, la figure consternée. « J'ai rencontré le chef de mon quartier. Que viens-tu faire ici ? m'a-t-il dit. Les Faranguis ont bien tort de s'inquiéter de caisses, de charrettes et de mulets. Quand ils auront dépensé leur dernier chai, le Divan ne leur laissera pas emporter une pierre. »

Ousta Hassan retourna la tête de son âne et revint à Suse. Cependant il a mis la main sur un seid authentique, qui ne craint personne, se moque des mollahs avec la même désinvolture qu'il se rit du hakem, et se trouve, en raison de la grosseur de son turban, dans une situation à ne pas regarder si c'est Allah ou Chitan qui lui propose une bonne affaire.

Un courrier du gouverneur accompagnait Ousta Hassan. Il apportait quelques mots aimables de l'excellent docteur Tholozan et une lettre officielle. Notre chargé d'affaires rappelle à Marcel la convention passée entre la France et la Perse et le terme de la fatale échéance. Le délai du 1er avril expire, la légation, paraît-il, se désintéressera de nous et de nos affaires.

Voilà une dépêche encourageante !

Marcel profita du courrier pour écrire à Mozaffer el Molk et le prier de ne pas entraver les charrois.

« Je ne pourrai, a-t-il conclu, évacuer Suse au 1er avril si vous m'empêchez d'acheminer les convois au moment propice. »

D'autre part, Muza, l'un de nos meilleurs ouvriers, s'est dirigé vers la ville avec l'ordre secret de voir le seid tchurvadar et de l'amener à Suse. « non pour commencer les transports, mais afin d'atteler à la charrette vide les fils d'animaux qui ne connurent jamais que les charmes du bât. »

1er février. — Muza est de retour. Nos émissaires ne font pas long séjour à Dizfoul. Les nouvelles sont mauvaises, très mauvaises. marchands du bazar, prêtres, ferrachs ont unanimement raconté que, d'après les instructions reçues d'Ispahan, les Faranguis seraient obligés de transporter à Téhéran les objets provenant des fouilles, afin que Sa Majesté puisse les écrémer.

Si le Chah prétend faire passer les pyles persiques au taureau bicéphale, il peut mettre à la disposition de Marcel l'armée et les revenus de l'Arabistan

Quant au seïd, on le verra bientôt Peu lui importe de faire entrer ses mulets à l'école, pourvu qu'ils soient payés comme s'ils étaient savants

6 février — Notre vie est ballottée entre des inquiétudes cruelles, d'amères déceptions et des retours à l'espérance Seïd Ali, le roi des seïds, endetté, colère, brutal, à demi fou, arrivait avant-hier, accompagné de trois tcharvadars et de onze mulets vigoureux quatorze personnes, affirmait-il

Les cours de charrette ont été ouverts sans délai D'abord épouvantées, rétives, les bêtes brisèrent quelques pièces des harnais, sans déplacer le véhicule. Un malin eut l'idée de faire précéder l'attelage par une jolie jument Quatre écoliers aux longues oreilles emboîtèrent le pas derrière elle, et la prolonge s'ébranla Alors les mulets, pensant que le tonnerre grondait sur leurs talons, se retournèrent avec un effroi des plus comiques Quant aux rebelles, les poils dressés, les yeux démesurément ouverts, ils regardaient passer avec stupéfaction et terreur leurs camarades plus dociles Cette première expérience, en somme rassurante, a comblé de joie les muletiers, fort émus de ces « diableries », et calmé les inquiétudes des Farangues, si embarrassés de leurs trouvailles Chaque jour amène un progrès marqué mais que deviendront nos élèves quand il s'agira d'entrer dans les classes supérieures, c'est-à-dire de traîner les charrettes pleines¹

8 février — L'emballage du chapiteau se poursuit avec ardeur. La chèvre a été montée et matée

Vingt ouvriers mis à la disposition de Jean-Marie manœuvrèrent si malencontreusement, qu'engin, pierre, caisse pirouettèrent dans l'air et allèrent tomber, tels que des projectiles formidables, en un point où, par bonheur, ne stationnait personne

« Les Farangues ont des machines bonnes à tuer quarante hommes chaque jour, » se contentèrent de dire nos maladroits Cette conviction ne les empêcha pas de reprendre gaiement le travail et de se montrer aussi peu circonspects qu'auparavant Le fatalisme a vraiment de bons côtés

Hier je considérais navré le superbe taureau découvert ces jours derniers Douze mille kilos! Impossible d'ébranler une pareille masse M'abandonnant à un mouvement de rage, je saisis un marteau et frappai brutalement l'animal Il s'ouvrit comme un fruit trop mûr et un énorme bloc rasa nos jambes à peine assez agiles pour nous tirer de péril La solidité du marbre était toute factice depuis deux mille ans des racines pénétraient dans les fissures qui s'étaient produites lors de la chute du chapiteau, et préparaient la dislocation finale Voilà un surcroît de bagage bien inespéré

Les caisses descendues dans la vallée à l'aide des petites charrettes, sont rechargées sur la prolonge. Le premier convoi s'ébranlerait s'il ne pleuvait à torrents.

11 février. — Depuis que le printemps s'annonce et que le soleil, dès son réveil, attire à lui les épaisses vapeurs amoncelées sur la plaine, de merveilleux mirages se déroulent au matin dans la direction du golfe Persique. La chaîne d'Ahwaz s'allonge, s'élève, se transforme. Des tuyaux d'orgues, irisés, minces, effilés s'offrent aux doigts de séraphins qui parcourent le ciel bleu, allongés sur de légers nuages.

Je n'entends point la divine harmonie, mais je vois s'agiter les musiciens.

Le concert s'achève. Chaque colonne s'élargit, s'écrase, de ses ruines naissent des donjons, des tours, des enceintes couronnées de créneaux, fondés sur un promontoire de granit rose. Des jardins, aux arbres cotonneux, chassent les constructions guerrières, et vont, s'estompant, jusqu'à ce qu'il ne reste, de cette vision enchanteresse, qu'un soulèvement uniforme et une plaine stérile uniquement tachée par la blanche coupole d'un tombeau.

La pluie m'avait laissé des loisirs.

Je traversai le Chaour, devenu guéable, et me dirigeai vers le sanctuaire. J'approchais. Le pays était désert : pas un troupeau dans la plaine, pas un aboiement de chien.

Le tombeau, environné de meules de terre, est ombragé par un immense konar. En guise de fruits l'arbre porte ces petites charrues que les nomades promènent sur la terre après avoir jeté la semence; les meules sont pleines de blé ou d'orge.

Forcés de suivre les troupeaux, les Arabes déposent leurs approvisionnements de grains sous l'égide d'un saint et confient à un arbre les instruments aratoires de la tribu devenus inutiles après les semailles.

Elle est bien parente de cette coutume celle qui faisait de nos églises un inviolable dépôt.

Une différence pourtant, et toute à l'honneur des nomades : les temples chrétiens étaient gardés le jour, fermés la nuit ; ici portes et verrous sont inutiles.

Le souvenir d'un homme vertueux, le respect qu'inspire sa mémoire suffisent pour défendre la fortune de l'Arabe contre les brigands audacieux qui ne se prévalent pas comme nous de théories idéales sur la propriété et le vol.

12 février. — Voici en substance la réponse de Mozaffer el Molk à la lettre de Marcel :

« Les objets découverts à Suse doivent y demeurer; tels sont les ordres de Téhéran, tel est le motif de l'interdiction faite aux muletiers et aux nomades de louer des bêtes de somme aux chrétiens. »

Marcel a riposté courrier par courrier

« Le gouvernement français est légitime possesseur de la moitié des objets extraits des tumulus. Je demande le partage immédiat, et rendrai le gouverneur personnellement responsable, si par sa faute les transports ne sont pas achevés au moment du pèlerinage. »

Le chef de la mission avertissait également le Hakem que sept caisses pleines de pierres seraient bientôt dirigées sur Ahwaz.

Il est désespérant de penser que les greniers du Chah vont s'emplir de trésors archéologiques uniques au monde. Hier j'étais prise d'une névralgie faciale étrangement douloureuse; aujourd'hui Marcel est en proie à une fièvre violente, conséquence de son état moral. Accès palustres, maux de tête, spleen horrible, tel est le bilan de ces dernières journées.

1er février. — Marcel a dû — grave détermination — sacrifier l'avenir au présent. Mirza Taguy revint sans qu'on l'en eût chaudement prié, planta sa tente près de la maison et déclara que Mozaffer el Molk l'avait commis au soin de surveiller les intérêts de Sa Majesté.

Le remords d'avoir montré visage revêche à un ami fidèle tourmentait nos cœurs compatissants. Il n'est jamais trop tard pour réparer ses fautes. Taguy, désormais à notre solde, prendra la direction des transports qui ne sont pas réservés au seul tchârvadâr. Le nouveau pensionnaire toucha hier son traitement et, monté sur un beau cheval confisqué à un Arabe, partit pour la ville, en promettant de ramener des chameaux et des mulets. L'achat de Mirza Taguy, la location de Seïd Ali et de ses quatorze auxiliaires, les salaires des cordonniers, forgerons, charpentiers, l'école des mulets, la nécessité de réserver les fonds indispensables aux transports, nous ont mis si mal en point, qu'il a fallu diminuer les dépenses journalières et renvoyer cent ouvriers.

Les sacrifiés me font pitié. Depuis trois jours ils piétinent autour des tranchées et, les larmes aux yeux, supplient qu'on les occupe. Ils se contenteraient du salaire le plus modique. Nous avons dû résister aux prières de ces malheureux demeurés sans pain. La plupart ont repris le chemin de leur tribu; dix d'entre eux, plus persistants, paissent, comme nos moutons, mauves ou jeunes chardons et conservent l'espoir de se faufiler encore dans le chantier.

Moi qui blêmissais à la pensée de voir tarir le précieux filon des Immortels, j'en suis presque à me réjouir de son épuisement. Jamais je n'aurais pu m'arracher de la fouille; et cependant il devenait impossible de continuer les excavations?

Cette cruelle alternative nous est épargnée. Sous les Immortels sont encore apparus des animaux apocalyptiques, des inscriptions susiennes, puis de la glaise, rien que de la glaise.

Désormais le déblayement de la fortification, l'emballage des taureaux, la descente des caisses absorberont tous nos efforts

22 février — Du 16 au 20 la pluie n'a cessé de tomber Le temps se leva le 21, et le soleil, déjà brûlant, sécha rapidement le sol Il s'agissait de déraciner la prolonge chargée de trois caisses Les mulets ruèrent, blessèrent des hommes, brisèrent des harnais, quarante ouvriers poussèrent aux roues, et la charrette ne parcourut pas dix mètres Les jantes, trop minces, s'enfonçaient dans de profondes ornières, comme le soc dans le sillon On enleva une pierre puis deux ainsi allégé le véhicule vint échouer sur une de ces inévitables tombes ouvertes auprès du cénotaphe de Daniel Je laisse à juger de l'émotion des tcharvadars Les têtes se montaient Marcel dut faire acte de vigueur et frapper violemment le frère du seïd tcharvadar

Le véritable départ fut remis au lendemain Aujourd'hui il pleut à torrents, l'eau ruisselle des tumulus et noie le sentier voisin du marécage où les charrettes devront s'engager Les voitures de bois se comportent bien mieux que la prolonge Les roues, épaisses de quinze centimètres, grincent, ballent, mais appuient sur le sol sans le défoncer

4 mars — Tel le chat joue avec la souris, tel Mozaffer el Molk prolongea notre agonie! Remercions Dieu il ne nous a pas croqués!

En réponse aux communications de Marcel, le Khan avait parlé de devancer le pèlerinage, afin de présenter à Daniel ses devoirs prématurés et de régler, par surcroît, les difficultés pendantes

Les jours passèrent, les pluies survinrent et nous commencions à douter du Khan et de sa promesse, quand, un matin, arrivèrent les ferrachs chargés de planter les tentes de Son Excellence

Entre temps les charrettes s'étaient ébranlées à la demande du seïd tcharvadar, très désireux de toucher la seconde partie des frais de transport Le 28 février on acheva, Dieu sait au prix de quels efforts, de tourner le tumulus, le 1er mars le convoi parcourut un kilomètre, le 2 il fit une lieue, sous l'unique direction de M. Houssay, promu charretier bachy en remplacement de M Babin, affligé d'une grosse fluxion

Tous les matins nous quittions le camp pour aider M Houssay à franchir les premières étapes Au retour de l'une de ces courses je fus entourée par les ouvriers

« On voit à l'horizon le Khan escorté de l'ordou!. Khanoum, sur nos yeux gardez cette ferme et ces vêtements, enfermez-les dans votre maison, les gens de police et les serviteurs du hakem sont là! ils vont s'emparer de notre bien! Chargez-vous aussi de nos femmes, vous les défendrez. Si elles restent au Gabr, on nous les prendra et on nous battra Pitié! pitié!

La scène était navrante. Les paquets furent enfermés dans le magasin, mais je refusai de monter la garde autour de la vertu de ces dames, qui d'ailleurs ne se souciaient guère de ma protection.

Marcel envoyait complimenter le Khan dès son arrivée et lui faisait annoncer sa visite. L'entrevue, fixée au coucher du soleil, fut assez froide. Le lendemain, vers sept heures, Mozaffer el Molk montait au camp, accompagné du sous-

LE GOUVERNEUR ET SES FAMILIERS.

gouverneur, du Hakim bachy et du colonel du futur télégraphe, personnages fort importants. J'ai reçu ces messieurs dans la maison. Puis nous avons conduit notre hôte devant les coffres à claire-voie qui renferment les fragments du taureau bicéphale. Il a parcouru le palais, compté dix fois autant de *pierres* que nous en pourrons emporter et s'est arrêté devant les deux cents caisses, fermées celles-là, où dorment la frise des Archers et celle des Lions. Marcel proposa de les faire ouvrir, mais Mozaffer el Molk refusa et redescendit au Gabr, après nous avoir engagés à déjeuner.

Le couvert fut mis sur les hauteurs de la citadelle.

Le soleil, convié au repas, avait revêtu ses plus riches atours. Un concours de lui termina la tête Nous y figurâmes armés de nos carabines, vis-à-vis du Khan, muni d'une canardière longue de deux mètres C'est un magasin à poudre que ce bijou de poche! Bien qu'appuyé sur un chevalet, il repousse de telle manière qu'il jette invariablement le tireur à la renverse

En récapitulant le soir les incidents de la journée, nous avons dû convenir que le Khan, fort aimable, avait fait un accueil des plus flatteurs aux radis et aux salades du potager, mais que nos affaires n'étaient guère avancées

Une dernière invitation nous avait été adressée, le gouverneur allait partir Marcel prit le taureau par les cornes

« La mission, vous le savez, Excellence, doit abandonner Suse le 1ᵉʳ avril Comment ferai-je honneur aux promesses du gouvernement français si je ne trouve ni chameaux ni mulets à louer ?

— Vous ne devez rien emporter avant d'avoir équitablement partagé le produit des fouilles avec Sa Majesté Je regrette que vous ayez déjà expédié trois caisses Si je ne craignais de porter préjudice à un saint homme de seïd, j'aurais fait arrêter votre convoi

— Croyez-vous que le roi payerait de milliers de tomans le port de pierres cassées et vous remercierait par surcroît? Et cette terre colorée, brisée, pilée, qu'en fera votre maître? Il la jettera devant la porte du palais par un jour de grande boue

— J'ai ordre de partager jusqu'au dernier tesson de poterie, jusqu'à une motte de terre

— C'est bien. Il y a là environ deux cent cinquante caisses, prenez-en la moitié, vous me rembourserez le prix des emballages

— Je ne l'entends pas ainsi On ouvrira vos colis, et l'on fera deux lots des morceaux bleus, jaunes et verts Puis nous tirerons au sort

— Après déjeuner vous et moi effectuerons ce triage, je récuse vos gens vous suspecteriez leur fidélité

— « Tout de suite », « sur-le-champ », voilà un singulier vocabulaire Partager deux cents caisses après déjeuner . Voyons, nous pourrions peut-être nous entendre Je suis un peu de votre avis Sa Majesté serait fort embarrassée de ces décombres D'autre part, j'ai lieu de croire que Son Altesse Impériale Zellé Sultan souhaite certaine distinction que le gouvernement français tarde bien à lui accorder Le Chah Zadé, vous ne l'ignorez pas, est un homme civilisé, un photographe distingué, ami des Européens Promettez-moi que les désirs du prince seront satisfaits, et je renonce, au nom de mon maître, à un partage difficile et ennuyeux

— Je ne puis prendre un pareil engagement, mais je ferai connaître la noble conduite de Zellé Sultan, il n'aura pas affaire à des ingrats

— Vous êtes homme de parole : tous ici le constatent à l'envi. Je compte sur vous et vais donner l'ordre de briser les entraves qui vous retiennent. »

Pleins de joie, nous composions nos visages. Mozaffer a pris le change. Un bel étalon est conduit devant la tente, tandis que le Khan extrait d'un sac de voyage un énorme brillant monté en bague.

« Ce cheval vous appartient, quand vous serez de retour dans votre pays, il vous rappellera un ami fidèle. Permettez-moi d'offrir ce diamant à Madame.

— Excellence, si j'acceptais de pareils présents, je ne pourrais tenir la promesse que je vous ai faite.

— Et cette bague? Elle est pourtant bien belle?

— Je préfère des chameaux et des mulets à tous les bijoux du monde, ai-je repris en riant.

— J'ai aussi des cachemires de Kirman . . Mais je vous contrarie . . Ne m'en veuillez pas . . les usages varient avec les pays. »

Il n'eût pas été indiscret d'accepter les cadeaux du Khan : le brillant arrivait d'Ispahan, le cheval venait d'être réquisitionné chez Cheikh Ali. L'un et l'autre pouvaient être assimilés à ces tabatières princières offertes jadis aux négociateurs de traités délicats. Nous les avons refusés, d'abord parce qu'il est infiniment gênant de recevoir de la main droite quand on n'a rien à rendre dans la main gauche, et aussi pour garder nos coudées franches et n'être tenus par aucun lien. L'ennemi d'hier est devenu l'ami d'aujourd'hui, peut-on savoir ce qu'il sera demain?

6 mars. — M. Houssay nous fait bien défaut. C'est à moi qu'est échue sa clientèle médicale.

Ce matin on m'amena une sourde-muette. La mère traita durement ma religion, parce que je refusai de rendre la parole à sa fille. Puis ce furent les parents d'un homme mordu par un chacal enragé; ceux-ci avaient des prétentions autrement exorbitantes. Le sorcier a dit : « Khanoum porte au doigt un talisman précieux, quiconque mâche cet anneau en effleurant la peau du doigt est guéri de toute maladie, fût-elle mortelle. Obtenez que la dame farangui vienne dans la tribu ou conduisez le patient à Suse. » Je voudrais céder mes malades ! Si je les passais à Menoud? Il a d'assez nombreuses épouses pour être pleuré avec solennité!

Outre la médecine, l'administration du ménage m'a été dévolue. Sept francs un petit panier d'oignons ! Je ne m'étonne plus que les policiers du Khan aient volé à Mahmoud une somme de six cents francs.

Pauvre Mahmoud! quand nous le prîmes à notre service, il gardait constamment son *aba* parce qu'il n'avait ni robe ni chemise; aujourd'hui il est nippé comme un seigneur, prend des airs de satrape, traite avec un air superbe les vulgaires laveurs de vaisselle et les égorgeurs de poulets. Six cents krans! il n'y a

42

pas de dignité à laquelle on ne puisse prétendre, de fonctions publiques que l'on n'ose briguer avec un pareil capital ! Ce fut l'histoire de Perrette et du pot au lait. Devenu riche, notre cuisinier manqua de respect à M. Houssay, dut rendre son tablier et se retira au Gabr pour implorer Daniel avant de s'élancer dans le monde. Le Khan arriva. Mahmoud reçut les ferrachs avec magnificence, leur demanda protection auprès de Mozaffer el Molk, et fit entendre qu'il avait les moyens de témoigner sa reconnaissance. Le lendemain le pot au lait était renversé, la cachette violée et vidée. L'insolent désirait rentrer en grâce; on ne pouvait le reprendre pendant l'absence de M. Houssay, mais on le regrette.

« Pauvre Mahmoud, qui durant notre voyage chez les Bakhtyaris nous fit manger soixante poulets frits en trente jours! » disait M. Babin.

Pauvre Mahmoud, à qui j'appris si péniblement qu'il faut laver ses mains au moins une fois par jour et ne point souffler dans les timbales pour les faire briller!

Il s'agissait de choisir un cuisinier; les ouvriers, assemblés, ont nommé l'un d'entre eux. Fier du suffrage de ses camarades, l'élu a pris possession de la triomphante officine de roseaux.

8 mars. — Jean-Marie avait accompagné M. Houssay jusqu'au Chaour, l'obstacle le plus sérieux qui se présente entre Suse et Ahwaz. Le voici de retour; le gué a été franchi après trois jours d'effroyables efforts. Tranquille de ce côté, Marcel voulut rendre au gouverneur une visite dont les résultats avaient été si heureux. Nous ne partîmes pas sans appréhension: c'était la première fois que nous abandonnions le camp.

Après avoir déjeuné sur les bords de l'Ab-Dizfoul, nous avançâmes solennels, ainsi qu'il convient à des personnages de *gros os*. Mirza Tagui Mçaoud, quatre cavaliers sous les ordres d'Abbas, homme de confiance de Papi Khan, formaient l'escorte.

Que faire, si ce n'est causer?

« Logeras-tu au palais, ou t'installeras-tu avec tes camarades? ai-je demandé à Abbas.

— Les cavaliers iront au caravansérail, je me rendrai chez ma femme.

— Comment, toi, un nomade, tu as deux femmes! Préfères-tu celle de la ville à celle des champs?

— Je suis le serviteur de celle chez qui je me rends. L'Arabe est jalouse, j'ai la certitude qu'elle me battra, mais je m'excuserai d'être venu ici en arguant de vos ordres.

— La Dizfoulie est-elle plus accommodante?

— Elle me reçoit bien quand je lui porte de l'argent, il lui est indifférent de ne pas me voir.

— Pourquoi emiettes-tu ton cœur ?

— Aucune de mes femmes n'est capable de le recueillir tout entier. Croyez-vous donc que les Persanes ou les Arabes soient des sultanes? Elles ne comprennent que deux choses : c'est qu'il faut broyer le blé et faire du pain pour ne pas mourir d'inanition. »

Voici les maisons de la ville, voici le pont sassanide et le château de Kouch où je n'étais venue depuis un an. Des tentes, plantées devant le palais, forment une longue avenue. Nous entrons graves, empesés. Je vois passer, tout courant, le Hakim bachy du gouverneur. « Le Khan est à la chasse, nous dit-il, mais il reviendra ce soir. Installez-vous dans mon appartement, je vous rejoins. »

On sert le thé, et dix minutes plus tard l'Esculape du palais rentre fort satisfait.

« Excusez-moi si j'ai négligé de vous introduire dans mon cabinet. Je coupais un bras, quand je me suis aperçu que j'avais oublié les ligatures, et je me hâtais, de crainte que le patient ne perdît trop de sang.

— L'opéré va-t-il bien ?

— A merveille. Je l'ai débarrassé d'un membre fracturé, déjà gangrené, il est parti content.

— Comment, parti ?

— Mais oui, sa tribu est campée dans les environs. »

Le Khan arrivait à la tombée de la nuit. La conversation fut interrompue vers dix heures du soir par l'entrée des tchelaus, pilaus, kebabs et autres combinaisons raffinées de la cuisine persane. Comme boisson, de l'eau de rose coupée d'eau claire. Après le repas, le gouverneur nous adressa des compliments fort bien tournés et nous fit conduire par quatre ferrachs porteurs de flambeaux dans l'appartement qui nous était destiné.

Quelle nuit! les puces sautaient, gambadaient, tombaient dans notre bouche quand nous parlions, sur nos yeux lorsqu'ils étaient ouverts. Jamais je n'ai vu manœuvrer de pareilles légions d'insectes. L'aube nous trouva dans la cour, mis en fuite par les vampires.

Nous ne pouvions venir à Dizfoul sans nous montrer chez le Cheikh Taher. L'accomplissement de ce devoir nous donna un faible échantillon des difficultés qu'eût soulevées le passage des charrettes à travers la ville.

Pour atteindre la maison du pontife, il faut parcourir un quartier populeux et longer la place du marché. A peine apparaissons-nous, précédés d'une vingtaine de ferrachs, que des nuées de gamins accourent. « Les chrétiens! les fils de chiens! les voleurs de talismans ! » Des injures encore plus vives passent sur nos têtes à l'adresse de Mozaffer el Molk.

Les bâtons ouvrent un passage, les pierres sifflent, la populace, refoulée, roule sur nos pas telle qu'une marée grondante, mais se calme dès qu'elle nous voit mettre pied à terre devant la maison du Cheikh. Au départ la foule se presse silencieuse, plus de cris, plus d'injures, plus de pierres.

L'attitude de la population aurait été provoquée par la présence des policiers. Les pétitions se succèdent pour réclamer le changement du gouverneur; la ville est en insurrection ouverte. Le Khan ne pourrait traverser le Meïdan sans le faire au préalable balayer par ses soldats.

Notre ami est d'ailleurs un justicier inimitable.

Le neveu de Cheikh Ali vole trois buffles à son père et les vend. La victime vient trouver Mozaffer el Molk et le supplie de lui faire rendre les animaux acquis par un citadin au mépris de tous droits.

Les coupables et le plaignant entendus, l'acquéreur est condamné à rendre les buffles à Mozaffer el Molk, le voleur à remettre deux cent krans — le produit de la vente — à Mozaffer el Molk, et la victime à une amende de cent krans, qu'elle payera à Mozaffer el Molk, en sadite qualité du père du voleur. Il sera loisible à l'infortuné vieillard d'appliquer vingt coups de bâton reconventionnels sur la plante des pieds de son héritier.

Et les plaideurs n'eurent pas même la consolation de se partager les coquilles.

15 mars — Hier nous courûmes la plaine avec l'espoir de rencontrer M. Houssay et ses charrettes, qui reviennent d'Ahwaz, au dire des Arabes.

Nous ne découvrîmes nul indice de l'approche du convoi. A midi des cris retentissaient dans les chantiers; les guetteurs qui surveillent les fissures dangereuses avaient aperçu M. Houssay. Les charrettes, arrivées quatre heures plus tard, portaient les ouvriers, serrés comme des raisins sur une grappe.

Au sommet, trône, plus maigre et plus noir que jamais, le seul tchavadar, fumant son éternel kalyan.

Bien qu'ils eussent laissé leurs vêtements à Suse, et pris le chemin d'Ahwaz couverts de haillons qui eussent fait honte à dame Misère, les ouvriers tremblaient à la pensée des pillards. Le jour, la nuit, sans cesse M. Houssay était en alerte.

« Es-tu Khanoum? (la dame) lui demandaient des nomades curieux.

— Pourquoi non? (Tchera.) »

Et les femmes des tribus venaient rendre leurs hommages respectueux à ce bon apôtre.

Les ouvriers se sont bien comportés; le fatalisme, si lamentable dans ses conséquences sociales, donne aux vrais musulmans un incroyable sang-froid individuel.

La grosse charrette, lancée du haut de la berge du Chaour, roule comme une trombe. Un homme glisse et tombe sous les roues. Il ne cherche pas à s'écarter du chemin la machine passe et le frôle d'assez près pour érafler la cuisse Le blessé se relève fort calme, pas plus lui que ses camarades ne s'émeuvent c'était écrit

Les mulets, harnachés par des cordonniers, ont le poitrail à vif, des hommes boitent Allah Kérim ! « Dieu est grand ! »

Malgré les difficultés du terrain et les attaques réitérées des nomades, M Houssay eut pourtant la vive satisfaction de conduire à bon port les trois premières caisses L'École normale peut désormais créer une section spéciale pour le doctorat ès charrettes

De cette expérience, de la chaleur tous les jours croissante, de la difficulté de se procurer de l'eau, mon Sosie barbu conclut qu'il sera possible de faire un autre voyage, mais que, passé le commencement d'avril, les convois risqueront d'être abandonnés en chemin.

18 mars — Le seïd tcharvadar s'était montré ravi de l'étrenne que Marcel lui avait donnée au retour

Aujourd'hui autre antienne

« J'interromps les transports si vous ne doublez les prix ! J'emmène mes mulets au hamman de Dizfoul ! Ils ont bien mérité qu'on leur fasse la barbe et qu'on leur coupe les cheveux !

» Pauvres enfants, chères âmes ! Dans quel état vous ont mis les Faranguis ! Je m'en vais ! on ne me reverra plus ici ! »

Ali Toulangtchi essaye de ramener le seïd dans la bonne voie. Bataille On se prend la barbe, le volumineux turban bleu roule dans la poussière.

« Je demande justice de ce chien ! Hola les courriers ! Voici mes dépêches ! Portez-les au roi, à Zellé Sultan , à Téhéran, à Ispahan. Dites à tous que je coiffe le plus gros turban de l'Arabistan ! »

Le digne seïd est gris Gris comme un Polonais ? Non gris comme un Persan

En l'honneur du No Rouz (nouvel an), muletiers, serviteurs, ouvriers, ont laissé leur raison au fond de quelques bouteilles d'arak Mçaoud voit des lions partout *heureusement qu'il a son couteau !*

Mahomet eut raison d'interdire les boissons alcooliques aux adeptes de sa religion Du lait fermenté des dattes, des raisins absorbés au milieu du jour, et voilà mon Arabe féroce, fou à lier

Je laisse à penser quel effet produit l'eau-de-vie de dattes sur ces têtes fragiles.

20 mars — La fête ayant attiré nos ouvriers à la ville Libres de tout souci nous prîmes la direction du campement de Cheikh Ali, distant de quelque trente kilomètres Même à Suse on est forcé de rendre des visites. La plaine s'étendait déserte, abandonnée, nous ne vîmes homme ou bête qui vive avant d'atteindre les tentes

noires des Arabes Au milieu d elles se detachait un pavillon de toile blanche Il etait habite par des garnisaires qui vivront aux depens de la tribu jusqu'au solde de l'impôt

Quelle longue mine avait notre hôte !

Jadis il payait une contribution de douze mille krans il est taxe a cinquante mille aujourd hui

La misere desole l'Arabistan, jamais on ne vit detresse pareille La recolte, fort mauvaise ne suffira pas a l'alimentation de la tribu, une epizootie a decime les chevaux, les poulains sont si chetifs, que les collecteurs ne les acceptent qu'a titre de cadeau -

Seuls le beurre et la laine ont ete abondants, mais les Juifs, instruits de la gene des nomades, se montrent intraitables

Les vassaux de Cheikh Ali, tristes, mornes vetus de robes en lambeaux, etaient assembles L'un d'eux se plaignit amèrement Empoigne par les garnisaires aides des fils du cheikh, il fut conduit sous la tente blanche

Malheureuses gens !

Que le roi ou les princes ne viennent-ils ici sans ces escortes innombrables qui devastent le pays mieux qu'une pluie de sauterelles! Ils verraient une des contrees les plus fertiles du monde se changer en un triste desert, ou ne vivront bientôt que des fauves et des reptiles

Le retour me parut long et penible Le ciel etait lourd, orageux, les reverberations tremblantes qui s'elevaient du sol aveuglaient, etouffaient Le thermometre m'a donne l'explication du malaise que j'avais ressenti : il marquait cinquante degres centigrades

Un episode du voyage

« Khanoum, soupire le petit paletrenier, les gens de Cheikh Ali m'ont vole mes chaussures Me voilà pieds nus.

— Il n'y paraît pas

— Je ne pouvais quitter la tribu sans guivehs, en prenant ceux-ci, je ne me suis pas aperçu qu'ils étaient plus uses que les miens. »

21 mars — Suse s'anime Le seid tcharvadar, un peu honteux de son mecartade, est revenu nous offrir ses services Il etait accompagne d'un muletier nomme Baker, qui propose des bêtes de somme pour le transport des caisses legeres

18 mars — Le palais est entierement deblaye, la frise des Immortels emballee depuis longtemps, le tracé de la fortification relevé sur les deux tiers du pourtour Notre bourse contient, comme derniere ressource, quelques centaines de krans notoirement faux ou falsifiés, une nouvelle dépêche de Téhéran nous enjoint de quitter Suse. Cette même lettre annonce qu'un croiseur d'escadre, le *Sané*, vient

rapatrier la mission. D'autre part, les mulets blessés ou fourbus sont condamnés au repos. Dans ces conditions déplorables le chapiteau n'atteindra pas Ahwaz avant trois mois. Trois mois! Et il reste quinze jours de vivres! Des observations de M. Houssay, de l'avis unanime des muletiers, sont nées les résolutions suivantes: Marcel et moi accompagnerons jusqu'à la côte les Immortels et les Lions, c'est-à-dire tous les colis dont le poids ne dépasse pas soixante-quinze kilos. Arrivé à Bassorah, le chef de la mission se mettra en communication avec le commandant du *Sané*, et contractera un emprunt indispensable pour achever les transports. Puis il louera des bateaux et les escortera jusqu'à Kalehè-Bender, où MM. Babin et Houssay vont, à tour de rôle, conduire les fragments de taureau qui restent encore sur les tumulus.

Nous revenons au projet de Cheikh Ali.

26 mars. — Le sort en est jeté! un convoi de quatre charrettes, sous la garde de M. Babin, se dirige sur Kalehè-Bender. Quoi qu'il advienne, nous remonterons l'Ab-Dizfoul, de si mauvais renom.

Nouveau courrier de Téhéran. La légation informe Marcel qu'elle a consulté le quai d'Orsay. L'ordre de soutenir la mission jusqu'à sa sortie du territoire persan ne s'est pas fait attendre. C'est vraiment bien d'avoir sollicité cette autorisation! Qui nous protégea jamais dans ce pays perdu? Qui défendit nos convois contre les nomades? Qui vainquit la résistance des uns et la passivité des autres, et les saisons, et le fanatisme? Qui donc, surtout, s'est fait céder la moitié des inestimables trésors dévolus à la Perse par les firmans de concession? Allah! rien désormais ne me paraîtra difficile.

29 mars. — Mulets et chameaux sont chargés, prêts à partir. Dans une heure nous quitterons Suse, heureux, triomphants, maîtres des dépouilles opimes des siècles évanouis.

LA CONTREBANDE AU DÉSERT. (Voyez p. 347.)

XIX

Le désert et les nomades. — Le Karoun. — A la recherche de Belems. — Remontée du Karoun. — Coup de chaleur. — A bord du Soïé.

Tchan Chembé, 31 mars. — Le transport des taureaux à Kalchè-Bender nous laissait quelque souci; comme si le ciel eût voulu nous donner courage, il mit sur notre route M. Babin et ses charrettes. Le trajet s'est effectué péniblement, mais il s'est effectué en une semaine. Un mois encore, et nos pierres peuvent être rendues au bord de l'Ab-Dizfoul.

Pour la première fois, nous voyageons en grands seigneurs : expliquons-nous : avec une tente. Quand on est sans le sou, il est indispensable d'inspirer confiance.

Le camp est placé dans les érosions du lit majeur de la Kerkha. Un cuisinier, un palefrenier, deux gendarmes de Dizfoul, qui, pour se donner du cœur et tenir les voleurs à distance, ont revêtu la peau de lion et coiffé la couffé des Arabes, composent notre maison civile et militaire.

Nous sommes voisins du Chaour, et de ce tunage qui nous empêcha de lancer des embarcations

Des fleurs charmantes diaprent l'herbe verte. Dans mes bras s'empilent des gerbes embaumées tulipes aux éclatantes couleurs, pâles volubilis, bruyères rouges, plantes épineuses couvertes de gueules d'or, grappes charnues qui n'ont pas d'analogues en nos pays

Vous allez vous faner? Pourquoi vous ai-je cueillies, pourquoi vous ai-je tuées? Vous étiez assez belles pour vivre tout un jour!

1er avril — La caravane passa le Chaour à Bende-Cheikh Les caisses furent amenées sur la rive droite sans accident notoire A droite, j'aperçus la tribu stationnaire de Seïd Ahmed, installée devant Kalehè-Bender plus bas un imam-zade ou se rendent les gens mordus par les chacals enragés

J'ai pu noter quelques strophes de la chanson qu'improvisent la nuit les veilleurs du campement

« Quand j'étais jeune, je n'avais pas de souci, je ne savais pas s'il existait des soucis ou si mon cœur les ignorait

« Si les Faranguis, qui ne volent pas, qui ne battent pas, venaient à Suse, les nomades bâtiraient des maisons autour de leur palais, et le pays serait prospère

« Si les Faranguis, qui ne volent pas qui ne battent pas, venaient à Suse, on cultiverait la terre, on aurait à profusion gerbes d'or, cavales, buffles et moutons Nul ne s'en emparerait, et le peuple vivrait heureux

« Quand un homme possède quatre krans, le gouverneur lui dit « Donne-moi cinq krans » Et le malheureux, sans force ni courage, meurt de faim

« Si le roi s'asseyait au feu des tcharvadars, je lui dirais « Sultan, Allah te « demandera compte des crimes commis sous ton règne Ton sommeil est donc « bien lourd, que les plaintes de tes esclaves ne parviennent pas à te réveiller!»

2 avril. — Les Khasseres dont nous traversons aujourd'hui les campements descendent tous du Prophète, tous sont voleurs de profession Yacoub, interrogé avec insistance sur le contenu de nos caisses, répond aux indiscrets « Nous portons des fusils destinés à l'armée du Chah Zadé Chut! secret d'État »

3 avril. — Au bord du Chaour — Une tribu établie sur l'autre rive traverse le cours d'eau à la nage, afin de nous examiner de plus près

Les hommes se précipitent, puis viennent les femmes, soutenant des grappes d'enfants nus. Ils sont deux cents, serrés autour de nous « Jamais, disent-ils, nous n'avions vu des gens si blancs et si bien vêtus! » (La peau et les habits de Suse!)

4 avril — Nous voici dans la partie la plus mal famée du désert La Kerkha roule ses eaux tumultueuses à cinq cents mètres de distance, au delà s'étend

la Turquie, où les Arabes trouvent l'impunité. Sur la terre osmanli vivent de
bandits moralement alliés à la tribu de Menchet.

Baker, le chef de la caravane, s'attend à être attaqué, s'installe en conséquence
et plante la tente sous une jungle touffue. On mènera boire les animaux dans m

SCHINYADAR.

anse du fleuve que dissimulent les saules; puis les caisses, disposées en muraille
formeront autour du camp un rempart improvisé.

La tactique des nomades est invariable. Soit qu'une razzia s'exécute la nuit, se
qu'elle ait lieu de jour, les Arabes assomment les muletiers, s'emparent des bêt
de somme, grimpent sur leur dos et s'enfuient, quitte à revenir plus tard cherch
les charges moins prisées et plus difficilement négociables que les mulets et l

chameaux La surveillance et la défense doivent se concentrer sur les animaux

Tout est paisible, au ciel, pas de lune, sur la terre, des ténèbres profondes, Quatre muletiers, assis aux angles du rempart, monteront la garde Que de chansons à composer !

5 avril — Dure nuit, dure journée ! Vers onze heures du soir, les sentinelles donnaient l'alarme Nous saisîmes les armes couchées à nos côtés et jetâmes de la terre sur le feu, afin de ne pas servir de cible nocturne

Marcel envoya les balles des revolvers et des carabines dans la direction indiquée par les tcharvadars, tandis que je rechargeais les armes

Entre le troisième et le quatrième coup de feu j'entendis un cri et ces mots « Ce sont les Faranguis ! » Les grandes herbes s'agitèrent, puis la jungle rentra dans le calme

A l'aube les muletiers nous prièrent d'escorter leurs bêtes jusqu'à l'anse où ils s'étaient abreuvés la veille Sur le sable, les traces fraîches de pieds déchaux Vingt minutes plus tard la caravane était en route

Si les arbres sont rares, les plantes épineuses atteignent une hauteur inusitée Nous voyageons à travers une forêt de chardons géants La chaleur est intolérable, les moustiques deviennent enragés Cependant nous allons d'un pas rapide, nos gens tremblent et verdissent à la seule pensée des périls qu'ils affrontent L'un d'eux s'écarte un instant du convoi Tout à coup il passe courant à perdre haleine, l'œil hagard, la figure barbouillée de sang, entièrement nu, et vient s'accrocher à la selle de Marcel « Les Arabes ! les Arabes ! »

La plaine est toujours immense, les chardons sont toujours immobiles

« Saheb, Khanoum, ne quittez pas la caravane ! s'écrie Baker Si vous vous éloignez, si vous courez sur les brigands, leurs frères cachés là, ici, partout, sauteront sur nous, jetteront les caisses à bas et voleront les bêtes »

L'avis nous a paru topique, plus que jamais les tcharvadars ont excité leurs mulets, et nous avons suivi leurs pas, après avoir pris congé de nos invisibles voisins à coups de carabine De petits panaches de fumée couronnent les hautes herbes de la plaine Tout compte fait, vingt-six fusils répondent à notre salut Les armes des Arabes sont heureusement sans justesse et sans grande portée Le jour où les nomades posséderont quelques-uns de ces remingtons que les Anglais importent en Turquie d'Asie, on ne pourra plus traverser le pays

Trois heures avant le coucher du soleil, la caravane sortait de la forêt de chardons et entrait dans une plaine découverte, facile à surveiller

La victime des Arabes a reçu un violent coup de bâton entre les deux yeux, nous avons pansé sa blessure et les nombreuses égratignures laissées sur son corps par les griffes des nomades, puis, tant bien que mal, on lui a composé un costume décent

« Pourquoi n'as-tu pas crié?

—— Il agit en homme avisé, interrompit Baker : qui tombe entre les mains des bandits, doit se laisser dépouiller, prendre la fuite et se garder surtout d'appeler au secours, sous peine de compromettre le salut général. »

6 avril. —— La nuit s'est passée tranquille; mais les incidents de la journée précédente avaient été si inquiétants, que nous résolûmes de doubler nos sentinelles. De temps à autre, nous déchargions quelques coups de feu.

Partie dès l'aube, la caravane longea le soulèvement rouge qui de Suse, par un singulier effet de mirage, se transforme tous les matins en un château féodal.

« Examinez bien cette montagne, me dit Baker : c'est une montagne de talismans. Au lever du soleil, les voyageurs qui passent ici aperçoivent sur ces hauteurs des jardins délicieux; ils courent se désaltérer aux pures fontaines de l'oasis, saisir les grappes de raisins pendantes aux treilles vertes, s'abriter sous des orangers aux fruits d'or. La bouche sèche, l'œil plein de convoitise, la sueur au front, ils atteignent essoufflés ces jardins merveilleux. Soudain verdure, fruits, palais, disparaissent, et ils se voient seuls, sur un roc désolé où une perdrix ne trouverait pas un brin d'herbe pour abriter sa tête. »

Deux Arabes armés jusqu'aux dents croisent le convoi. Si nous ne faisions bonne garde, les muletiers prendraient la fuite. Les nomades s'éloignaient; Baker, assis sur sa monture, s'approcha de moi :

« Les voyez-vous, ces brigands? Ils vivent de chardons comme mon âne; ils paissent l'herbe sèche des chemins. Et ces vieilles nattes qui gisent là-bas sur ce campement abandonné? Ce sont leurs maisons. Comment lutter avec des gens qui n'ont pas de demeure stable, ne cultivent pas la terre et mangent de l'herbe? Il n'est pas surprenant qu'ils soient nos maîtres. »

Les deux voyageurs appartenaient à une peuplade sauvage commandée par le cheikh Melahyé. Nous voici au cœur du campement. Les nomades à peu près nus nous suivent, gambadent, menacent, la lance à la main.

« Baker, que contiennent ces caisses?

—— Des briques. Il y en a de cuites, il y en a de crues. Je porte aussi des pierres, mais elles ne valent rien : toutes sont brisées.

—— Baker, arrête-toi. Vois les beaux pâturages. Pourquoi voles-tu les talismans de Daniel? Arrête-toi. Nous saurons bien empêcher les Farangis de continuer leur route. Fais-les descendre de cheval; quand ils seront à terre, ils ne nous jetteront plus de charmes. Ce sont des sorciers. Allah! Allah! il faut les faire cuire et garder les talismans! »

Baker presse les mulets, presse les hommes. Le malheur veut qu'une bête tombe. Les muletiers se précipitent à son secours. Les Arabes fondent sur eux

et se mettent en devoir de les dépouiller Le revolver a la main, nous arrivons
les bandits s'écartent, mais l'un d'eux décharge sur nous un pistolet long d'une
coudée, les chevrotines dont l'arme est remplie jusqu'à la gueule vont s'incruster
dans les planches d'une caisse C'est miracle que nous n'ayons pas été atteints

La caravane gagne de l'avant Les nomades suivent nos pas, une pierre lancée
d'une main exercée blesse Marcel a la tête, je reçois de mon côté une violente
contusion a l'épaule

La colère nous gagne Volte-face! Les assaillants jettent leurs lances et fuient
comme des lièvres

7 avril — Il a fallu abandonner la direction de Djéria et d'Ahwaz — le Karoun
déborde a noyé le pays — et prendre celle d'Hawize Comme il est heureux que
le taureau ait été porté a Kalehe-Bender! Si les charrettes avaient suivi leur premier itinéraire, elles se trouveraient aujourd'hui dans la nécessité de rétrograder
vers Suse Le sol est détrempé, les mulets tombent a chaque pas, les caisses,
trop lourdes, se brisent, la caravane ne fait pas vingt kilomètres par jour Que
deviendraient nos carrosses?

Des moustiques, toujours des moustiques en nuages épais, la chaleur est
lourde, humide, insupportable

8 avril — *Kou Mammou* — Traverse des dunes coupées de soulèvements schisteux Aperçu les traces fraîches d'un fauve de grande taille Tourne à gauche, en un
point nommé Nahr-Hachem, double un grand lac formé par les eaux d'inondation
La vallée apparaît couverte d'herbes et de fleurs Passé devant un konar touffu

« Nous sommes sauvés! s'écrie Baker, voici l'arbre qui me vit naître, voici
la terre de mes pères! Autrefois de nombreuses tribus perses parcouraient cette
contrée, aujourd'hui elle ne nourrit même plus de chacals, le peuple est passé
dans Roum (Turquie)

— Les voleurs sont inconnus dans le pays de tes pères?

— Comment donc! ils pullulent mais je les connais tous

— Quelle distance nous sépare de Djéria?

— Quatre farsakhs

— Gagnons ce village

— Impossible, il se fait tard Et les voleurs!

— Tu les connais tous

— Le jour, pas la nuit Distinguerais-je seulement mon père de ma mère?
D'ailleurs nous passerons la nuit a travailler »

Il s'agit de remplacer la paille qui rembourre les bâts par des tissus sujets à ces
innombrables droits de péage que réclament tous les petits cheikhs arabes Afin de ne
point blesser les animaux, l'opération doit être faite le plus près possible de Djéria

Nous sommes campés au pied d'un soulèvement schisteux. La plaine est déserte, abandonnée, sans végétation, rougie par le soleil, qui pénètre à l'horizon dans son palais de pourpre.

Un point se meut au loin, puis dix, vingt. Nous cessons de les compter et courons vers le campement. Les animaux sont ramenés derrière les caisses. Marcel et moi accumulons des munitions à portée de la main. Plus de soixante nomades, piétons et cavaliers, s'avancent rapidement. Ce sont des hommes, des femmes, plus terribles que leurs maris, si j'en crois les histoires horribles que racontent la nuit les muletiers de garde.

« Voici la mort! gémissent nos gens; ce sont les Ansariehs! Ouvrez le feu! Saheb, Khanoum, tirez sur ces chiens maudits! Ils vont nous charger! Tirez, tirez donc! Dieu l'a voulu, nous serons mangés ici par les oiseaux de proie! »

Deux coups de carabine.

C'est un signal bien connu. Dans le désert, il signifie : « N'approchez pas. »

Baker s'avance en plénipotentiaire. Il fait encore assez jour pour qu'il puisse distinguer son père de sa mère. On parlemente. Il revient sur ses pas. « Saheb, le cheikh désire vous entretenir. N'oubliez pas de le prévenir que douze Faranguis dorment sous la tente. »

Nous avançons. Les nomades font mine de venir à notre rencontre, mais un geste énergique les arrête. L'un souhaite un remède pour ses yeux malades, l'autre veut un talisman capable de lui attirer la bienveillance d'une jeune fille, un troisième demande dans quelle tribu se cachent deux buffles qu'on lui vola la semaine dernière.

Je ne me fais pas d'illusion : on nous traite en fils du diable. Nous devons à cette filiation bien établie de traverser à deux un pareil pays.

Les lueurs crépusculaires se fondaient dans la nuit. Baker tire un pan de ma veste. « Venez un instant, je désire vous parler... Ne vous éloignez pas de nous. Ces Arabes sont des traîtres : rien ne me dit qu'ils ne vont pas vous entourer et vous tuer. Saheb mort, qui défendra les mulets, si vous n'êtes pas là? » Cependant la nuit devenait noire; Marcel engagea les Arabes à se retirer et à nous laisser rejoindre nos douze camarades endormis sous la tente. La troupe s'est éloignée de mauvaise grâce, après avoir reçu du sulfate de fer, de l'hyposulfite de soude et un talisman matrimonial orné de mon paraphe.

10 avril. — Le lendemain de notre entrevue avec les amis intimes de Baker, nous atteignîmes les terres de Cheikh M'sel et le village de Djéria, bâti au bord du Karoun. Cette fois nous étions bien sauvés. Un grand *kachti* bateau à voile] fut loué et chargé; nous prîmes possession d'un château ventilé, élevé à l'arrière de la nef; on largua les amarres, et le courant, très rapide, entraîna le bateau. Quand le

vent est favorable, on met la voile et nous volons Les palmiers de Mohammerah apparaissent a l horizon, mais je serais aussi empêchée de parler du paysage que je le fus il y a quatre ans, lorsque je descendis le Karoun pour la première fois je dois sans desemparer Le voyage entre Suse et Djeria a été si pénible, si dangereux!

Chevaucher dix heures par jour sous un soleil implacable, recevoir ou tirer des coups de feu du matin au soir et du soir au matin, monter la garde du crepuscule jusqu'à l aube et n'être que deux!

12 avril — *Bassorah* — Arrivés a Mohammerah, nous partîmes pour Feleh Marcel conta ses embarras à Cheikh M sel, celui-ci fit assembler les batchers du pays Tous refusèrent de remonter jusqu'à Kalehe-Bender Cependant un patron déclara qu'il tenterait l entreprise contre une remuneration de quatre mille francs par belem — il en fallait six — encore ne répondait-il pas d'arriver a destination. Le cheikh nous conseilla de faire une tentative auprès des batchers turcs, plus nombreux et plus audacieux que ceux de Mohammerah

Sept heures plus tard, nous atteignions Bassorah Nous voici installés au vice-consulat de France, abandonné depuis plusieurs mois par son locataire La garde de la maison est confiée a un pauvre diable de concierge miné par la fièvre Un negociant autrichien, dont l'habitation est contiguë, m a fait offrir des meubles, qui lui sont inutiles, assure-t-il J'ai remercié il y a bel âge que ces superfluités ont cessé de m'être necessaires On est si heureux de manquer de tout pour n'avoir a s'occuper de rien

La chancellerie est actuellement dirigée par un negociant italien Cet agent apporte de mauvaises nouvelles le *Sané* n'ose franchir la barre de Fau, il reste a Bouchyr Plus d'espoir d'être secourus et aidés, nous voilà donc encore et toujours livrés a nos propres forces La fatalité semble poursuivre les courriers de la mission l'un, parti de Suse, aurait succombé à une blessure dont il était l'auteur involontaire, l'autre expédié de Bassorah, et porteur de deux télégrammes, revint avant-hier, déclarant que jamais on ne le reprendrait sur le chemin de Daniel Une entrevue avec le lion, son épaule déchirée a la suite de ce colloque, un bain de plusieurs heures dans le Karoun, ou le fauve ne l'a point suivi, l ont confirmé dans cette détermination

Les depêches, trempées dans le fleuve, étaient devenues illisibles Comme je me désolais de ne pouvoir déchiffrer leur contenu, l'agent du consulat m'a calmée

« Madame, soyez sans inquiétude ces deux télégrammes ne contenaient rien de facheux Dans l'un, signé Hachette, on vous reclamait un manuscrit, l'autre annonçait l'arrivée du *Sané* »

Bravo! le secret de la correspondance télégraphique est bien gardé à Bassorah

15 avril. — Grand vacarme cette nuit dans la rue qui longe le Consulat. Des
coups de feu retentissent.

Il s'agit de matelots anglais sur lesquels le poste a déchargé ses armes. Ni mort
ni blessé : Bacchus protège les ivrognes. La ville est sous l'empire d'une terreur
folle. Depuis que le sultan a défendu d'appliquer la peine de mort, les vols et les
assassinats se multiplient dans des proportions effrayantes. La population paisible

LES BORDS DU KEROUN.

est la proie de brigands organisés en société, société si prévoyante, qu'elle possède
une caisse de secours pour acheter l'élargissement des membres compromis. Aussi
bien n'ose-t-on s'aventurer dans les rues après le coucher du soleil, et encore
n'est-on pas en sécurité chez soi. Les négociants, ne pouvant se fier aux agents de
police, affiliés à la bande, louent des veilleurs de nuit et transforment leur maison
en corps de garde. La semaine dernière les bandits dévalisèrent la maison d'un
Juif, à qui ils ne laissèrent comme fiche de consolation que deux de ses femmes :
les plus vieilles. Avant-hier ils s'introduisirent chez un riche Arménien, M. Asfar.
Cinq personnes furent égorgées comme entrée de jeu. Les cris d'une fillette

44

de six ans, qui s'était jetée sur le corps sanglant de sa mère, donnèrent l'éveil. Les coupables s'enfuirent, poursuivis par les balles des gardiens postés sur les terrasses. On entendit des gémissements, des cris déchirants. Le jour vint. Au pied du mur de clôture qui limite le jardin gisaient deux cadavres sans tête; les voleurs avaient sacrifié ceux des blessés qui ne pouvaient les suivre, et laissé sur le terrain des corps incapables de compromettre les survivants.

Douze personnes ont été mises en état d'arrestation; la turchie de prévoyance est bien garnie, les prisonniers ne moisiront pas sous les verrous.

21 avril. — *Sur le Karoun*. — Le lendemain de notre arrivée à Bassorah, les bateliers furent assemblés par l'agent consulaire. Le refus de remonter l'Ab-Dizfoul ne se fit pas attendre. Le soir même nous contractions un emprunt, changions en monnaie persane notre réserve personnelle et repartions pour Feleh, désolés, mettant notre unique confiance en Cheikh M'sel. Lorsqu'il comprit que tout espoir de nous entendre à l'amiable avec des bateliers était perdu, le cheikh fit appeler le chef de sa marine, un noir superbe.

« Arme six belems, désigne pour les conduire vingt-quatre nègres, vigoureux et de bon courage. Chaque bateau sera rempli de dattes et de riz. En outre, tu donneras à l'équipage l'autorisation de requérir sur mes terres les moutons nécessaires à leur nourriture. Les hommes doivent remonter le Karoun, entrer dans l'Ab-Dizfoul et arriver jusqu'à Kaleh-Bender, où sont les caisses des Faranguis. Tous seront ici demain matin, Saheb leur comptera la moitié de la location, que je fixe à trois cents francs par belem. J'ai dit. »

Comme le cheikh l'avait ordonné, vingt-quatre nègres d'une force herculéenne venaient au rendez-vous. Ils prenaient les fonds et baisaient les mains de leur maître.

« Qu'il soit fait comme j'ai ordonné.

— Sur nos yeux, ce sera fait. »

Notre émotion n'avait d'égale que notre reconnaissance; Cheikh M'sel l'a bien compris.

Il était d'autant plus généreux à lui de s'occuper de nos affaires qu'il avait de graves soucis. Des tribus campées au sud de Feleh ont refusé l'impôt. La guerre a été déclarée, et l'on apprêtait les navires, copiés, semble-t-il, sur les nefs de saint Louis, qui doivent transporter les troupes du cheikh en plein pays rebelle.

Huit cents hommes vêtus à leur guise, mais armés d'excellents *martins*, s'emplissaient sur les bateaux. Cordages, chaloupes, bordages, échelles disparaissaient sous des grappes de têtes coiffées de couffes aux couleurs éclatantes. Au-dessus de cette foule bariolée étincelaient les fusils, dont aucun guerrier ne se dessaisit. Quel enthousiasme! quel délire! Sur un signe du cheikh toute la tribu l'eût suivi. Les cavaliers eux-mêmes eussent abandonné leurs chevaux, inutiles dans un pays

coupé de canaux et de marais. Mieux que le coq, l'homme est un animal de combat. Rezal, le jeune frère de M'sel, me pria d'intercéder pour lui.

« Si j'écoutais mes parents et mes soldats, me répondit le cheikh, il ne resterait ici que des femmes. Que ma mère n'est-elle là? Je lui confierais la garde de Felieh et je partirais tranquille. Elle était le plus vaillant guerrier de la tribu.... L'odeur de la poudre, qu'elle aimait tant, ne la réveillera plus! Rezal doit me remplacer. »

Cheikh M'sel accompagne ses troupes, mais il ne conduira pas la bataille. Les beaux jours sont passés où, capitaine de l'armée paternelle, il se lançait furieux dans la mêlée, le sabre aux dents, le pistolet au poing. Son beau-frère commandera les manœuvres, tandis qu'assis sur un point culminant il suivra des yeux les péripéties du combat.

Xerxès sur un trône pendant la bataille de Salamine.

Comme l'expédition s'éloignait, nous reprenions encore la route de Bassorah, afin d'envoyer un télégramme au commandant du *Sané* et le prier de nous attendre une vingtaine de jours. Puis nous sommes montés sur un septième belem, disposés à pousser les bateliers l'épée dans les reins, si cela devient nécessaire. Trois cavaliers de Cheikh M'sel, partis le même jour, portent à Suse un sac de krans et la nouvelle de notre prochaine arrivée à Kaleh-Bender.

22 avril. — La remonte du Karoun est horrible! On doit haler les bateaux ou avancer à la gaffe quand la végétation des rives devient buissonneuse. Aucun abri contre un soleil intolérable; des réverbérations éclatantes, des moustiques voraces, des mouches serrées en légions si nombreuses, qu'habits, casques et figures sont noir de jais. Nous souffrons cruellement. Les journées se passent sans que nous échangions une parole. Parler serait gémir, mieux vaut se taire.

Il me semble par moments être coiffée d'une calotte de fer rouge. L'enfer est vide et tous les diables sont ici. Les maxima journaliers du thermomètre suspendu au mât varient entre 59 et 67 degrés centigrades. A Paris, entouré du bien-être que donne une civilisation raffinée, on gémit, on étouffe, on meurt, par des températures moitié moins chaudes.

Au coucher du soleil le belem s'arrête, car nos hommes, par crainte des lions, ne veulent pas marcher la nuit, et l'on respire pendant quelques heures. Les bateliers profitent de ce repos pour tuer un mouton, le dépecer et le cuire. Faute de manger la bête à moitié vivante, ils risqueraient de se régaler de viande pourrie. Ahwaz approche, nous l'atteindrons dans deux jours

26 mai. — Tous en vie! sous pavillon français! à bord du *Sané!*

A quoi tient-il que je ne reprenne le chemin de France sous la forme d'un colis plus léger et moins précieux que les autres? C'était écrit!

Avant d'atteindre Ahwaz, le Karoun décrit une grande boucle. Une demi-étape sépare le barrage d'un village situé en aval du coude, tandis que les mariniers doivent encore haler deux jours pour atteindre la digue. Il nous sembla qu'abandonner le bélem, c'était fuir une fournaise. Des chevaux furent loués, nous partîmes.

La terre miroitait, éblouissante de blancheur, telle qu'une nappe de craie, des colonnes d'air chaud montaient à nos visages, plus suffocantes que les rayons du soleil lui-même. Des mouches suivaient la caravane, bourdonnantes comme autour de cadavres en putréfaction, ou s'abattaient sur nous aussi serrées que les anneaux d'une cotte de mailles. Les chevaux marchaient lentement, les hommes étaient sans voix, sans force pour les exciter.

Soudain, je me sens frappée à la nuque. La douleur s'élève vite derrière les oreilles, un sang décoloré coule de mon nez et arrose la selle.

La sensation de la mort m'est venue nette, sans autre angoisse qu'une horrible douleur de tête. « Je vais mourir! » ai-je dit à Marcel.

On m'étendit sur le sol, où j'étais tombée comme une masse; des manteaux et des selles on forma un abri quelconque. La nuit venue, mon mari me chargea sur un cheval, et la petite caravane gagna Ahwaz.

Je retrouve mes souvenirs trois jours plus tard dans la maison du cheikh.

J'étais très malade, Marcel se désolait, mais les bateaux approchaient de Kalehè-Bender.

Un matin on annonça l'apparition de M. Babin, de l'autre côté de la rivière. Le surlendemain, les six bélems portant les taureaux, M. Houssay et Jean-Marie arrivaient à leur tour. La dysenterie, la fièvre, l'insolation avaient exercé leurs terribles ravages sur nos compagnons d'infortune; en quinze jours ils avaient vieilli de dix ans, et pourtant, malgré tous leurs efforts, une volute du chapiteau était demeurée en arrière. Obtenir que les bateliers revinssent sur leurs pas fut impossible. De ces nègres beaux, superbes, il restait des êtres maigres, hâves, la peau déchirée par les buissons des rives entre lesquelles gémit le cours d'eau impétueux.

Depuis Ahwaz la flottille avait mis huit jours pour remonter à travers des tourbillons et des rapides un torrent descendu en vingt heures. J'avais repris courage, je proposai à Marcel de nous mettre à la recherche du serd tcharvadar qui s'était enfui, et d'aller tous deux conquérir la volute; on se rit de moi.

Il était dit que nous devions réussir jusqu'au bout dans notre entreprise. Mozaffer el Molk, obligé de quitter Dizfoul et Chouster en pleine révolte, s'était dirigé sur Ahwaz, dans l'intention de passer chez Cheikh M'sel les quelques jours de vacances que lui procuraient ses administrés. Celui-ci nous eût même donné son navire à vapeur pour remonter jusqu'au barrage, s'il n'eût craint de le voir

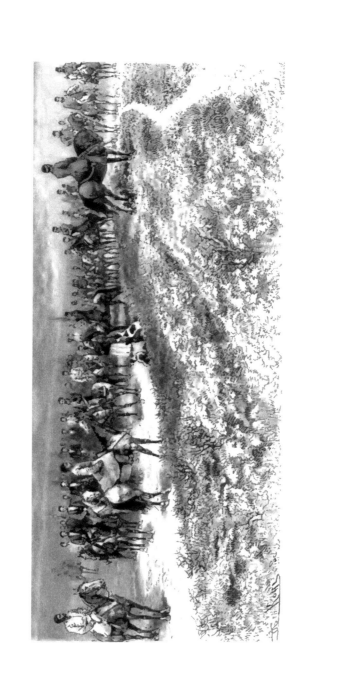

revenir bondé de visiteurs que, « par sa barbe! » il ne voulait pas recevoir.

Le Khan traînait ses canons. Marcel alla le trouver et lui demanda chevaux et artilleurs. Il consentit à les prêter sous la réserve que M. Babin accompagnerait ses hommes, et qu'au retour, prolonge, charrettes, harnais, plumes, papiers, crayons et meubles inutiles lui seraient abandonnés. Marché conclu.

Dix jours plus tard, le *Sané*, que nous étions allés quérir en rade de Bouchyr, venait s'embosser devant la barre de Fau et recevait dans ses flancs les trois cent vingt-sept caisses et les quarante-cinq tonnes de bagages dont le transport nous avait coûté tant de peines.

Un incident diplomatique, suscité à la dernière heure, faillit entraver le transbordement; l'attitude loyale de Cheikh M'sel, qui rentrait triomphant à Felich, l'énergie des officiers et des matelots français, déjouèrent les embûches dressées sous nos pas.

Nous avons acquis, au prix d'un travail opiniâtre et d'efforts dont nul ne soupçonnera jamais l'âpreté, des richesses archéologiques inestimables. Les reliques des palais achéménides ne furent pas arrachées à un monument superbe, mais ressuscitées des entrailles avares de la terre et conquises au péril de notre vie. En ma qualité d'historiographe des fouilles, il m'appartient de parler hautement et sans fausse modestie. La mission de Susiane a livré une bataille désespérée et, la Providence aidant, elle revient victorieuse.

A la générosité du roi, à ses nobles sentiments, la France doit une collection inestimable; mais, sans l'appui constant de Cheikh M'sel, le chapiteau du palais d'Artaxerxès serait encore à Kaleh-Bender. Et qui de nous, dans l'état d'épuisement où nous ont laissés trois campagnes, pourrait se promettre de l'y aller chercher?

Un des membres de la mission en serait pourtant capable; seul il dort paisible et mange d'un appétit toujours frais; seul il a la force de montrer d'impérieuses volontés : c'est Barré bachy, nouvellement marié, gras, rond, pimpant, magnifique, charmé de courir les aventures d'un voyage de noce et d'aller, accompagné de sa belle, voir les moutons et les brebis d'Europe.

Heureuse destinée que celle de l'Agneau en chef!

INDEX ALPHABÉTIQUE

A

B

C

D

E

F

G

H

I

N

O

P

R

S

T

V

W

X

Y

Z

TABLE DES GRAVURES

CHAPITRE XII

CHAPITRE XIII

CHAPITRE XIV

CHAPITRE XV

CHAPITRE XVI

FIN DE LA TABLE DES GRAVURES

81 89   Corbeil, Imprimerie Crété

Milton Keynes UK
Ingram Content Group UK Ltd.
UKHW022036240124
436654UK00005B/78